新　潮　文　庫

陰翳礼讃・文章読本

谷崎潤一郎著

新　潮　社　版

10575

目次

陰翳礼讃・文章読本

陰翳礼讃

○

今日、普請《ふしん》道楽の人が純日本風の家屋を建てて住まおうとすると、電気や瓦斯《ガス》や水道等の取附け方に苦心を払い、何とかしてそれらの施設が日本座敷と調和するように工夫を凝らす風があるのは、自分で家を建てた経験のない者でも、待合料理屋旅館等の座敷へ這入《はい》ってみれば常に気が付くことであろう。独りよがりの茶人などが科学文明の恩沢を度外視して、辺鄙《へんぴ》な田舎にでも草庵を営むなら格別、いやしくも相当の家族を擁して都会に住居する以上、いくら日本風にするからと云《い》って、近代生活に必要な煖房《だんぼう》や照明や衛生の設備を斥《しりぞ》ける訳には行かない。で、凝り性の人は電話一つ取り附けるにも頭を悩まして、梯子段《はしごだん》の裏とか、廊下の隅とか、出来るだけ目障《めざわ》りにならない場所に持って行く。その他庭の電線は地下線にし、部屋のスイッチは押入れや地袋の中に隠し、コードは屏風《びょうぶ》の蔭《かげ》を這わす等、いろいろ考えた揚句、中には神経質に作為をし過ぎて、却《かえ》ってうるさく感ぜられるような場合もある。実際電燈などはもうわれわれの眼の方が馴《な》れッこになってしまっているから、なまじなことをするよりは、あの在来の乳白ガラスの浅いシェードを附けて、球をムキ出しに見せて置く方が、自然で、素朴な気持もする。夕方、汽車の窓などから田舎の景色を眺めている時、茅葺《かやぶ》きの百姓家の障子の蔭に、今では時代おくれのしたあの浅いシェードを附けた電球がぽつんと燈《とも》っているのを見ると、風流にさえ思えるのである。しかし煽風器《せんぷうき》などと云うものになると、あの音響と云い形態と云い、未《いま》だに日本座敷とは調和しにくい。それも普通の家庭なら、イヤなら使わないでも済むが、夏向き、客商売の家などでは、主人の趣味にばかり媚《こ》びる訳に行かない。私の友人の偕楽園《かいらくえん》主人は随分普請に凝る方であるが、煽風器を嫌って久しい間客間に取り附けずにいたところ、毎年夏になると客から苦情が出るために、結局我を折って使うようになってしまった。かく云う私なぞも、先年身分不相応な大金を投じて家を建てた時、それに似たような経験を持っているが、細かい建具や器具の末まで気にし出したら、種々な困難に行きあたる。たとえば障子一枚にしても、趣味から云えばガラスを嵌《は》めたくないけれども、そうかと云って、徹底的に紙ばかりを使おうとすれば、採光や戸締まり等の点で差支えが起る。よんどころなく内側を紙貼《かみば》りにして、外側をガラス張りにする。そうするためには表と裏と桟を二重にする必要があり、従って費用も嵩《かさ》むのであるが、さてそんなにまでしてみても、外から見ればただのガラス戸であり、内から見れば紙のうしろにガラスがあるので、やはり本当の紙障子のようなふっくらした柔かみがなく、イヤ味なものになりがちである。そのくらいならただのガラス戸にした方がよかったと、やっとその時に後悔するが、他人の場合は笑えても、自分の場合は、そこまでやってみないことには中々あきらめが付きにくい。近来電燈の器具などは、行燈《あんどん》式のもの、提燈《ちょうちん》式のもの、八方式のもの、燭台《しょくだい》式のもの等、日本座敷に調和するものがいろいろ売り出されているが、私はそれでも気に入らないで、昔の石油ランプや有明《ありあけ》行燈や枕《まくら》行燈を古道具屋から捜して来て、それへ電球を取り付けたりした。分けても苦心したのは煖房の設計であった。と云うのは、およそストーヴと名のつくもので日本座敷に調和するような形態のものは一つもない。その上瓦斯ストーヴはぼうぼう燃える音がするし、また煙突でも付けないことにはじきに頭痛がして来るし、そう云う点では理想的だと云われる電気ストーヴにしても、形態の面白くないことは同様である。電車で使っているようなヒーターを地袋の中へ取り附けるのは一策だけれども、やはり赤い火が見えないと、冬らしい気分にならないし、家族の団欒《だんらん》にも不便である。私はいろいろ智《ち》慧《え》を絞って、百姓家にあるような大きな炉を造り、中へ電気炭を仕込んでみたが、これは湯を沸かすにも部屋を温めるにも都合がよく、費用が嵩むと云う点を除けば、様式としてはまず成功の部類であった。で、煖房の方はそれでどうやら巧《うま》く行くけれども、次に困るのは、浴室と厠《かわや》である。偕楽園主人は浴槽や流しにタイルを張ることを嫌がって、お客用の風呂《ふろ》場《ば》を純然たる木造にしているが、経済や実用の点からは、タイルの方が万々優《まさ》っていることは云うまでもない。ただ、天井、柱、羽目板等に結構な日本材を使った場合、一部分をあのケバケバしいタイルにしては、いかにも全体の映りが悪い。出来たてのうちはまだいいが、追い追い年数が経《た》って、板や柱に木目《もくめ》の味が出て来た時分、タイルばかりが白くつるつるに光っていられたら、それこそ木に竹を接《つ》いだようである。でも浴室は、趣味のために実用の方を幾分犠牲に供しても済むけれども、厠になると、一層厄介な問題が起るのである。

○

私は、京都や奈良の寺院へ行って、昔風の、うすぐらい、そうしてしかも掃除の行き届いた厠へ案内される毎《ごと》に、つくづく日本建築の有難みを感じる。茶の間もいいにはいいけれども、日本の厠は実に精神が安まるように出来ている。それらは必ず母屋《おもや》から離れて、青葉の匂《におい》や苔《こけ》の匂のして来るような植え込みの蔭に設けてあり、廊下を伝わって行くのであるが、そのうすぐらい光線の中にうずくまって、ほんのり明るい障子の反射を受けながら瞑想《めいそう》に耽《ふけ》り、または窓外の庭のけしきを眺める気持は、何とも云えない。漱石先生は毎朝便通に行かれることを一つの楽しみに数えられ、それは寧《むし》ろ生理的快感であると云われたそうだが、その快感を味わう上にも、閑寂な壁と、清楚《せいそ》な木目に囲まれて、眼に青空や青葉の色を見ることの出来る日本の厠ほど、恰好《かっこう》な場所はあるまい。そうしてそれには、繰り返して云うが、或《あ》る程度の薄暗さと、徹底的に清潔であることと、蚊の呻《うな》りさえ耳につくような静かさとが、必須《ひっす》の条件なのである。私はそう云う厠にあって、しとしとと降る雨の音を聴くのを好む。殊《こと》に関東の厠には、床に細長い掃き出し窓がついているので、軒端《のきば》や木の葉からしたたり落ちる点滴が、石燈籠《いしどうろう》の根を洗い飛び石の苔を湿《うる》おしつつ土に沁《し》み入るしめやかな音を、ひとしお身に近く聴くことが出来る。まことに厠は虫の音によく、鳥の声によく、月夜にもまたふさわしく、四季おりおりの物のあわれを味わうのに最も適した場所であって、恐らく古来の俳人は此処《ここ》から無数の題材を得ているであろう。されば日本の建築の中で、一番風流に出来ているのは厠であるとも云えなくはない。総《す》べてのものを詩化してしまう我等の祖先は、住宅中で何処《どこ》よりも不潔であるべき場所を、却って、雅致のある場所に変え、花鳥風月と結び付けて、なつかしい連想の中へ包むようにした。これを西洋人が頭から不浄扱いにし、公衆の前で口にすることをさえ忌《い》むのに比べれば、我等の方が遥《はる》かに賢明であり、真に風雅の骨髄を得ている。強いて欠点を云うならば、母屋から離れているために、夜中に通うには便利が悪く、冬は殊に風邪を引く憂《うれ》いがあることだけれども、「風流は寒きものなり」と云う斎藤緑雨《りよくう》の言の如《ごと》く、ああ云う場所は外気と同じ冷たさの方が気持がよい。ホテルの西洋便所で、スチームの温気《うんき》がして来るなどは、まことにイヤなものである。ところで、数寄屋《すきや》普請を好む人は、誰しもこう云う日本流の厠を理想とするであろうが、寺院のように家の広い割りに人数が少く、しかも掃除の手が揃《そろ》っている所はいいが、普通の住宅で、ああ云う風に常に清潔を保つことは容易でない。取り分け床を板張りや畳にすると、礼儀作法をやかましく云い、雑巾《ぞうきん》がけを励行しても、つい汚れが目立つのである。で、これも結局はタイルを張り詰め、水洗式のタンクや便器を取り附けて、浄化装置にするのが、衛生的でもあれば、手数も省けると云うことになるが、その代り「風雅」や「花鳥風月」とは全く縁が切れてしまう。彼処《あそこ》がそんな風にぱっと明るくて、おまけに四方が真っ白な壁だらけでは、漱石先生のいわゆる生理的快感を、心ゆく限り享楽《きょうらく》する気分になりにくい。なるほど、隅から隅まで純白に見え渡るのだから確かに清潔には違いないが、自分の体から出る物の落ち着き先について、そうまで念を押さずとものことである。いくら美人の玉の肌でも、お臀《しり》や足を人前へ出しては失礼であると同じように、ああムキ出しに明るくするのはあまりと云えば無躾《ぶしつけ》千万、見える部分が清潔であるだけ見えない部分の連想を挑発させるようにもなる。やはりああ云う場所は、もやもやとした薄暗がりの光線で包んで、何処から清浄になり、何処から不浄になるとも、けじめを朦朧《もうろう》とぼかして置いた方がよい。まあそんな訳で、私も自分の家を建てる時、浄化装置にはしたものの、タイルだけは一切使わぬようにして、床には楠《くすのき》の板を張り詰め、日本風の感じを出すようにしてみたが、さて困ったのは便器であった。と云うのは、御承知の如く、水洗式のものは皆真っ白な磁器で出来ていて、ピカピカ光る金属製の把手《とって》などが附いている。ぜんたい私の注文を云えば、あの器は、男子用のも、女子用のも、木製の奴《やつ》が一番いい。蠟塗《ろうぬ》りにしたのは最も結構だが、木地のままでも、年月を経るうちには適当に黒ずんで来て、木目が魅力を持つようになり、不思議に神経を落ち着かせる。分けてもあの、木製の朝顔に青々とした杉の葉を詰めたのは、眼に快いばかりでなく些《いささか》の音響をも立てない点で理想的と云うべきである。私はああ云う贅沢《ぜいたく》な真似《まね》は出来ないまでも、せめて自分の好みに叶《かな》った器を造り、それへ水洗式を応用するようにしてみたいと思ったのだが、そう云うものを特別に誂《あつら》えると、よほどの手間と費用が懸るのであきらめるより外はなかった。そしてその時に感じたのは、照明にしろ、煖房にしろ、便器にしろ、文明の利器を取り入れるのに勿論《もちろん》異議はないけれども、それならそれで、なぜもう少しわれわれの習慣や趣味生活を重んじ、それに順応するように改良を加えないのであろうか、と云う一事であった。

○

既に行燈式の電燈が流行《はや》り出して来たのは、われわれが一時忘れていた「紙」と云うものの持つ柔かみと温かみに再び眼ざめた結果であり、それの方がガラスよりも日本家屋に適することを認めて来た証拠であるが、便器やストーヴは、今以《もっ》てしっくり調和するような形式のものが売り出されていない。煖房は私が試みたように炉の中へ電気炭を仕込むのが一番いいように思うけれども、かかる簡単な工夫をすら施そうとする者がなく、(貧弱な電気火鉢と云うものはあるが、あれは煖房の用をなさないこと、普通の火鉢と同じである）出来合いの品と云えば、皆あの不恰好な西洋風の煖炉である。が、こう云う些末《さまつ》な衣食住の趣味について彼《あ》れ此《こ》れと気を遣うのは贅沢である。寒暑や飢餓を凌ぐにさえ足りれば様式などは問う所でないと云う人もあろう。事実、いくら痩《や》せ我慢をしてみても「雪の降る日は寒くこそあれ」で眼前に便利な器具があれば、風流不風流を論じている暇はなく、滔々《とうとう》としてその恩沢に浴する気になるのは、已《や》むを得ない趨勢《すうせい》であるけれども、私はそれを見るにつけても、もし東洋に西洋とは全然別箇《べっこ》の、独自の科学文明が発達していたならば、どんなにわれわれの社会の有様が今日とは違ったものになっていたであろうか、と云うことを常に考えさせられるのである。たとえば、もしわれわれがわれわれ独自の物理学を有し、化学を有していたならば、それに基づく技術や工業もまた自《おのずか》ら別様の発展を遂げ、日用百般の機械でも、薬品でも、工芸品でも、もっとわれわれの国民性に合致するような物が生れてはいなかったであろうか。いや、恐らくは、物理学そのもの、化学そのものの原理さえも、西洋人の見方とは違った見方をし、光線とか、電気とか、原子とかの本質や性能についても、今われわれが教えられているようなものとは、異った姿を露呈していたかも知れないと思われる。私にはそう云う学理的のことは分らないから、ただぼんやりとそんな想像を逞《たくま》しゅうするだけであるが、しかし少くとも、実用方面の発明引いてはわれらの政治や、宗教や、芸術や、実業等の形態にもそれが広汎《こうはん》な影響を及ぼさない筈《はず》はなく、東洋は東洋で別箇の乾坤《けんこん》を打開したであろうことは、容易に推測し得られるのである。卑近な例を取ってみると、私はかつて「文藝春秋」に万年筆と毛筆との比較を書いたが、仮りに万年筆と云うものを昔の日本人か支那《しな》人が考案したとしたならば、必ず穂先をペンにしないで毛筆にしたであろう。そしてインキもああ云う青い色でなく、墨汁に近い液体にして、それが軸から毛の方へ滲《にじ》み出るように工夫したであろう。さすれば、紙も西洋紙のようなものでは不便であるから、大量生産で製造するとしても、和紙に似た紙質のもの、改良半紙のようなものが最も要求されたであろう。紙や墨汁や毛筆がそう云う風に発達していたら、ペンやインキが今日の如き流行を見ることはなかったであろうし、従ってまたローマ字論などが幅を利《き》かすことも出来まいし、漢字や仮名文字に対する一般の愛着も強かったであろう。いや、そればかりでない、我等の思想や文学さえも、或《あるい》はこうまで西洋を模倣せず、もっと独創的な新天地へ突き進んでいたかも知れない。かく考えて来ると、些細な文房具ではあるが、その影響の及ぶところは無辺際に大きいのである。

○

そう云うことを考えるのは小説家の空想であって、もはや今日になってしまった以上、もう一度逆戻りをしてやり直す訳に行かないことは分りきっている。だから私の云うことは、今更不可能事を願い、愚痴をこぼすのに過ぎないのであるが、愚痴は愚痴として、とにかく我等が西洋人に比べてどのくらい損をしているかと云うことは、考えてみても差支えあるまい。つまり、一と口に云うと、西洋の方は順当な方向を辿って今日に到達したのであり、我等の方は、優秀な文明に逢着《ほうちゃく》してそれを取り入れざるを得なかった代りに、過去数千年来発展し来《きた》った進路とは違った方向へ歩み出すようになった、そこからいろいろな故障や不便が起っていると思われる。尤《もっと》もわれわれを放っておいたら、五百年前も今日も物質的には大した進展をしていなかったかも知れない。現に支那や印度《インド》の田舎へ行けば、お釈迦《しゃか》様や孔子様の時代とあまり変らない生活をしているでもあろう。だがそれにしても自分たちの性に合った方向だけは取っていたであろう。そして緩慢にではあるが、いくらかずつの進歩をつづけて、いつかは今日の電車や飛行機やラジオに代るもの、それは他人の借り物でない、ほんとうに自分たちに都合のいい文明の利器を発見する日が来なかったとは限るまい。早い話が、映画を見ても、アメリカのものと、仏蘭西《フランス》や独逸《ドイツ》のものとは、陰翳《いんえい》や、色調の工合が違っている。演技とか脚色とかは別にして、写真面だけで、何処かに国民性の差異が出ている。同一の機械や薬品やフイルムを使ってもなおかつそうなのであるから、われわれに固有の写真術があったら、どんなにわれわれの皮膚や容貌《ようぼう》や気候風土に適したものであったかと思う。蓄音器やラジオにしても、もしわれわれが発明したなら、もっとわれわれの声や音楽の特長を生かすようなものが出来たであろう。元来われわれの音楽は、控え目なものであり、気分本位のものであるから、レコードにしたり、拡声器で大きくしたりしたのでは、大半の魅力が失われる。話術にしてもわれわれの方のは声が小さく、言葉数が少く、そうして何よりも「間」が大切なのであるが、機械にかけたら「間」は完全に死んでしまう。そこでわれわれは、機械に迎合するように、却ってわれわれの芸術自体を歪《ゆが》めて行く。西洋人の方は、もともと自分たちの間で発達させた機械であるから、彼等の芸術に都合がいいように出来ているのは当り前である。そう云う点で、われわれは実にいろいろの損をしていると考えられる。

○

紙と云うものは支那人の発明であると聞くが、われわれは西洋紙に対すると、単なる実用品と云う以外に何の感じも起らないけれども、唐紙《とうし》や和紙の肌理《きめ》を見ると、そこに一種の温かみを感じ、心が落ち着くようになる。同じ白いのでも、西洋紙の白さと奉書や白唐紙の白さとは違う。西洋紙の肌は光線を撥《は》ね返すような趣があるが、奉書や唐紙の肌は、柔かい初雪の面のように、ふっくらと光線を中へ吸い取る。そうして手ざわりがしなやかであり、折っても畳んでも音を立てない。それは木の葉に触れているのと同じように物静かで、しっとりしている。ぜんたいわれわれは、ピカピカ光るものを見ると心が落ち着かないのである。西洋人は食器などにも銀や鋼鉄やニッケル製のものを用いて、ピカピカ光る様に研《みが》き立てるが、われわれはああ云う風に光るものを嫌う。われわれの方でも、湯沸しや、杯や、銚子《ちょうし》等に銀製のものを用いることはあるけれども、ああ云う風に研き立てない。却って表面の光りが消えて、時代がつき、黒く焼けて来るのを喜ぶのであって、心得のない下女などが、折角さびの乗って来た銀の器をピカピカに研いたりして、主人に叱《しか》られることがあるのは、何処の家庭でも起る事件である。近来、支那料理の食器は一般に錫《すず》製のものが使われているが、恐らく支那人はあれが古色を帯びて来るのを愛するのであろう。新しい時はアルミニュームに似た、あまり感じのいいものではないが、支那人が使うとああ云う風に時代をつけ、雅味のあるものにしてしまわなければ承知しない。そしてあの表面に詩の文句などが彫ってあるのも、肌が黒ずんで来るに従い、しっくりと似合うようになる。つまり支那人の手にかかると、薄ッぺらでピカピカする錫と云う軽金属が、朱泥《しゅでい》のように深みのある、沈んだ、重々しいものになるのである。支那人はまた玉《ぎょく》と云う石を愛するが、あの、妙に薄濁りのした、幾百年もの古い空気が一つに凝結したような、奥の奥の方までどろんとした鈍い光りを含む石のかたまりに魅力を感ずるのは、われわれ東洋人だけではないであろうか。ルビーやエメラルドのような色彩があるのでもなければ、金剛石のような輝きがあるのでもないああ云う石の何処に愛着を覚えるのか、私たちにもよく分らないが、しかしあのどんよりした肌を見ると、いかにも支那の石らしい気がし、長い過去を持つ支那文明の滓《おり》があの厚みのある濁りの中に堆積《たいせき》しているように思われ、支那人があゝ云う色沢や物質を嗜好《しこう》するのに不思議はないと云うことだけは、頷《うなず》ける。水晶などにしても、近頃は智利《チリ》から沢山輸入されるが、日本の水晶に比べると、智利のはあまりきれいに透きとおり過ぎている。昔からある甲州産の水晶と云うものは、透明の中にも、全体にほんのりとした曇りがあって、もっと重々しい感じがするし、草入り水晶などと云って、奥の方に不透明な固形物の混入しているのを、寧ろわれわれは喜ぶのである。ガラスでさえも、支那人の手に成った乾隆《けんりゅう》グラスと云うものは、ガラスと云うよりも玉か瑪瑙《めのう》に近いではないか。玻璃《はり》を製造する術は早くから東洋にも知られていながら、それが西洋のように発達せずに終り、陶器の方が進歩したのは、よほどわれわれの国民性に関係する所があるに違いない。われわれは一概に光るものが嫌いと云う訳ではないが、浅く冴《さ》えたものよりも、沈んだ翳《かげ》りのあるものを好む。それは天然の石であろうと、人工の器物であろうと、必ず時代のつやを連想させるような、濁りを帯びた光りなのである。尤も時代のつやなどと云うとよく聞えるが、実を云えば手垢《てあか》の光りである。支那に「手沢《しゅたく》」と云う言葉があり、日本に「なれ」と云う言葉があるのは、長い年月の間に、人の手が触って、一つ所をつるつる撫《な》でているうちに、自然と脂《あぶら》が沁み込んで来るようになる、そのつやを云うのだろうから、云い換えれば手垢に違いない。して見れば、「風流は寒きもの」であると同時に、「むさきものなり」と云う警句も成り立つ。とにかくわれわれの喜ぶ「雅致」と云うものの中には幾分の不潔、かつ非衛生的分子があることは否《いな》まれない。西洋人は垢を根こそぎ発《あば》き立てて取り除こうとするのに反し、東洋人はそれを大切に保存して、そのまま美化する、と、まあ負け惜しみを云えば云うところだが、因果なことに、われわれは人間の垢や油煙や風雨のよごれが附いたもの、乃至《ないし》はそれを想《おも》い出させるような色あいや光沢を愛し、そう云う建物や器物の中に住んでいると、奇妙に心が和やいで来、神経が安まる。それで私はいつも思うのだが、病院の壁の色や手術服や医療機械なんかも、日本人を相手にする以上、ああピカピカするものや真っ白なものばかり並べないで、もう少し暗く、柔かみを附けたらどうであろう。もしあの壁が砂壁か何かで、日本座敷の畳の上に臥《ね》ながら治療を受けるのであったら、患者の興奮が静まることは確かである。われわれが歯医者へ行くのを嫌うのは、一つにはがりがりと云う音響にも因《よ》るが、一つにはガラスや金属製のピカピカする物が多過ぎるので、それに怯《おび》えるせいもある。私は神経衰弱の激しかった時分、最新式の設備を誇るアメリカ帰りの歯医者と聞くと、却って恐毛《おぞけ》をふるったものだった。そして田舎の小都会などにある、昔風の日本家屋に手術室を設けた、時代後れのしたような歯医者の所へ好んで出かけた。そうかと云って、古色を帯びた医療機械なんかも困ることは困るが、もし近代の医術が日本で成長したのであったら、病人を扱う設備や機械も、何とか日本座敷に調和するように考案されていたであろう。これもわれわれが借り物のために損をしている一つの例である。

○

京都に「わらんじや」と云う有名な料理屋があって、ここの家では近頃まで客間に電燈をともさず、古風な燭台を使うのが名物になっていたが、ことしの春、久しぶりで行ってみると、いつの間にか行燈式の電燈を使うようになっている。いつからこうしたのかと聞くと、去年からこれにいたしました。蠟燭《ろうそく》の灯ではあまり暗すぎると仰《お》っしゃるお客様が多いものでござりますから、拠《よ》んどころなくこう云う風に致しましたが、やはり昔のままの方がよいと仰っしゃるお方には、燭台を持って参りますと云う。で、折角それを楽しみにして来たのであるから、燭台に替えて貰《もら》ったが、その時私が感じたのは、日本の漆器の美しさは、そう云うぼんやりした薄明りの中に置いてこそ、始めてほんとうに発揮されると云うことであった。「わらんじや」の座敷と云うのは四畳半ぐらいの小じんまりした茶席であって、床柱や天井なども黒光りに光っているから、行燈式の電燈でも勿論暗い感じがする。が、それを一層暗い燭台に改めて、その穂のゆらゆらとまたたく蔭にある膳《ぜん》や椀《わん》を視詰《みつ》めていると、それらの塗り物の沼のような深さと厚みとを持ったつやが、全く今までとは違った魅力を帯び出して来るのを発見する。そしてわれわれの祖先がうるしと云う塗料を見出《みいだ》し、それを塗った器物の色沢に愛着を覚えたことの偶然でないのを知るのである。友人サバルワル君の話に、印度では現在でも食器に陶器を使うことを卑《いや》しみ、多くは塗り物を用いると云う。われわれはその反対に、茶事とか、儀式とかの場合でなければ、膳と吸い物椀の外は殆《ほとん》ど陶器ばかりを用い、漆器と云うと、野暮くさい、雅味のないものにされてしまっているが、それは一つには、採光や照明の設備がもたらした「明るさ」のせいではないであろうか。事実、「闇《やみ》」を条件に入れなければ漆器の美しさは考えられないと云っていい。今日では白漆と云うようなものも出来たけれども、昔からある漆器の肌は、黒か、茶か、赤であって、それは幾重もの「闇」が堆積した色であり、周囲を包む暗黒の中から必然的に生れ出たもののように思える。派手な蒔絵《まきえ》などを施したピカピカ光る蠟塗りの手箱とか、文台とか、棚とかを見ると、いかにもケバケバしくて落ち着きがなく、俗悪にさえ思えることがあるけれども、もしそれらの器物を取り囲む空白を真っ黒な闇で塗り潰《つぶ》し、太陽や電燈の光線に代えるに一点の燈明《とうみょう》か蠟燭のあかりにして見給《みたま》え、忽《たちま》ちそのケバケバしいものが底深く沈んで、渋い、重々しいものになるであろう。古《いにし》えの工芸家がそれらの器に漆を塗り、蒔絵を画《か》く時は、必ずそう云う暗い部屋を頭に置き、乏しい光りの中における効果を狙《ねら》ったのに違いなく、金色を贅沢に使ったりしたのも、それが闇に浮かび出る工合や、燈火を反射する加減を考慮したものと察せられる。つまり金蒔絵は明るい所で一度にぱっとその全体を見るものではなく、暗い所でいろいろの部分がときどき少しずつ底光りするのを見るように出来ているのであって、豪華絢爛《けんらん》な模様の大半を闇に隠してしまっているのが、云い知れぬ余情を催すのである。そして、あのピカピカ光る肌のつやも、暗い所に置いてみると、それがともし火の穂のゆらめきを映し、静かな部屋にもおりおり風のおとずれのあることを教えて、そぞろに人を瞑想に誘い込む。もしあの陰鬱《いんうつ》な室内に漆器と云うものがなかったなら、蠟燭や燈明の醸《かも》し出す怪しい光りの夢の世界が、その灯のはためきが打っている夜の脈搏《みゃくはく》が、どんなに魅力を減殺《げんさい》されることであろう。まことにそれは、畳の上に幾すじもの小川が流れ、池水が湛《たた》えられている如く、一つの灯影《ほかげ》を此処彼処《ここかしこ》に捉《とら》えて、細く、かそけく、ちらちらと伝えながら、夜そのものに蒔絵をしたような綾《あや》を織り出す。けだし食器としては陶器も悪くないけれども、陶器には漆器のような陰翳がなく、深みがない。陶器は手に触れると重く冷たく、しかも熱を伝えることが早いので熱い物を盛るのに不便であり、その上カチカチと云う音がするが、漆器は手ざわりが軽く、柔かで、耳につく程の音を立てない。私は、吸い物椀を手に持った時の、掌が受ける汁の重みの感覚と、生あたたかい温味《ぬくみ》とを何よりも好む。

それは生れたての赤ん坊のぷよぷよした肉体を支えたような感じでもある。吸い物椀に今も塗り物が用いられるのは全く理由のあることであって、陶器の容《い》れ物ではああは行かない。第一、蓋《ふた》を取った時に、陶器では中にある汁の身や色合いが皆見えてしまう。漆器の椀のいいことは、まずその蓋を取って、口に持って行くまでの間、暗い奥深い底の方に、容器の色と殆ど違わない液体が音もなく澱《よど》んでいるのを眺めた瞬間の気持である。人は、その椀の中の闇に何があるかを見分けることは出来ないが、汁がゆるやかに動揺するのを手の上に感じ、椀の縁《ふち》がほんのり汗を搔《か》いているので、そこから湯気が立ち昇りつつあることを知り、その湯気が運ぶ匂に依《よ》って口に啣《ふく》む前にぼんやり味わいを予覚する。その瞬間の心持、スープを浅い白ちゃけた皿に入れて出す西洋流に比べて何と云う相違か。それは一種の神秘であり、禅味であるとも云えなくはない。

○

私は、吸い物椀を前にして、椀が微《かす》かに耳の奥へ沁むようにジイと鳴っている、あの遠い虫の音のようなおとを聴きつつこれから食べる物の味わいに思いをひそめる時、いつも自分が三昧境《さんまいきょう》に惹《ひ》き入れられるのを覚える。茶人が湯のたぎるおとに尾上《おのえ》の松風を連想しながら無我の境に入ると云うのも、恐らくそれに似た心持なのであろう。日本の料理は食うものでなくて見るものだと云われるが、こう云う場合、私は見るものである以上に瞑想するものであると云おう。そうしてそれは、闇にまたたく蠟燭の灯と漆の器とが合奏する無言の音楽の作用なのである。かつて漱石先生は「草枕」の中で羊羹《ようかん》の色を讃美《さんび》しておられたことがあったが、そう云えばあの色などはやはり瞑想的ではないか。玉《ぎょく》のように半透明に曇った肌が、奥の方まで日の光りを吸い取って夢みる如きほの明るさを啣んでいる感じ、あの色あいの深さ、複雑さは、西洋の菓子には絶対に見られない。クリームなどはあれに比べると何と云う浅はかさ、単純さであろう。だがその羊羹の色あいも、あれを塗り物の菓子器に入れて、肌の色が辛うじて見分けられる暗がりへ沈めると、ひとしお瞑想的になる。人はあの冷たく滑かなものを口中にふくむ時、あたかも室内の暗黒が一箇の甘い塊になって舌の先で融《と》けるのを感じ、ほんとうはそう旨《うま》くない羊羹でも、味に異様な深みが添わるように思う。けだし料理の色あいは何処の国でも食器の色や壁の色と調和するように工夫されているのであろうが、日本料理は明るい所で白ッちゃけた器で食べては慥《たし》かに食慾《しょくよく》が半減する。たとえばわれわれが毎朝たべる赤味噌《あかみそ》の汁なども、あの色を考えると、昔の薄暗い家の中で発達したものであることが分る。私は或る茶会に呼ばれて味噌汁を出されたことがあったが、いつもは何でもなくたべていたあのどろどろの赤土色をした汁が、覚束《おぼつか》ない蠟燭のあかりの下で、黒うるしの椀に澱んでいるのを見ると、実に深みのある、うまそうな色をしているのであった。その外醬油《しょうゆ》などにしても、上方《かみがた》では刺身や漬物やおひたしには濃い口の「たまり」を使うが、あのねっとりとしたつやのある汁がいかに陰翳に富み、闇と調和することか。また白味噌や、豆腐や、蒲鉾《かまぼこ》や、とろろ汁や、白身の刺身や、ああ云う白い肌のものも、周囲を明るくしたのでは色が引き立たない。第一飯にしてからが、ぴかぴか光る黒塗りの飯櫃《めしびつ》に入れられて、暗い所に置かれている方が、見ても美しく、食慾をも刺戟《しげき》する。あの、炊《た》きたての真っ白な飯が、ぱっと蓋を取った下から煖《あたた》かそうな湯気を吐きながら黒い器に盛り上って、一と粒一と粒真珠のようにかがやいているのを見る時、日本人なら誰しも米の飯の有難さを感じるであろう。かく考えて来ると、われわれの料理が常に陰翳を基調とし、闇と云うものと切っても切れない関係にあることを知るのである。

○

私は建築のことについては全く門外漢であるが、西洋の寺院のゴシック建築と云うものは屋根が高く高く尖《とが》って、その先が天に冲《ちゅう》せんとしているところに美観が存するのだと云う。これに反して、われわれの国の伽藍《がらん》では建物の上にまず大きな甍《いらか》を伏せて、その庇《ひさし》が作り出す深い広い蔭の中へ全体の構造を取り込んでしまう。寺院のみならず、宮殿でも、庶民の住宅でも、外から見て最も眼立つものは、或る場合には瓦葺《かわらぶ》き、或る場合には茅葺きの大きな屋根と、その庇の下にただよう濃い闇である。時とすると、白昼といえども軒から下には洞穴のような闇が繞っていて戸口も扉も壁も柱も殆ど見えないことすらある。これは知恩院や本願寺のような宏壮《こうそう》な建築でも、草深い田舎の百姓家でも同様であって、昔の大概な建物が軒から下と軒から上の屋根の部分とを比べると、少くとも眼で見たところでは、屋根の方が重く、堆《うずたか》く、面積が大きく感ぜられる。左様にわれわれが住居を営むには、何よりも屋根と云う傘を拡《ひろ》げて大地に一廓《いっかく》の日かげを落し、その薄暗い陰翳の中に家造りをする。もちろん西洋の家屋にも屋根がない訳ではないが、それは日光を遮蔽《しゃへい》するよりも雨露をしのぐための方が主であって、蔭はなるべく作らないようにし、少しでも多く内部を明りに曝《さら》すようにしていることは、外形を見ても頷かれる。日本の屋根を傘とすれば、西洋のそれは帽子でしかない。しかも鳥打帽子のように出来るだけ鍔《つば》を小さくし、日光の直射を近々と軒端《のきば》に受ける。けだし日本家の屋根の庇が長いのは、気候風土や、建築材料や、その他いろいろの関係があるのであろう。たとえば煉瓦《れんが》やガラスやセメントのようなものを使わないところから、横なぐりの風雨を防ぐためには庇を深くする必要があったであろうし、日本人とて暗い部屋よりは明るい部屋を便利としたに違いないが、是非なくああなったのでもあろう。が、美と云うものは常に生活の実際から発達するもので、暗い部屋に住むことを余儀なくされたわれわれの先祖は、いつしか陰翳のうちに美を発見し、やがては美の目的に添うように陰翳を利用するに至った。事実、日本座敷の美は全く陰翳の濃淡に依って生れているので、それ以外に何もない。西洋人が日本座敷を見てその簡素なのに驚き、ただ灰色の壁があるばかりで何の装飾もないと云う風に感じるのは、彼等としてはいかさま尤もであるけれども、それは陰翳の謎《なぞ》を解しないからである。われわれは、それでなくても太陽の光線の這入りにくい座敷の外側へ、土庇を出したり縁側を附けたりして一層日光を遠のける。そして室内へは、庭からの反射が障子を透してほの明るく忍び込むようにする。われわれの座敷の美の要素は、この間接の鈍い光線に外ならない。われわれは、この力のない、わびしい、果敢《はか》ない光線が、しんみり落ち着いて座敷の壁へ沁み込むように、わざと調子の弱い色の砂壁を塗る。土蔵とか、厨《くりや》とか、廊下のようなところへ塗るには照りをつけるが、座敷の壁は殆ど砂壁で、めったに光らせない。もし光らせたら、その乏しい光線の、柔かい弱い味が消える。われ等は何処までも、見るからにおぼつかなげな外光が、黄昏色《たそがれいろ》の壁の面に取り着いて辛くも余命を保っている、あの繊細な明るさを楽しむ。我等に取ってはこの壁の上の明るさ或はほのぐらさが何物の装飾にも優るのであり、しみじみと見飽きがしないのである。さればそれらの砂壁がその明るさを乱さないようにとただ一と色の無地に塗ってあるのも当然であって、座敷毎に少しずつ地色は違うけれども、何とその違いの微かであることよ。それは色の違いと云うよりもほんの僅《わず》かな濃淡の差異、見る人の気分の相違と云う程のものでしかない。しかもその壁の色のほのかな違いに依って、また幾らかずつ各々《おのおの》の部屋の陰翳が異なった色調を帯びるのである。尤も我等の座敷にも床の間と云うものがあって、掛け軸を飾り花を活《い》けるが、しかしそれらの軸や花もそれ自体が装飾の役をしているよりも、陰翳に深みを添える方が主になっている。われらは一つの軸を掛けるにも、その軸物とその床の間の壁との調和、即《すなわ》ち「床うつり」を第一に貴《たっと》ぶ。われらが掛け軸の内容を成す書や絵の巧拙と同様の重要さを裱具《ひょうぐ》に置くのも、実にそのためであって、床うつりが悪かったら如何《いか》なる名書画も掛け軸としての価値がなくなる。それと反対に一つの独立した作品としては大した傑作でもないような書画が、茶の間の床に掛けてみると、非常にその部屋との調和がよく、軸も座敷も俄《にわ》かに引き立つ場合がある。そしてそう云う書画、それ自身としては格別のものでもない軸物の何処が調和するのかと云えば、それは常にその地紙や、墨色や、裱具の裂《きれ》が持っている古色にあるのだ。その古色がその床の間や座敷の暗さと適宜な釣り合いを保つのだ。われわれはよく京都や奈良の名刹《めいさつ》を訪ねて、その寺の宝物と云われる軸物が、奥深い大書院の床の間にかかっているのを見せられるが、そう云う床の間は大概昼も薄暗いので、図柄などは見分けられない、ただ案内人の説明を聞きながら消えかかった墨色のあとを辿って多分立派な絵なのであろうと想像するばかりであるが、しかしそのぼやけた古画と暗い床の間との取り合わせが如何にもしっくりしていて、図柄の不鮮明などは聊《いささ》かも問題でないばかりか、却《かえ》ってこのくらいな不鮮明さがちょうど適しているようにさえ感じる。つまりこの場合、その絵は覚束ない弱い光りを受け留めるための一つの奥床しい「面」に過ぎないのであって、全く砂壁と同じ作用をしかしていないのである。われらが掛け軸を択《えら》ぶのに時代や「さび」を珍重する理由はここにあるので、新画は水墨や淡彩のものでも、よほど注意しないと床の間の陰翳を打ち壊すのである。

○

もし日本座敷を一つの墨絵に喩《たと》えるなら、障子は墨色の最も淡い部分であり、床の間は最も濃い部分である。私は、数寄《すき》を凝らした日本座敷の床の間を見る毎に、いかに日本人が陰翳の秘密を理解し、光りと蔭との使い分けに巧妙であるかに感嘆する。なぜなら、そこにはこれと云う特別なしつらえがあるのではない。要するにただ清楚《せいそ》な木材と清楚な壁とを以《もっ》て一つの凹んだ空間を仕切り、そこへ引き入れられた光線が凹みの此処彼処へ朦朧《もうろう》たる隈《くま》を生むようにする。にも拘《かかわ》らず、われらは落懸《おとしがけ》のうしろや、花活《はないけ》の周囲や、違い棚の下などを塡《う》めている闇を眺めて、それが何でもない蔭であることを知りながらも、そこの空気だけがシーンと沈み切っているような、永劫《えいごう》不変の閑寂がその暗がりを領しているような感銘を受ける。思うに西洋人の云う「東洋の神秘」とは、かくの如《ごと》き暗がりが持つ無気味な静かさを指すのであろう。われらといえども少年の頃は、日の目の届かぬ茶の間や書院の床の間の奥を視つめると、云い知れぬ怖《おそ》れと寒けを覚えたものである。しかもその神秘の鍵《かぎ》は何処にあるのか。種明《の》かしをすれば、畢竟《ひっきょう》それは陰翳の魔法であって、もし隅々に作られている蔭を追い除けてしまったら、忽焉《こつえん》としてその床の間はただの空白に帰するのである。われらの祖先の天才は、虚無の空間を任意に遮蔽して自《おのず》から生ずる陰翳の世界に、いかなる壁画や装飾にも優る幽玄味を持たせたのである。これは簡単な技巧のようであって、実は中々容易でない。たとえば床脇《とこわき》の窓の刳《く》り方、落懸の深さ、床框《とこがまち》の高さなど、一つ一つに眼に見えぬ苦心が払われていることは推察するに難くないが、分けても私は、書院の障子のしろじろとしたほの明るさには、ついその前に立ち止まって時の移るのを忘れるのである。元来書院と云うものは、昔はその名の示す如く彼処《そこ》で書見をするためにああ云う窓を設けたのが、いつしか床の間の明り取りとなったのであろうが、多くの場合、それは明り取りと云うよりも、むしろ側面から射《さ》して来る外光を一旦《いったん》障子の紙で濾過《ろか》して、適当に弱める働きをしている。まことにあの障子の裏に照り映えている逆光線の明りは、何と云う寒々《さむざむ》とした、わびしい色をしていることか。庇をくぐり、廊下を通って、ようようそこまで辿《たど》り着いた庭の陽光は、もはや物を照らし出す力もなくなり、血の気も失《う》せてしまったかのように、ただ障子の紙の色を白々と際立《きわだ》たせているに過ぎない。私はしばしばあの障子の前に佇《たたず》んで、明るいけれども少しも眩《まば》ゆさの感じられない紙の面を視つめるのであるが、大きな伽藍建築の座敷などでは、庭との距離が遠いためにいよいよ光線が薄められて、春夏秋冬、晴れた日も、曇った日も、朝も、昼も、夕も、殆どそのほのじろさに変化がない。そして縦繁《たてしげ》の障子の桟の一とコマ毎に出来ている隈が、あたかも塵《ちり》が溜《た》まったように、永久に紙に沁み着いて動かないのかと訝《あや》しまれる。そう云う時、私はその夢のような明るさをいぶかりながら眼をしばだたく。何か眼の前にもやもやとかげろうものがあって、視力を鈍らせているように感ずる。それはそのほのじろい紙の反射が、床の間の濃い闇を追い払うには力が足らず、却って闇に弾《は》ね返されながら、明暗の区別のつかぬ昏迷《こんめい》の世界を現じつつあるからである。諸君はそう云う座敷へ這入った時に、その部屋にただようている光線が普通の光線とは違うような、それが特に有難味のある重々しいもののような気持がしたことはないであろうか。或はまた、その部屋にいると時間の経過が分らなくなってしまい、知らぬ間に年月が流れて、出て来た時は白髪の老人になりはせぬかと云うような、「悠久」に対する一種の怖れを抱いたことはないであろうか。

○

諸君はまたそう云う大きな建物の、奥の奥の部屋へ行くと、もう全く外の光りが届かなくなった暗がりの中にある金襖《きんぶすま》や金屏風《きんびょうぶ》が、幾間を隔てた遠い遠い庭の明りの穂先を捉えて、ぽうっと夢のように照り返しているのを見たことはないか。その照り返しは、夕暮れの地平線のように、あたりの闇へ実に弱々しい金色の明りを投げているのであるが、私は黄金と云《い》うものがあれほど沈痛な美しさを見せる時はないと思う。そして、その前を通り過ぎながら幾度も振り返って見直すことがあるが、正面から側面の方へ歩を移すに随《したが》って、金地の紙の表面がゆっくりと大きく底光りする。決してちらちらと忙がしい瞬きをせず、巨人が顔色を変えるように、きらり、と、長い間を置いて光る。時とすると、たった今まで眠ったような鈍い反射をしていた梨地《なしじ》の金が、側面へ廻ると、燃え上るように耀《かが》やいているのを発見して、こんなに暗い所でどうしてこれだけの光線を集めることが出来たのかと、不思議に思う。それで私には昔の人が黄金を仏の像に塗ったり、貴人の起居する部屋の四壁へ張ったりした意味が、始めて頷けるのである。現代の人は明るい家に住んでいるので、こう云う黄金の美しさを知らない。が、暗い家に住んでいた昔の人は、その美しい色に魅せられたばかりでなく、かねて実用的価値をも知っていたのであろう。なぜなら光線の乏しい屋内では、あれがレフレクターの役目をしたに違いないから。つまり彼等はただ贅沢《ぜいたく》に黄金の箔《はく》や砂子を使ったのではなく、あれの反射を利用して明りを補ったのであろう。そうだとすると、銀やその他の金属はじきに光沢が褪《あ》せてしまうのに、長く耀やきを失わないで室内の闇を照らす黄金と云うものが、異様に貴ばれたであろう理由を会得《えとく》することが出来る。私は前に、蒔絵と云うものは暗い所で見て貰うように作られていることを云ったが、こうしてみると、啻《ただ》に蒔絵ばかりではない、織物などでも昔のものに金銀の糸がふんだんに使ってあるのは、同じ理由に基づくことが知れる。僧侶《そうりょ》が纏《まと》う金襴《きんらん》の袈裟《けさ》などは、その最もいい例ではないか。今日町中《まちなか》にある多くの寺院は大概本堂を大衆向きに明るくしてあるから、ああ云う場所では徒《いたず》らにケバケバしいばかりで、どんな人柄な高僧が着ていても有難味を感じることはめったにないが、由緒《ゆいしょ》あるお寺の古式に則《のっと》った仏事に列席してみると、皺《しわ》だらけな老僧の皮膚と、仏前の燈明の明滅と、あの金襴の地質とが、いかによく調和し、いかに荘厳味を増しているかが分るのであって、それと云うのも、蒔絵の場合と同じように、派手な織り模様の大部分を闇が隠してしまい、ただ金銀の糸がときどき少しずつ光るようになるからである。それから、これは私一人だけの感じであるかも知れないが、およそ日本人の皮膚に能衣裳《いしょう》ほど映りのいいものはないと思う。云うまでもなくあの衣裳には随分絢爛なものが多く、金銀が豊富に使ってあり、しかもそれを着て出る能役者は、歌舞伎《かぶき》俳優のようにお白粉《しろい》を塗ってはいないのであるが、日本人特有の赧《あか》みがかった褐色の肌、或は黄色味をふくんだ象牙色《ぞうげいろ》の地顔があんなに魅力を発揮する時はないのであって、私はいつも能を見に行く度毎に感心する。金銀の織り出しや刺繡《ししゅう》のある袿《うちき》の類《たぐい》もよく似合うが、濃い緑色や柿色《かきいろ》の素襖《すおう》、水干《すいかん》、狩衣《かりぎぬ》の類、白無地の小袖《こそで》、大口《おおくち》等も実によく似合う。たまたまそれが美少年の能役者だと、肌理《きめ》のこまかい、若々しい照りを持った頰の色つやなどがそのためにひとしお引き立てられて、女の肌とは自ら違った蠱惑《こわく》を含んでいるように見え、なるほど昔の大名が寵童《ちょうどう》の容色に溺《おぼ》れたと云うのは此処のことだなと、合点が行く。歌舞伎の方でも時代物や所作事の衣裳の華美なことは能楽のそれに劣らないし、性的魅力の点にかけてはこの方が遥《はる》かに能楽以上とされているけれども、両方をたびたび見馴《みな》れて来ると、事実はそれの反対であることに気が付くであろう。ちょっと見た時は歌舞伎の方がエロティックでもあり、綺麗《きれい》でもあるのに論はないが、昔はとにかく、西洋流の照明を使うようになった今日の舞台では、あの派手な色彩がややともすると俗悪に陥り、見飽きがする。衣裳もそうなら、化粧とてもそうであって、仮に美しいとしてからが、それが何処までも作った顔であってみれば、生地の美しさのような実感が伴わない。然《しか》るに能楽の俳優は、顔も、襟も、手も、生地のままで登場する。されば眉目《びもく》のなまめかしさはその人本来のものであって、毫《ごう》もわれわれの眼を欺《あざむ》いているのではない。故《ゆえ》に能役者の場合は女形や二枚目の素顔に接してお座がさめたと云うようなことは有り得ない。ただわれわれの感じることは、われわれと同じ色の皮膚を持った彼等が一見似合いそうにもない武家時代の派手な衣裳を着けた時に如何にその容色が水際立って見えるかと云う一事である。かつて私は、「皇帝」の能で楊貴妃《ようきひ》に扮《ふん》した金剛巌《こんごういわお》氏を見たことがあったが、袖口から覗《のぞ》いているその手の美しかったことを今も忘れない。私は彼の手を見ながら、しばしば膝《ひざ》の上に置いた自分の手を省みた。そして彼の手がそんなにも美しく見えるのは、手頸《てくび》から指先に至る微妙な掌《てのひら》の動かし方、独特の技巧を罩《こ》めた指のさばきにも因《よ》るのであろうが、それにしても、その皮膚の色の、内部からぽうっと明りが射しているような光沢は、何処から来るのかと訝しみに打たれた。何となれば、それは何処までも普通の日本人の手であって、現に私が膝の上についている手と、肌の色つやに何の違ったところもない。私は再び三たび舞台の上の金剛氏の手と自分の手とを見較《みくら》べたが、いくら見較べても同じ手である。だが不思議にも、その同じ手が舞台にあっては妖《あや》しいまでに美しく見え、自分の膝の上にあっては只《ただ》の平凡な手に見える。かくの如きことはひとり金剛巌氏の場合のみではない。能においては、衣裳の外へ露《あら》われる肉体はほんの僅かな部分であって、顔と、襟くびと、手頸から指の先までに過ぎず、楊貴妃のように面を附けている時は顔さえ隠れてしまうのであるが、それでいてその僅かな部分の色つやが異様に印象的になる。金剛氏は特にそうであったけれども、大概の役者の手が、何の奇もない当りまえの日本人の手が、現代の服装をしていては気が付かれない魅惑を発揮してわれわれに驚異の眼を見張らせる。繰り返して云うが、それは決して美少年や美男子の役者に限るのではない。たとえば、日常われわれは普通の男子の唇に惹き付けられることなどは有り得ないが、能の舞台では、あの黝《くろ》ずんだ赤みと、しめり気を持った肌が、口紅をさした婦人のそれ以上に肉感的なねばっこさを帯びる。これは役者が謡《うた》いをうたうために始終唇を唾液《だえき》で濡《ぬ》らす故でもあろうが、しかしそのせいばかりとは思えない。また子方の俳優の頰が紅潮を呈しているのが、その赤さが、実に鮮やかに引き立って見える。私の経験では緑系統の地色の衣裳を着けた時に最も多くそう見えるので、色の白い子方なら勿論《もちろん》であるが、実を云うと色の黒い子方の方が、却ってその赤味の特色が眼立つ。それはなぜかと云うと、色白な児では白と赤との対照があまり刻明である結果、能衣裳の暗く沈んだ色調には少し効果が強過ぎるが、色の黒い児の暗褐色の頰であると、赤がそれほど際立たないで、衣裳と顔とが互に照りはえる。渋い緑と、渋い茶と、二つの間色が映り合って、黄色人種の肌がいかにもその所を得、今更のように人目を惹く。私は色の調和が作り出すかくの如き美が他にあるを知らないが、もし能楽が歌舞伎のように近代の照明を用いたとしたら、それらの美感は悉《ことごと》くどぎつい光線のために飛び散ってしまうであろう。さればその舞台を昔ながらの暗さに任してあるのは、必然の約束に従っている訳であって、建物なども古ければ古い程いい。床が自然のつやを帯びて柱や鏡板などが黒光りに光り、梁《はり》から軒先の闇が大きな吊り鐘《がね》を伏せたように役者の頭上へ蔽《おお》いかぶさっている舞台、そういう場所が最も適しているのであって、その点から云えば近頃能楽が朝日会館や公会堂へ進出するのは、結構なことに違いないけれども、そのほんとうの持ち味は半分以上失われていると思われる。

◯

ところで、能に附き纏うそう云う暗さと、そこから生ずる美しさとは、今日でこそ舞台の上でしか見られない特殊な陰翳《いんえい》の世界であるが、昔はあれがさほど実生活とかけ離れたものではなかったであろう。何となれば、能舞台における暗さは即ち当時の住宅建築の暗さであり、また能衣裳の柄や色合は、多少実際より花やかであったとしても、大体において当時の貴族や大名の着ていたものと同じであったろうから。私は一とたびそのことに考え及ぶと、昔の日本人が、殊《こと》に戦国や桃山時代の豪華な服装をした武士などが、今日のわれわれに比べてどんなに美しく見えたであろうかと想像して、ただその思いに恍惚《こうこつ》となるのである。まことに能は、われわれ同胞の男性の美を最高潮の形において示しているので、その昔戦場往来の古武士が、風雨に曝された、顴骨《かんこつ》の飛び出た、真っ黒な赭顔《あからがお》にああ云う地色や光沢の素襖や大紋や裃《かみしも》を着けていた姿は、いかに凛々《りり》しくも厳かであっただろうか。けだし能を見て楽しむ人は、皆いくらかずつかくの如き連想に浸ることを楽しむのであって、舞台の上の色彩の世界がかつてはその通りに実在していたと思うところに、演技以外の懐古趣味がある。これに反して歌舞伎の舞台は何処までも虚偽の世界であって、われわれの生地の美しさとは関係がない。男性美は云うまでもないが、女性美とても、昔の女が今のあの舞台で見るようなものであったろうとは考えられない。能楽においても女の役は面を附けるので実際には遠いものであるが、さればとて歌舞伎劇の女形を見ても実感は湧《わ》かない。これは偏《ひと》えに歌舞伎の舞台が明る過ぎるせいであって、近代的照明の設備のなかった時代、蠟燭《ろうそく》やカンテラで纔《わず》かに照らしていた時代の歌舞伎劇は、その時分の女形は、或はもう少し実際に近かったのではないであろうか。それにつけても、近代の歌舞伎劇に昔のような女らしい女形が現れないと云われるのは、必ずしも俳優の素質や容貌《ようぼう》のためではあるまい。昔の女形でも今日のような明煌々《こうこう》たる舞台に立たせれば、男性的なトゲトゲしい線が眼立つに違いないのが、昔は暗さがそれを適当に蔽い隠してくれたのではないか。私は晩年の梅幸《ばいこう》のお軽を見て、このことを痛切に感じた。そして歌舞伎劇の美を亡《ほろ》ぼすものは、無用に過剰なる照明にあると思った。大阪の通人に聞いた話に、文楽の人形浄瑠璃《じょうるり》では明治になってからも久しくランプを使っていたものだが、その時分の方が今より遥かに余情に富んでいたと云う。私は現在でも歌舞伎の女形よりはあの人形の方に余計実感を覚えるのであるが、なるほどあれが薄暗いランプで照らされていたならば、人形に特有な固い線も消え、てらてらした胡粉《ごふん》のつやもぼかされて、どんなにか柔かみがあったであろうと、その頃の舞台の凄《すご》いような美しさを空想して、そぞろに寒気を催すのである。

○

知っての通り文楽の芝居では、女の人形は顔と手の先だけしかない。胴や足の先は裾《すそ》の長い衣裳の裡《うち》に包まれているので、人形使いが自分達の手を内部に入れて動きを示せば足りるのであるが、私はこれが最も実際に近いのであって、昔の女と云うものは襟から上と袖口から先だけの存在であり、他は悉く闇に隠れていたものだと思う。当時にあっては、中流階級以上の女はめったに外出することもなく、しても乗物の奥深く潜んで街頭に姿を曝さないようにしていたとすれば、大概はあの暗い家屋敷の一間に垂れ籠《こ》めて、昼も夜も、ただ闇の中に五体を埋めつつその顔だけで存在を示していたと云える。されば衣裳なども、男の方が現代に比べて派手な割合に、女の方はそれほどでない。旧幕時代の町家の娘や女房のものなどは驚くほど地味であるが、それは要するに、衣裳と云うものは闇の一部分、闇と顔とのつながりに過ぎなかったからである。鉄漿《おはぐろ》などと云う化粧法が行われたのも、その目的を考えると、顔以外の空隙《くうげき》へ悉く闇を詰めてしまおうとして、口腔《こうこう》へまで暗黒を啣《ふく》ませたのではないであろうか。今日かくの如き婦人の美は、島原の角屋のような特殊な所へ行かない限り、実際には見ることが出来ない。しかし私は幼い時分、日本橋の家の奥でかすかな庭の明りをたよりに針仕事をしていた母の俤《おもかげ》を考えると、昔の女がどう云う風なものであったか、少しは想像出来るのである。あの時分、と云うのは明治二十年代のことだが、あの頃までは東京の町家も皆薄暗い建て方で、私の母や伯母や親戚《しんせき》の誰彼など、あの年配の女達は大概鉄漿を附けていた。着物は不断着は覚えていないが、余所《よそ》行《い》きの時は鼠地《ねずみじ》の細かい小紋をしばしば着た。母は至ってせいが低く、五尺に足らぬほどであったが、母ばかりでなくあの頃の女はそのくらいが普通だったのであろう。いや、極端に云えば、彼女たちには殆《ほとん》ど肉体がなかったのだと云っていい。私は母の顔と手の外、足だけはぼんやり覚えているが、胴体については記憶がない。それで想《おも》い起すのは、あの中宮寺の観世音の胴体であるが、あれこそ昔の日本の女の典型的な裸体像ではないのか。あの、紙のように薄い乳房の附いた、板のような平べったい胸、その胸よりも一層小さくくびれている腹、何の凹凸《おうとつ》もない、真《ま》っ直《す》ぐな背筋と腰と臀《しり》の線、そう云う胴の全体が顔や手足に比べると不釣合に痩《や》せ細っていて、厚みがなく、肉体と云うよりもずんどうの棒のような感じがするが、昔の女の胴体は押しなべてああ云う風ではなかったのであろうか。今日でもああ云う恰好《かっこう》の胴体を持った女が、旧弊な家庭の老夫人とか、芸者などの中に時々いる。そして私はあれを見ると、人形の心棒を思い出すのである。事実、あの胴体は衣裳を着けるための棒であって、それ以外の何物でもない。胴体のスタッフを成しているものは、幾襲《かさ》ねとなく巻き附いている衣と綿とであって、衣裳を剝《は》げば人形と同じように不恰好な心棒が残る。が、昔はあれでよかったのだ、闇の中に住む彼女たちに取っては、ほのじろい顔一つあれば、胴体は必要がなかったのだ。思うに明朗な近代女性の肉体美を謳歌《おうか》する者には、そう云う女の幽鬼じみた美しさを考えることは困難であろう。また或《あ》る者は、暗い光線で胡麻化《ごまか》した美しさは、真の美しさでないと云うであろう。けれども前にも述べたように、われわれ東洋人は何でもない所に陰翳を生ぜしめて、美を創造するのである。「搔《か》き寄せて結べば柴《しば》の庵《いほり》なり解くればもとの野原なりけり」と云う古歌があるが、われわれの思索のしかたはとかくそう云う風であって、美は物体にあるのではなく、物体と物体との作り出す陰翳のあや、明暗にあると考える。夜光の珠《たま》も暗中に置けば光彩を放つが、白日の下に曝せば宝石の魅力を失う如く、陰翳の作用を離れて美はないと思う。つまりわれわれの祖先は、女と云うものを蒔絵《まきえ》や螺鈿《らでん》の器と同じく、闇《やみ》とは切っても切れないものとして、出来るだけ全体を蔭《かげ》へ沈めてしまうようにし、長い袂《たもと》や長い裳《も》裾《すそ》で手足を隈の中に包み、或る一箇所、首だけを際立たせるようにしたのである。なるほど、あの均斉を欠いた平べったい胴体は、西洋婦人のそれに比べれば醜いであろう。しかしわれわれは見えないものを考えるには及ばぬ。見えないものは無いものであるとする。強《し》いてその醜さを見ようとする者は、茶室の床の間へ百燭光《しょっこう》の電燈を向けるのと同じく、そこにある美を自《みずか》ら追い遣ってしまうのである。

○

だが、いったいこう云う風に暗がりの中に美を求める傾向が、東洋人にのみ強いのは何故《なぜ》であろうか。西洋にも電気や瓦斯《ガス》や石油のなかった時代があったのであろうが、寡聞《かぶん》な私は、彼等に蔭を喜ぶ性癖があることを知らない。昔から日本のお化けは脚がないが、西洋のお化けは脚がある代りに全身が透きとおっていると云う。そんな些細《ささい》な一事でも分るように、われわれの空想には常に漆黒の闇があるが、彼等は幽霊をさえガラスのように明るくする。その他日用のあらゆる工芸品において、われわれの好む色が闇の堆積《たいせき》したものなら、彼等の好むのは太陽光線の重なり合った色である。銀器や銅器でも、われらは錆《さび》の生ずるのを愛するが、彼等はそう云うものを不潔であり非衛生的であるとして、ピカピカに研《みが》き立てる。部屋の中もなるべく隈を作らないように、天井や周囲の壁を白っぽくする。庭を造るにも我等が木深い植え込みを設ければ、彼等は平らな芝生をひろげる。かくの如き嗜好《しこう》の相違は何に依《よ》って生じたのであろうか。案ずるにわれわれ東洋人は己れの置かれた境遇の中に満足を求め、現状に甘んじようとする風があるので、暗いと云うことに不平を感ぜず、それは仕方のないものとあきらめてしまい、光線が乏しいなら乏しいなりに、却ってその闇に沈潜し、その中に自《おのずか》らなる美を発見する。然るに進取的な西洋人は、常により良き状態を願って已《や》まない。蠟燭からランプに、ランプから瓦斯燈に、瓦斯燈から電燈にと、絶えず明るさを求めて行き、僅《わず》かな蔭をも払い除けようと苦心をする。恐らくそう云う気質の相違もあるのであろうが、しかし私は、皮膚の色の違いと云うことも考えてみたい。

われわれとても昔から肌が黒いよりは白い方を貴いとし、美しいともしたことだけれども、それでも白晳《はくせき》人種の白さとわれわれの白さとは何処《どこ》か違う。一人一人に接近して見れば、西洋人より白い日本人があり、日本人より黒い西洋人があるようだけれども、その白さや黒さの工合が違う。これは私の経験から云うのであるが、以前横浜の山手に住んでいて、日夕居留地の外人等と行楽を共にし、彼等の出入する宴会場や舞《ぶ》蹈場《とうじょう》へ遊びに行っていた時分、傍で見ると彼等の白さをそう白いとは感じなかったが、遠くから見ると、彼等と日本人との差別が、実にはっきり分るのであった。日本人でも彼等に劣らない夜会服を著《つ》け、彼等より白い皮膚を持ったレディーがいるが、しかしそう云う婦人が一人でも彼等の中に交ると、遠くから見渡した時にすぐ見分けがつく。と云うのは、日本人のはどんなに白くとも、白い中に微《かす》かな翳《かげ》りがある。そのくせそう云う女たちは西洋人に負けないように、背中から二の腕から腋《わき》の下まで、露出している肉体のあらゆる部分へ濃い白粉《おしろい》を塗っているのだが、それでいて、やっぱりその皮膚の底に澱《よど》んでいる暗色を消すことが出来ない。ちょうど清冽《せいれつ》な水の底にある汚物が、高い所から見下ろすとよく分るように、それが分る。殊に指の股《また》だとか、小鼻の周囲だとか、襟頸《えりくび》だとか、背筋だとかに、どす黒い、埃《ほこり》の溜《たま》ったような隈が出来る。ところが西洋人の方は、表面が濁っているようでも底が明るく透きとおっていて、体じゅうの何処にもそう云う薄汚い蔭がささない。頭の先から指の先まで、交り気がなく冴《さ》え冴《ざ》えと白い。だから彼等の集会の中へわれわれの一人が這入《はい》り込むと、白紙に一点薄墨のしみが出来たようで、われわれが見てもその一人が眼障《めざわ》りのように思われ、あまりいい気持がしないのである。こうしてみると、かつて白皙人種が有色人種を排斥した心理が頷《うなず》けるのであって、白人中でも神経質な人間には、社交場裡《り》に出来る一点のしみ、一人か二人の有色人さえが、気にならずにはいなかったのであろう。そう云えば、今日ではどうか知らないが、昔黒人に対する迫害が最も激しかった南北戦争の時代には、彼等の憎しみと蔑《さげす》みは単に黒人のみならず、黒人と白人との混血児、混血児同士の混血児、混血児と白人との混血児等々にまで及んだと云う。彼等は二分の一混血児、四分の一混血児、八分の一、十六分の一、三十二分の一混血児と云う風に、僅かな黒人の血の痕跡《こんせき》を何処までも追究して迫害しなければ已まなかった。一見純粋の白人と異なるところのない、二代も三代も前の先祖に一人の黒人を有するに過ぎない混血児に対しても、彼等の執拗《しつよう》な眼は、ほんの少しばかりの色素がその真っ白な肌の中に潜んでいるのを見逃さなかった。で、かくの如きことを考えるにつけても、いかにわれわれ黄色人種が陰翳と云うものと深い関係にあるかが知れる。誰しも好んで自分たちを醜悪な状態に置きたがらないものである以上、われわれが衣食住の用品に曇った色の物を使い、暗い雰囲気の中に自分たちを沈めようとするのは当然であって、われわれの先祖は彼等の皮膚に翳りがあることを自覚していた訳でもなく、彼等より白い人種が存在することを知っていたのではないけれども、色に対する彼等の感覚が自然とああ云う嗜好を生んだものと見る外はない。

○

われわれの先祖は、明るい大地の上下四方を仕切ってまず陰翳の世界を作り、その闇の奥に女人を籠《こも》らせて、それをこの世で一番色の白い人間と思い込んでいたのであろう。肌の白さが最高の女性美に欠くべからざる条件であるなら、われわれとしてはそうするより仕方がないのだし、それで差支えない訳である。白人の髪が明色であるのにわれわれの髪が暗色であるのは、自然がわれわれに闇の理法を教えているのだが、古人は無意識のうちに、その理法に従って黄色い顔を白く浮き立たせた。私はさっき鉄漿《おはぐろ》のことを書いたが、昔の女が眉毛《まゆげ》を剃《そ》り落したのも、やはり顔を際立たせる手段ではなかったのか。そして私が何よりも感心するのは、あの玉虫色に光る青い口紅である。もう今日では祇園《ぎおん》の芸妓などでさえ殆どあれを使わなくなったが、あの紅こそはほのぐらい蠟燭のはためきを想像しなければ、その魅力を解し得ない。古人は女の紅《あか》い唇をわざと青黒く塗りつぶして、それに螺鈿《ちりば》を鏤めたのだ。豊艶《ほうえん》な顔から一切の血の気を奪ったのだ。私は、蘭燈《らんとう》のゆらめく蔭で若い女があの鬼火のような青い唇の間からときどき黒漆色の歯を光らせてほほ笑んでいるさまを思うと、それ以上の白い顔を考えることが出来ない。少くとも私が脳裡に描く幻影の世界では、どんな白人の女の白さよりも白い。白人の白さは、透明な、分り切った、有りふれた白さだが、それは一種人間離れのした白さだ。或はそう云う白さは、実際には存在しないかも知れない。それはただ光りと闇が醸《かも》し出す悪戯《いたずら》であって、その場限りのものかも知れない。だがわれわれはそれでいい。それ以上を望むには及ばぬ。ここで私は、そう云う顔の白さを想う半面に、それを取り囲む闇の色について話したいのだが、もう数年前、いつぞや東京の客を案内して島原の角屋で遊んだ折に、一度忘れられない或る闇を見た覚えがある。何でもそれは、後に火事で焼け失《う》せた「松の間」とか云う広い座敷であったが、僅かな燭台の灯で照らされた広間の暗さは、小座敷の暗さと濃さが違う。ちょうど私がその部屋へ這入って行った時、眉を落して鉄漿を附けている年増の仲居が、大きな衝立《ついたて》の前に燭台を据えて畏《かしこ》まっていたが、畳二畳ばかりの明るい世界を限っているその衝立の後方には、天井から落ちかかりそうな、高い、濃い、ただ一と色の闇が垂れていて、覚束《おぼつか》ない蠟燭の灯がその厚みを穿《うが》つことが出来ずに、黒い壁に行き当ったように撥《は》ね返されているのであった。諸君はこう云う「灯に照らされた闇」の色を見たことがあるか。それは夜道の闇などとは何処か違った物質であって、たとえば一と粒一と粒が虹色のかがやきを持った、細かい灰に似た微粒子が充満しているもののように見えた。私はそれが眼の中へ這入り込みはしないかと思って、覚えず眼瞼《まぶた》をしばだたいた。今日では一般に座敷の面積を狭くすることが流行《はや》り、十畳八畳六畳と云うような小間を建てるので、仮に蠟燭を点じてもかかる闇の色は見られないが、昔の御殿や妓楼などでは、天井を高く、廊下を広く取り、何十畳敷きと云う大きな部屋を仕切るのが普通であったとすると、その屋内にはいつもこう云う闇が狭霧《さぎり》の如《ごと》く立ち罩《こ》めていたのであろう。そしてやんごとない上臈《じょうろう》たちは、その闇の灰汁《あく》にどっぷり漬かっていたのであろう。かつて私は「倚松庵随筆《いしょうあん》」の中でもそのことを書いたが、現代の人は久しく電燈の明りに馴れて、こう云う闇のあったことを忘れているのである。分けても屋内の「眼に見える闇」は、何かチラチラとかげろうものがあるような気がして、幻覚を起し易《やす》いので、或る場合には屋外の闇よりも凄味《すごみ》がある。魑魅《ちみ》とか妖怪《ようかい》変化とかの跳躍するのはけだしこう云う闇であろうが、その中に深い帳《とばり》を垂れ、屛風《びょうぶ》や襖《ふすま》を幾重にも囲って住んでいた女と云うのも、やはりその魑魅の眷属《けんぞく》ではなかったか。闇は定めしその女達を十重二十重《とえはたえ》に取り巻いて、襟や、袖口や、裾の合わせ目や、至るところの空隙を塡《う》めていたであろう。いや、事に依ると、逆に彼女達の体から、その歯を染めた口の中や黒髪の先から、土蜘蛛《つちぐも》の吐く蜘蛛のいの如く吐き出されていたのかも知れない。

○

先年、武林無想庵《たけばやしむそうあん》が巴里《パリ》から帰って来ての話に、欧洲《おうしゅう》の都市に比べると東京や大阪の夜は格段に明るい。巴里などではシャンゼリゼエの真ん中でもランプを燈す家があるのに、日本ではよほど辺鄙《へんぴ》な山奥へでも行かなければそんな家は一軒もない。恐らく世界じゅうで電燈を贅沢《ぜいたく》に使っている国は、亜米利加《アメリカ》と日本であろう。日本は何でも亜米利加の真似《まね》をしたがる国だと云うことであった。無想庵の話は今から四五年も前、まだネオンサインなどの流行《はや》り出さない頃であったから、今度彼が帰って来たらいよいよ明るくなっているのにさぞかし吃驚《びっくり》するであろう。それからこれは「改造」の山本社長に聞いた話だが、かつて社長がアインシュタイン博士を上方へ案内する途中汽車で石山のあたりを通ると、窓外の景色を眺めていた博士が、「ああ、彼処《あそこ》に大層不経済なものがある」と云うので訳を聞くと、そこらの電信柱か何かに白昼電燈のともっているのを指さしたと云う。「アインシュタインは猶太人《ユダヤ》ですからそう云うことが細かいんでしょうね」と、山本氏は注釈を入れたが、亜米利加はとにかく、欧洲に比べると日本の方が電燈を惜し気もなく使っていることは事実であるらしい。石山と云えばもう一つおかしなことがあるのだが、今年の秋の月見に何処がよかろう此処《ここ》がよかろうと首をひねった揚句、結局石山寺へ出かけることに極《き》めていると、十五夜の前日の新聞に石山寺では明晩観月の客の興を添えるため林間に拡声器を取り附け、ムーンライトソナタのレコードを聴かせると云う記事が出ている。私はそれを読んで急に石山行きを止《や》めてしまった。拡声器も困り物だが、そう云う風ではきっとあの山の方々に電燈やイルミネーションを飾り、賑々《にぎにぎ》しく景気を附けてはいないかと思ったからである。前にも私はそれで月見をフイにした覚えがあるのは、或る年の十五夜に須磨《すま》寺の池へ舟を浮かべてみようと思い、同勢を集め重詰めを持ち寄って繰り出してみると、あの池のぐるりを五色の電飾が花やかに取り巻いていて、月はあれどもなきが如くなのであった。それやこれやを考えると、どうも近頃のわれわれは電燈に麻痺《まひ》して、照明の過剰から起る不便と云うことに対しては案外無感覚になっているらしい。お月見の場合なんかはまあ孰方でもいいけれども、待合、料理屋、旅館、ホテルなどが、一体に電燈を浪費し過ぎる。それも客寄せのために幾らか必要であろうけれども、夏など、まだ明るいうちから点燈するのは無駄である以上に暑くもある。私は夏は何処へ行ってもこれで弱らせられる。外が涼しいのに座敷の中が馬鹿《ばか》に暑いのは、殆ど十が十まで電力が強過ぎるか電球が多過ぎるかのせいであって、試しに一部分を消してみると俄《にわ》かにすうっとするのだが、客も主人も一向それに気が付かないのが不思議でならない。元来室内の燈し火は、冬は幾らか明るくし、夏は幾らか暗くすべきである。その方が冷涼の気を催すし、第一虫が飛んで来ない。然《しか》るに余計に電燈をつけ、それで暑いからと云って煽風器《せんぷうき》を廻すのは、考えただけでも煩《わずら》わしい。尤《もっと》も日本座敷だと熱が傍から散って行くのでまだ我慢が出来るけれども、ホテルの洋室では風通しが悪い上に、床、壁、天井等が熱を吸い取って四方から反射するので、実にたまらない。例を挙げるのは少し気の毒だが、京都の都ホテルのロビーへ夏の晩に行ったことのある人は、私のこの説に同感してくれないであろうか。彼処は北向きの高台に拠《よ》っていて、比叡山《ひえいざん》や如意《にょい》ヶ嶽《たけ》や黒谷の塔や森や東山一帯の翠巒《すいらん》を一眸《いちぼう》のうちに集め、見るからすがすがしい気持のする眺めであるが、それだけになお惜しい。夏のゆうがた、折角山紫水明に対して爽快《そうかい》の気分に浸ろうと思い、楼に満つる涼風を慕って出かけてみると、白い天井の此処彼処に大きな乳白ガラスの蓋《ふた》が嵌《は》め込んであって、ドギツイ明りが中でかっかっと燃えている。それが、近頃の洋館は天井が低いので、すぐ頭の上に火の玉がくるめいているようで、暑いことと云ったらない、体のうちでも天井に近い所ほど暑く、頭から襟頸から背筋へかけて炙《あぶ》られるように感じる。しかもその火の玉が一つあったらあれだけの広さを照らすには十分なくらいであるのに、そう云う奴《やつ》が三つも四つも天井に光っていて、その外にも小さな奴が壁に沿い柱に沿うて幾つとなく取り附けてあるのだが、そんなのはただ隅々に出来る隈《くま》を消している以外に、何の役にも立っていない。だから室内に蔭と云うものが一つもなく、見渡したところ、白い壁と、赤い太い柱と、派手な色をモザイクのように組み合わせた床が、刷りたての石版画のように眼に沁《し》み込んで、これがまた相当に暑苦しい。廊下からそこへ這入って来ると、温度の違いが際立《きわだ》って分る。あれではたとい涼しい夜気が流れ込んで来ても、すぐ熱い風に変ってしまうから何にもなるまい。彼処は以前たびたび泊まりに行ったことのあるホテルで、なつかしく思うところから親切気で忠告するのだが、実際ああ云う形勝な眺望、最適な夏の涼み場所を、電燈で打ち壊しているのはもったいない。日本人には勿論《もちろん》のこと、いくら西洋人が明るみを好むからと云って、あの暑さには閉口するに違いなかろうが、何より彼より、一遍明りを減らしてみたら覿面《てきめん》に諒《りょう》解《かい》するであろう。だがこれなどは一例を挙げたまでであって、あのホテルに限ったことではない。間接照明を使っている帝国ホテルだけはまず無難だが、夏はあれをもう少し暗くしてもよかりそうに思う。何にしても今日の室内の照明は、書を読むとか、字を書くとか、針を運ぶとか云うことは最早《もはや》問題でなく、専ら《もっぱら》四隅の蔭を消すことに費されるようになったが、その考は少くとも日本家屋の美の観念とは両立しない。個人の住宅では経済の上から電力を節約するので、却って《かえって》巧く《うまく》行っているけれども、客商売の家になると、廊下、階段、玄関、庭園、表門等に、どうしても明りが多過ぎる結果になり、座敷や泉石の底を浅くしてしまっている。冬はその方が暖かで助かることもあるが、夏の晩はどんな幽邃《ゆうすい》な避暑地へ逃れても、先が旅館である限り大概都ホテルと同じような悲哀に打《ぶ》つかる。だから私は、自分の家で四方の雨戸を開け放って、真っ暗な中に蚊帳《かや》を吊《つ》ってころがっているのが涼を納《い》れる最上の法だと心得ている。

○

この間何かの雑誌か新聞で英吉利《イギリス》のお婆《ばあ》さんたちが愚痴をこぼしている記事を読んだら、自分たちが若い時分には年寄りを大切にして労《いた》わってやったのに、今の娘たちは一向われわれを構ってくれない、老人と云うと薄汚いもののように思って傍へも寄りつかない、昔と今とは若い者の気風が大変違ったと歎《なげ》いているので、何処の国でも老人は同じようなことを云うものだと感心したが、人間は年を取るに従い、何事に依らず今よりは昔の方がよかったと思い込むものであるらしい。で、百年前の老人は二百年前の時代を慕い、二百年前の老人は三百年前の時代を慕い、いつの時代にも現状に満足することはない訳だが、別して最近は文化の歩みが急激である上に、我が国はまた特殊な事情があるので、維新以来の変遷《へんせん》はそれ以前の三百年五百年にも当るであろう。などという私が、やはり老人の口真似をする年配になったのがおかしいが、しかし現代の文化設備が専ら若い者に媚《こ》びてだんだん老人に不親切な時代を作りつつあることは確かなように思われる。早い話が、街頭の十字路を号令で横切るようになっては、もう老人は安心して町へ出ることが出来ない。自動車で乗り廻せる身分の者はいいけれども、私などでも、たまに大阪へ出ると、此方《こちら》側から向う側へ渡るのに渾身《こんしん》の神経を緊張させる。ゴーストップの信号にしてからが、辻《つじ》の真ん中にあるのは見よいが、思いがけない横っちょの空に青や赤の電燈が明滅するのは、中々に見つけ出しにくいし、広い辻だと、側面の信号を正面の信号と見違えたりする。京都に交通巡査が立つようになってはもうおしまいだとつくづくそう思ったことがあったが、今日純日本風の町の情趣は、西宮、堺《さかい》、和歌山、福山、あの程度の都市へ行かなければ味わわれない。食べる物でも、大都会では老人の口に合うようなものを捜し出すのに骨が折れる。先だっても新聞記者が来て何か変った旨《うま》い料理の話をしろと云うから、吉野の山間僻地《へきち》の人が食べる柿の葉鮨《ずし》と云うものの製法を語った。ついでにここで披露しておくが、米一升に付酒一合の割りで飯を焚《た》く。酒は釜《かま》が噴いて来た時に入れる。さて飯がムレたら完全に冷えるまで冷ました後に手に塩をつけて固く握る。この際手に少しでも水気があってはいけない。塩ばかりで握るのが秘訣《ひけつ》だ。それから別に鮭《さけ》のアラマキを薄く切り、それを飯の上に載せて、その上から柿の葉の表を内側にして包む。柿の葉も鮭もあらかじめ乾いたふきんで十分に水気を拭《ふ》き取っておく。それが出来たら、鮨桶《すしおけ》でも飯櫃《めしびつ》でもいい、中をカラカラに乾かしておいて、小口から隙間《すきま》のないように鮨を詰め、押蓋《おしぶた》を置いて漬物石ぐらいな重石《おもし》を載せる。今夜漬けたら翌朝あたりからたべることが出来、その日一日が最も美味で、二三日は食べられる。食べる時にちょっと蓼《たで》の葉で酢を振りかけるのである。吉野へ遊びに行った友人があまり旨いので作り方を教わって来て伝授してくれたのだが、柿の木とアラマキさえあれば何処でも拵《こしら》えられる。水気を絶対になくすることと飯を完全に冷ますことさえ忘れなければいいので、試しに家で作ってみると、なるほどうまい。鮭の脂と塩気とがいい塩梅《あんばい》に飯に滲《し》み込んで、鮭は却って生身《なまみ》のように柔かくなっている工合が何とも云えない。

東京の握り鮨とは格別な味で、私などにはこの方が口に合うので、今年の夏はこればかり食べて暮らした。それにつけてもこんな塩鮭の食べかたもあったのかと、物資に乏しい山家の人の発明に感心したが、そう云ういろいろの郷土の料理を聞いてみると、現代では都会の人より田舎の人の味覚の方がよっぽど確かで、或る意味でわれわれの想像も及ばぬ贅沢をしている。そこで老人は追い追い都会に見切りをつけて田舎へ隠《いん》棲《せい》するのもあるが、田舎の町も鈴蘭燈などが取り附けられて、年々京都のようになるので、そう安心している訳には行かない。今に文明が一段と進んだら、交通機関は空中や地下へ移って町の路面は一と昔前の静かさに復《かえ》ると云う説もあるが、いずれその時分にはまた新しい老人いじめの設備が生れることは分りきっている。結局年寄りは引っ込んでいろと云うことになるので、自分の家にちぢこまって手料理を肴《さかな》に晩酌を傾けながら、ラジオでも聞いているより外に所在がなくなる。老人ばかりがこんな吐《こ》言《ごと》を云うのかと思うと、満更そうでもないとみえて、頃来《けいらい》大阪朝日の天声人語子は、府の役人が箕面《みのお》公園にドライヴウェーを作ろうとして濫《みだ》りに森林を伐《き》り開き、山を浅くしてしまうのを嗤《わら》っているが、あれを読んで私は聊《いささ》か意を強うした。奥深い山中の木の下闇をさえ奪ってしまうのは、あまりと云えば心なき業である。この調子だと、奈良でも、京都大阪の郊外でも、名所と云う名所は大衆的になる代りに、だんだんそう云う風にして丸坊主《まるぼうず》にされるのであろう。が、要するにこれも愚痴の一種で、私にしても今の時勢の有難いことは万々承知しているし、今更何と云ったところで、既に日本が西洋文化の線に沿うて歩み出した以上、老人などは置き去りにして勇往邁進《ゆうおうまいしん》するより外に仕方がないが、でもわれわれの皮膚の色が変らない限り、われわれにだけ課せられた損は永久に背負って行くものと覚悟しなければならぬ。尤も私がこう云うことを書いた趣意は、何等かの方面、たとえば文学芸術等にその損を補う道が残されていはしまいかと思うからである。私は、われわれが既に失いつつある陰翳の世界を、せめて文学の領域へでも呼び返してみたい。文学という殿堂の檐《のき》を深くし、壁を暗くし、見え過ぎるものを闇に押し込め、無用の室内装飾を剥ぎ取ってみたい。それも軒並みとは云わない、一軒ぐらいそう云う家があってもよかろう。まあどう云う工合になるか、試しに電燈を消してみることだ。

厠《かわや》のいろいろ

○

厠《かわや》で一番忘れられない印象を受け、今もおりおり想《おも》い起すのは、大和の上市《かみいち》の町で或《あ》る饂飩《うどん》屋へ這入《はい》ったときのことである。急に大便を催したので案内を乞《こ》うと、連れて行かれたのが、家の奥の、吉野川の川原に臨んだ便所であったが、ああ云《い》う川添いの家と云うものは、お定りの如《ごと》く奥へ行くと二階が二階になって、下にもう一つ地下室が出来ている。その饂飩屋もそう云う風な作りであったから、便所のある所は二階であったが、跨《また》ぎながら下を覗《のぞ》くと、眼もくるめくような遥《はる》かな下方に川原の土や草が見えて、畑に菜の花の咲いているのや、蝶々の飛んでいるのや、人が通っているのが鮮やかに見える。つまりその便所だけが二階から川原の崖《がけ》の上へ張り出しになっていて、私が蹈《ふ》んでいる板の下には空気以外に何物もないのである。私の肛門《こうもん》から排泄《はいせつ》される固形物は、何十尺の虚空《こくう》を落下して、蝶々の翅《はね》や通行人の頭を掠《かす》めながら、糞溜《くそだめ》へ落ちる。その落ちる光景までが、上からありあり見えるけれども、蛙《かわず》飛び込む水の音も聞えて来なければ、臭気も昇って来ない。第一糞溜そのものがそんな高さから見おろすと、一向不潔なものに見えない。飛行機の便所へ這入ったらこんな工合なのではないかと思ったが、糞の落ちて行く間を蝶々がひらひら舞っていたり、下に本物の菜畑があるなんて、洒落《しゃれ》た厠がまたとあるべきものではない。ただし、この場合厠へ這入っている者はよいが、災難なのは下を通る人たちである。広い川原のことだから家の裏側に沿うて畑があったり、花壇があったり、物干し場があったりするので、自然その辺を人がうろうろする訳だが、始終頭の上に気を配ってもいられまいから、「この上に便所あり」とでも棒杭《ぼうぐい》を立てて置かなかったら、ついうっかりして真下を通ることもあろう。とすると、どんな時に牡丹餅《ぼたもち》の洗礼を受けないとも限らないのである。

都会の便所は清潔と云う点では申し分がないけれども、こう云ったような風流味がない。田舎は土地がゆったりとしていて、周囲に樹木が繁《しげ》っているから、母屋《おもや》と厠とを切り離してその間を渡り廊下でつないでいるのが普通である。紀州下里の懸泉堂《けんせんどう》(佐藤春夫の故郷の家)は建坪は少いが、庭は三千坪からあるのだと聞く。私が行ったのは夏であったが、庭の方へ長い渡り廊下が突き出ていて、その端にある厠が、こんもりした青葉の蔭《かげ》に包まれていた。これだと臭気などはたちまち四方のすがすがしい空気の中へ発散してしまうから、四阿《あずまや》にでも憩《いこ》っているような心地がして、不浄な感じがしないのである。要するに、厠はなるたけ土に近く、自然に親しみ深い場所に置かれてあるのがよいようである。叢《くさむら》の中で、青天井を仰ぎながら野糞をたれるのとあまり違わない程度の、粗朴な、原始的なものほど気持がよいと云うことになる。

もう二十年近くも前のことだが、長野草風画伯が名古屋へ旅行をして帰って来ての話に、名古屋と云う都会はなかなか文化が進んでいる、市民の生活程度も大阪や京都に譲らない、自分はそれを何に依《よ》って感じたかと云えば、方々の家へ招かれて行った時に、厠の匂《におい》を嗅《か》いでそう思ったと云うのである。画伯の説に依ると、どんなに掃除のよく行き届いた便所でも、必ずほんのりと淡い匂がする。それは臭気止めの薬の匂と、糞尿《ふんにょう》の匂と、庭の下草や、土や、苔《こけ》などの匂の混合したものであるが、しかもその匂が一軒々々少しずつ違っていて、上品な家のは上品な匂がする。だから便所の匂を嗅げば、ほぼその家に住む人々の人柄が分り、どんな暮しをしているかが想像できるのであって、名古屋の上流の家庭の厠は概して奥ゆかしい都雅な匂がしたと云う。なるほど、そう云われてみると、便所の匂には一種なつかしい甘い思い出が伴うものである。たとえば久しく故郷を離れていた者が何年ぶりかで我が家へ帰って来た場合、何よりも便所へ這入って昔嗅ぎ馴《な》れた匂を嗅ぐときに、幼時の記憶がこもごもよみがえって来て、ほんとうに「我が家へ戻って来たなあ」と云う親しみが湧《わ》く。また行きつけの料理屋お茶屋などについても、同様のことが云える。ふだんは忘れているけれども、たまに出かけて行ってその家の厠へ這入ってみると、そこで過した歓楽の思い出がいろいろと浮かんで来、昔ながらの遊蕩《ゆうとう》気分や花柳情調がおもむろに催して来るのである。それに、そう云うと可笑《おか》しいが、便所の匂には神経を鎮静させる効用があるのではないかと思う。便所が瞑想《めいそう》に適する場所であることは、人のよく知る通りであるが、近頃の水洗式の便所では、どうもそれが思うように行かない。と云うのは、他にもいろいろの原因があるに違いないが、水洗式だと、清潔一方になってしまって、草風氏のいわゆる上品な匂、都雅の匂のしないことが、大いに関係しているのであろう。

○

志賀君が故芥川龍之介から聞いたと云って話された話に、倪雲林《げいうんりん》の厠の故事がある。雲林と云う人は支那《しな》人には珍しい潔癖家であったと見えて、蛾《が》の翅を沢山集めて壺《つぼ》の中へ入れ、それを厠の床下へ置いて、その上へ糞をたれた。つまり砂の代りに翅を敷いたフンシのようなものだと思えば間違いはないが、蛾の翅と云えば非常に軽いフワフワした物質であるから、落ちて来た牡丹餅をたちまち中へ埋めてしまって見えないようにする仕掛けなのである。けだし、厠の設備として古来このくらい贅沢《ぜいたく》なものはあるまい。糞溜と云うものはどんなに綺麗《きれい》らしく作り、どんなに衛生的な工夫をしたところで、想像すると汚い感じが湧いて来るものだが、この蛾の翅のフンシばかりは、考えても美しい。上から糞がポタリと落ちる、パッと煙のように無数の翅が舞い上る、それがおのおのパサパサに乾燥した、金茶色の底光りを含んだ、非常に薄い雲母《きらら》のような断片の集合なのである、そうして何が落ちて来たのだか分らないうちにその固形物はその断片の堆積《たいせき》の中へ呑《の》まれてしまう、と云う次第で、先の先まで想像を逞《たくま》しゅうしてみても、少しも汚い感じがしない。それともう一つ驚くのは、それだけの翅を蒐集《しゅうしゅう》する手数である。田舎だったら夏の晩にはいくらでも飛んで来るけれども、今も云うような目的に使用するのには、随分たくさんの翅が必要なのである。そうして恐らくは、用を足す毎《ごと》に一遍一遍新しいのと取り換えなければなるまい。されば大勢の人手を使って、夏の間に何千匹何万匹と云う蛾を捕えて、一年中の使用量を貯《たくわ》えてでも置くのであろう。とすると、とても贅沢な話で、昔の支那ででもなかったら実行出来そうもないことである。

○

倪雲林の苦心は、自分のたれたものを、絶対に自分の眼に触れさせないようにした、と云うところに存するのであろう。勿論《もちろん》普通の厠であっても、好んで見ようとしなければ見ないで済ませるようなものの、「恐《こわ》いもの見たさ」ではなくて「汚いもの見たさ」とでも云うか、見える所にある以上はどうかした拍子に見ることがある、だからやはり見えないような設備をするのに越したことはないが、一番簡単な方法は床下を真暗にすることだと思う。これは何でもないことで、汲取口《くみとりぐち》の蓋《ふた》をかっちり外れないようにさえして置けば、もうそれだけでもかなり光線が防げるのだが、近頃はそう云う注意を怠っている家が多い。なおその上に、床と溜との距離を遠くして、上部からの光線が届かないようにすることである。

○

水洗式の場合は、自分で自分の落したものを厭《いや》でもハッキリ見ることになる。殊《こと》に西洋式の腰掛でなく、跨ぐようにした日本式のでは、水を流すまではすぐ臀《しり》の下にとぐろを巻いているのである。これは不消化物を食べた時など容易に発見することが出来て、保健の目的には叶《かな》うけれども、考えて見れば不作法な話で、少くとも雲鬢花顔《うんびんかがん》の東洋式美人などには、こう云う便所へ這入って貰《もら》いたくない。やんごとない上臈《じょうろう》など云うものは、自分のおいどから出るものがどんな形をしているか知らない方がよく、譃《うそ》でも知らない振りをしていて貰いたい。そこで、仮に私が好きなように便所を作るとすれば、やはり水洗式を避けて、昔風のものにするが、出来るなら糞溜を便所の位置から離れた所、たとえば裏庭の花壇や畑などのある方へ持って行く。つまり、便所の床下からそこまで多少の勾配《こうばい》をつけて、土管か何かで汚物を送り込むようにするのである。こうすれば床下は明りのさし込む口がないから、真暗になる。瞑想的な、都雅な匂はほんのりするかも知れないが、不愉快な悪臭は絶対にしない。また、便所の下から汲《く》み取るのでないから、用の最中に慌《あわ》てて外へ逃げ出すような醜態を演ずる心配がない。野菜や花などを作る家では、こうして溜を別にした方が肥料を得るにも便利である。たしか大正便所と云うのがこの式であったかと思うが、土地をゆっくり使うことの出来る郊外であったら、水洗式よりこの方をおすすめしたいのである。

○

小便所は、朝顔へ杉の葉を詰めたのが最も雅味があるけれども、あれもどうかと思うのは、冬だと夥《おびただ》しい湯気が立つのである。それはその理窟《りくつ》で、杉の葉があるために流れるものが流れてしまわずに、悠々と葉と葉の間を伝わって落ちるからであるが、放尿中生暖い湯気が盛んに顔の方へ昇って来るのは、自分の物から出るのだからまだ辛抱ができるとしても、前の人のすぐあとなどへ行き合わせると、湯気の止《や》むのを気長に待っていなければならない。

○

料理屋やお茶屋などで、臭気止めに丁子《ちょうじ》を焚《た》いている家があるが、やはり厠は在来の樟脳《しょうのう》かナフタリンを使って厠らしい上品な匂をさせる程度に止め、あまり好い薫りのする香料を用いない方がよい。でないと、白檀《びゃくだん》が花柳病の薬に用いられてから一向有難味がなくなったようになるからである。丁子と云えば昔はなまめかしい連想を伴う香料であったのに、そいつに厠の連想が結び着いてはおしまいである。丁子風呂《ぶろ》などと云ったって、誰も漬かる奴《やつ》がなくなってしまう。私は丁子の香を愛するが故《ゆえ》に、特に忠告する次第である。

○

学校で、「便所へ行きたい」と云うことを英語では「アイ・ウォント・トゥー・ウォッシュ・マイ・ハンズ」と云うのだと教わったけれども、実際はどうであろうか。私は西洋へ行ったことはないが、支那で天津《テンシン》の英国人のホテルへ泊まった時、食堂のボーイに「ホエア・イズ・トイレット・ルーム？」と小声できいたら「W・C？」と大きな声で聞き返されたのには面食った。それよりもっと困ったのは、杭州の支那人のホテルで俄《にわ》かに下痢を催したので、「便所は」と云うと、ボーイがすぐに案内してくれたのはよいが、生憎《あいにく》そこには小便所しかないのである。私はハタと当惑した。なぜなら「大便所」と云う英語を教わっていなかったからである。で、「もう一つの方だ」と云ってみたけれども、ボーイは悟ってくれないのである。外のことなら手真似《てまね》でも説明できようが、此奴《こいつ》は真似をする勇気がない、そのうちにいよいよ催して来るし、よくよく困った経験があるので、こう云う場合に使う英語を覚えておこうと思いながら、実は今以《もっ》て知らないのである。

使用中の厠を間違えて開けて、「あ、誰か這入ってる」と叫ぶことがある、この場合の「誰か這入ってる」を英語で何と云うか知ってるですか、――と云う質問を、ずうっと前に或る席上で近松秋江《ちかまつしゅうこう》氏が発したことがある。多分秋江氏は、ホテルか何処《どこ》かの便所で西洋人の使った言葉を聞いたのであろう。そう云う場合には「サムワン・イン」と云うですな、――と、そのとき秋江氏は教えてくれたが、爾来《じらい》二十有余年に垂《なん》んとするけれども、まだこの英語は実地に応用する機会がない。

○

浜本浩君が改造社の社員として京都に出張している時分、或る時岡本の私の家を訪ねた帰りに、梅田から京都行の汽車の中で便所に這入ったが、ドーアを強く締めた拍子に握りの金具が落ちてしまったので、今度は開けることが出来なくなった。怒鳴っても叩《たた》いても、進行中の汽車の中では聞きつけてくれる訳がない。仕方がないので、当分は外へ出られないものと覚悟をきめ、落ちた金具を拾い上げて、その先でコッコツとドーアを叩いていた。すると乗客の誰かが気がついて車掌に知らせたものらしく、京都へ着く前に開けて貰うことが出来たと云う。私はこの話を聞いてから、汽車の便所へ這入る時にはドーアの開閉を乱暴にせぬよう、特に心を配ることにしている。普通列車であったら、最寄りの駅へ停まった時に窓を開けて救いを求める法もあるが、夜汽車の急行などでこう云う災難に遇《あ》うと、何時間立ち往生をさせられるか分らないからである。

文房具漫談

○

私は久しい以前から万年筆を使ったことがなく、日本紙と西洋紙と、二た通り原稿用紙を作っておいて、日本紙の時は毛筆、西洋紙の時は鉛筆を使うようにしている。これは趣味と云《い》うこともあるのだが、私の場合は、寧《むし》ろ実際の上の必要が然《しか》らしめたのである。元来万年筆は墨を磨《す》ったり含ませたりする手間がないだけ、毛筆よりはずっと速く書ける訳だが、不幸にして私には、此《こ》の万年筆の持つ長所が全く何の役にも立たない。なぜかと云うと、私は非常に遅筆であって、一行書いては前の方を読み返したり、立ち上って室内を歩き廻ったり、茶を飲んだり一服吸ったりして、徐《おもむ》ろに考えながら後をつづける。だから墨を磨るとか含ませるとか云う手数は、全然問題でない。却《かえっ》て何かそう云う仕事があった方が、空想の時間を遣《や》るのに都合がよい。つまり、手が間に合わぬ程文章が早く書ける人は、万年筆の長所を利用することが出来るが、私のような者には全体を書き上げる時間の上から云って、万年筆も毛筆も選ぶ所はないのである。

○

のみならず、私には又万年筆の短所が非常な害をする。と云うのは、万年筆はなるべく軽く持つようにして、すらすらと細く書くのに適するようだが、私は一字一字力を入れて太く大きく、原稿用紙のコマの中へ字が一杯に収まるくらいに書くのである。佐藤春夫なども太い字を書く方で、昔はよくGペンの腐り加減になった、へたばった奴《やつ》を使っていたが、直きに折れてしまったり、股《また》が開き過ぎてインキを吸わぬようになったりして、ちょうど使い頃の間と云うものは、ほんの僅《わず》かである。万年筆にも太く書けるのがないことはないが、しかし毛筆やGペンの柔かいもの程自在でない。それに、今も云うように力を入れて書く段になると、万年筆では、どうしても抵抗が強く、知らず識《し》らず手を疲らしたり肩を凝らしたりする。次ぎにペン字の不便な点は、インキの乾きが遅いために吸取紙を使う必要のあることである。尤《もっと》もこれも、細く軽く書く人にはさまで必要がないのであろうが、私などは、書いた傍から一行一行吸い取らせて行かないと、手頸《てくび》や原稿用紙を汚すことになる。分けても困るのは消しをした場合である。私は消しをした部分は、他人に読まれないように真っ黒に塗り潰《つぶ》す癖があるのだが、万年筆の細い線でまんべんなく塗り潰すのは甚だ手数がかかる上に、何度も何度も重ねて塗らないと、下の字が透いて見えるのである。ところで、やっと見えないように塗れたかと思うと、今度はインキがギラギラ浮いて容易に乾かない。仕方がないから吸取紙をあてる。すると又下の字が見えて来る。それではならぬから、又塗り潰す。斯《か》くの如《ごと》くにして、しまいには原稿用紙に穴をあけてしまうことが屢々《しばしば》である。

○

以上の弊害を考えて、扨《さて》試みに毛筆を使った場合を想像して見給《みたま》え。これらの不便は総《す》べて除かれるのである。先《ま》ず文字が思うように太く書けるのは云う迄《まで》もないとして、いくら力を入れて書いても、柔かで、抵抗がないから、肩を痛めると云う心配が少い。が、それより何より実に気持ちがせいせいするのは、吸取紙と云う厄介なものが机辺から姿を消してしまう一事である。私は塗り潰しに使う太い筆を別に用意しておいて、書き損うと、一遍にずうッと塗り潰す。万年筆だと何度も何度も塗る所を、毛筆だと上から下へ一度にぐッと引けば済んでしまう。墨さえ濃かったら、めったに下の字が透いて見えるような憂《うれ》いはない。尚《なお》、毛筆には、書いている時に全く音がしないと云う長所がある。ペンや万年筆は、(これも力を入れて書くからだが)へんにガサガサと騒がしい音がする。鉛筆の音はスラスラして、そうイヤでないが、あの金属性の光った先が紙に引っかかる音は、決して耳に快いものではない。欧文だとそうでもないであろうが、漢字は劃《かく》が複雑な上に、直線を幾度にも屈曲させてつづける場合が多いので、自然、余計にああ云う音が出るのである。私の知人に日本剃刀《かみそり》は音がしないが、西洋剃刀はケンケン鳴るので気持ちが悪いと云った人があるが、ペンと毛筆の比較に於《お》いても同じことが云える。ま、あのくらいな音は何でもないかも知れないけれども、深夜、一室に閉じ籠《こも》り、カタリと云う物音もしない中で、静かに想を練り筆を運ぶ者に取っては、実にあれだけの些《さ》細《さい》な音でも異様に耳につくのである。そして、時にはあの響きが随分神経を疲らせたり昂《たか》ぶらせたりすることがある。然《しか》るに毛筆は、どんなに急いで書いたにしても、絶対に音を立てない。従って心が落ち着き、頭脳が冴《さ》え渡るように思う。

○

毛筆を使う場合には、原稿用紙も日本紙の方が便利であることは云う迄もないが、日本紙はそれ以外にもいろいろ都合のいいことがある。第一、私は関西の郊外に住んでいるので、原稿を記者に手渡しすることは殆《ほと》んどない。いつも郵便で送り届けるのであるが、そのためには、目方のかからない、嵩張《かさば》らない紙質で、強靭《きょうじん》なものの方がよいのである。それに私は、非常に書き潰しをする方で、統計を取った訳ではないから、ハッキリしたことは云えないが、一枚について少くも四五枚は無駄をする。だから百枚の物を書くには、四五百枚以上の紙を用意してかかる。それでも筆が思うように運ばない時は、仕事が捗《はかど》らないのに反比例して、用意した紙は見る見る減って行き、紙屑籠《かみくずかご》が直きに氾濫《はんらん》するのであるが、執筆中は女中を呼んで籠をあけさせるのさえ億《おっ》劫《くう》なものであるから、机の周りが散らかって仕方がない。そんな場合に、日本紙の紙屑は嵩張らないだけに氾濫する度数も少く、籠をあけに行く手数が大分省ける。又旅先へ仕事を持って行く時など、五百枚千枚という西洋紙を持ち運ぶのは厄介だけれども、日本紙だと手軽に運搬出来るのである。

◯

用紙を印刷所へ頼んで印刷させると、刷る度毎《ごと》に、紙質、大きさ、インキの色合いなどを、いくらかずつ違えて来る。私は以前、冴えた黄色で刷らせたが、ルラを充分に洗ってくれないので、黄色がへんに濁ったものになり、弱ったことがあった。で、いろいろ考えて、現在では、日本紙の用紙だけは家で手刷りにすることにしている。これだと、紙も自分で紙屋から買って来、絵の具も自分で調合するので、間違えると云う恐れがない、万一間違えたとしても、そこは人間、勝手なもので、自分の手落ちならまあ仕方がないとアキラメがつく。手刷りは面倒のようだけれども、刷ると云うことに面白味もあり、一遍に千枚も二千枚も作る必要はないのだから、日に五十枚百枚ぐらいずつ、暇に任せて刷って行けばいいし、自分でやるのがイヤだったら、子供や女中に教え込んで置けば、訳はないのである。そして、いつ原稿用紙が払底《ふってい》しても、紙さえあれば、立ちどころに百枚や二百枚は刷ることが出来る。紙も特別な紙でない限り、近所の紙屋へ駈《か》けつければ、大概は間に合う。だから書き潰しが予想外に多かった時などでも、用紙に不自由することは殆んどない。絵の具は、以前は製図用の粉絵の具を用い、次ぎには山梔《くちなし》の実を煎《せん》じて用いたが昨今は紅殻《べんがら》を用いている。製図用の染料は、自分の好きな色に調合するのが面倒である上に、万一払底した場合、大阪か神戸迄出かけないと、郊外の小さな町などでは、簡単に手に入らない。山梔の実の乾したのは、何処《どこ》の薬屋でも売っているから、手に入れるのは容易であり、色もあのままで、調合せずに使えるけれども、煎じると云う手数があって、且《かつ》最大の欠点は褪《たい》色《しょく》し易《やす》いことである。専門家に聞くと、山梔で染めたものは、日光に曝《さら》しておいたら一と月も立たぬうちに跡形もなく消えてしまうと云う。私は近頃迄それを知らずにいたのだが、そう聞いてから山梔を止《や》めにした。活字にするだけのことならいいが、長く保存しておくのに、罫《けい》が消えてしまうのでは困る。紅殻もやはり植物性の染料であろうから、幾分褪色はするだろうけれども、山梔よりは色がずっと濃いのだから、跡形もなくなると云うようなことはなさそうに思える。それに、これは粉末を水で融《と》けばよいので、煎じるには及ばないし、関西地方では普通一般に家屋の塗料に使うから、どんな田舎でも売っているのである。

◯

旅行には万年筆の方が便利のように誰しも思うだろうけれども、万一片田舎で故障が起ったり、紛失したり、インキが切れたりした時はどうするか。これに反して、今日どんな辺卑な地方の旅館でも、座敷に硯箱《すずりばこ》を備え付けてない家は、一軒もないのである。即《すなわ》ち水のある所なら、筆と墨には不自由をしない。原稿用紙にしても然りで、私は長逗留《ながとうりゅう》をする時は、常に版木を鞄《かばん》へ入れて持って行く。これさえあれば、紅殻も紙も、旅先で購《あがな》える。どんなに書き潰しをしても安心である。

◯

鉛筆は、下へカーボン紙を入れて、コッピーを取る必要のある時に用いることにしている。これは、少し音がするのと、抵抗が強いのと、適当な鉛筆削りのないのが欠点だけれども、(此の頃バリカン式と云う鉛筆削りが出来たので大分助かるが、デスクへ釘付《くぎづ》けにする在来の奴は、無風流で困る。)消しゴムが使えると云う便利があり、吸取紙の必要がなく、机や手を汚すことは最も少い。そして、固くならずに、安易な気持ちで筆を執るには、鉛筆が一番いいようである。

○

日本紙や毛筆を使うと、多少不経済ではあるが、われわれに取っては絵かきの絹や絵の具に相当する商売のもとでであるから、それに金がかかるのをぐずぐず云っては、冥利《みようり》につきると云うものである。況《いわ》んや絹や絵の具に比べて、比較にならぬ安価な物たるに於《おい》てをやである。

岡本にて

○

震災の明くる年の九月に芦屋《あしや》へ逃げて来て、その翌年の春今の岡本へ家を持ったのは、つい此《こ》の間のような気がするのだが、もう足かけ六年になる。実際早いものだなと思う。それでも最初は決して此処《ここ》にいつく気はなく、早くて五年、晩《おそ》くも十年以内には東京が復興するだろう。まあそれまでの腰かけと云《い》うつもりだったが、その後時々上京してみると、復興どころか益々《ますます》乱脈に、木ッ葉みたいなバラック建が殖《ふ》えるばかりなのに、あのあんばいでは十年はおろか、二十年たっても、とてもムズカシイと愛想をつかして次第に臀《しり》が落ちついてしまった。元来私は以前から移転好きで、生れたのは日本橋のまん中だが、自分が一家を構えるようになってから、本所の小梅を振出しに、本郷、小石川、相州鵠沼《くげぬま》、小田原、横浜と云う風に転々として住居を変え、一つ土地にまる二年と居たことはないのに、それが岡本ではすっかり癖が止《や》んでしまった。いくらか歳《とし》のせいもあるにしてからが、よっぽど此処が気に入ったことはたしかである。そして今では名高い梅林の山の西に地を相し、家を造ったので、もう永久に帰る気はない。まだ原籍は日本橋の蠣殻町《かきがらちょう》にあるけれども、近いうちに本山村へ移す手つづきをしようと思っているし、亡《な》き父母の祥月命日や、年忌のたびに上京するのも億劫《おっくう》なので、寺も何処《どこ》か此方に定め、先祖の墓も分骨して持って来ようかとさえ思っている。

○

寺と云えば、私の寺は法華宗《ほっけしゅう》で、もとは深川の小名木《おなぎ》川べりの大島《おおじま》にあった。名高い新内の「明烏《あけがらす》」の道行きに「此の世を猿江《さるえ》大島や」とある、その浦里時次郎の比翼塚のある寺で、それが地震の数年前に、染井の共同墓地の傍に移転した。おかげで焼けも潰《つぶ》れもしなかったけれども、同時に縁結びのために比翼塚へお参りをする人は殆《ほとん》どなくなってしまったであろう。ことしの五月、母の十三回忌の折に行ってみると、塚は今でもあるにはあるが、卒塔婆《そとば》の数も少く、お線香もろくに上っていず、今では昔の俤《おもかげ》もないのにそぞろ哀れが催された。

尚《なお》此の寺には司馬《しば》江漢《こうかん》の墓があり、芥川龍之介の墓がある。旧幕の頃、私の祖父は深川の釜屋《かまや》堀《ぼり》に住み、芥川家は本所の横網《よこあみ》辺にあったのだろう。それで芥川家の墓地と谷崎家のそれとは背中合せになっている。私は実は、故人龍之介君の葬式の時以来一度もお寺へ行かなかったので、此の間始めてお参りをした。故人の墓は、芥川家累《るい》代《だい》の塋域《えいいき》の中に、別に石碑が建っていて、その形は普通の石碑と少しちがう。横に長い長方形のような形で、頂きは蒲鉾《かまぼこ》型を成しており、正面には太い輪廓を取った中に、戒名でなく、「芥川龍之介之墓」と俗名を誌《しる》してある。今でも崇拝者や愛読者の参詣《さんけい》に来る者が多く、殊《こと》に毎月の命日に怠らず香花《こうげ》を供える一女性があるのだが、寺の坊さんが尋ねてもどうしてもその名を告げないと云う。

〇

考えてみると、自分が摂津《せっつ》の岡本の里に住もうなどとは夢にも思い寄らなかったことで、地震でもなかったらこんな廻《めぐ》り合せにはならなかったろうに、縁と云うものは不思議な気がする。尤《もっと》も青年時代から一度は京都に住んでみたいと云う希望があり、地震後最初に家を持ったのは洛北《らくほく》等持院のマキノ・スタジオの近くであった。大正十二年の九月、十月、十一月の半ばごろ迄《まで》そこにいて、それから東山三条の要法寺と云う寺の境内に移った。此の寺は「花洛名所図絵」にも出ている日蓮宗《にちれんしゅう》の本山で、その寺中の一軒が廃寺になっていたところから、それをそっくり借りて住んだので、家のまん中に本尊を安置した内陣や須弥壇《しゅみだん》の痕《あと》などが残っており、さすがに住み心地は落ち着いていたけれど、何をいうにも京都の冬は底冷《そこびえ》が堪えがたく、加うるに東山寄りは朝日の当り方がおそいとかで、それでなくても体質が弱く、地震から此方すっかり神経質になった娘が、忽《たちま》ち流感にかかったので、とうとうその年の暮に京都を引き上げて苦楽園へ逃げ出してしまった。岡本へ来たのは、明くる年の四月初め、名物の梅が散りかけた時分であった。

「東京がこいしくはありませんか」と、この頃でもよく人にきかれる。成るほど、私の家は父方も母方も四五代の江戸ッ児《こ》で、父は神田ッ児、母は深川ッ児であるから、昔の東京が見られるものなら帰りたい気はするのであるが、いかんせん思い出の深い下町と云うものは、今ではあとかたもないのである。これが山の手に育ったのなら、地震の後も殆ど以前と変らないから、なつかしい感じがするかも知れない、が、人形町、蠣殻町、堀江町、杉の森界隈《かいわい》、——私の一家親戚《しんせき》は悉《ことごと》くあの辺にばかり集まっていたのが、何一つ残らずきれいに焼けて、その跡に出来た今の半バラックの市街は、昔の下町とは凡《およ》そ何の関係もない、似ても似つかないものなのである。せめて町筋でも昔の通りであるならまだしも、私が七つ八つから十五六の頃まで住んでいた茅場町《かやばちょう》の家のあとなどは、今では永代橋へつづく大道のまん中になっている。一番ひどいのは浜町から矢の倉へ行くあたり、あの薬研堀《やげんぼり》の不動様の近所で、あそこらの街区の乱脈になったことと云ったら、至る所に三角のブロックが出来、犬牙《けんが》錯綜《さくそう》していて、とても昔の江戸ッ児は、迷児にならずに両国橋へ抜けることはむずかしかろう。思えば思えば、——方丈記の著者でなくってもあの有様には涙がこぼれる。却《かえ》って今の大阪や京都あたりの古い町の方に、もう忘れかけた明治時代の家のつくりや習慣なぞが残っていて、幼時を想《おも》い出すことがある。

○

そんな訳だから、今の東京の下町には純粋の江戸ッ児の家族など、大概留まってはいないだろう。そう云えば茶屋や待合の女将《おかみ》などで東北弁を使う女の多くなったのに気がつく。地震後東京の人気が悪くなったと云われる一原因は、確にいろいろの国の人間が入込んでいるせいもあろう。つまり地震を一転機にして土地の人が散じ尽した跡へ、他国者が諸方面から侵入したのである。だから現在の東京は、人文的にも以前の東京ではないのである。

大阪も郊外に住宅地が開けるに伴《つ》れ、追い追い市中に土地ッ児が減って行くと云う。その点では何と云っても京都が最も移動の少い都会であろう。

○

もともと江戸ッ児と云うものにそんなに古い家族は有り得ない。彼等の大部分は、近江《おうみ》、伊勢《いせ》、三河の出身が多い。芥川家は、同家に系図書きがあるかどうか知らないが、歴史上著名な姓であり、もし阿波《あわ》の名族の芥川から出ているとすれば、その先祖は平氏である。私の姓の「谷崎」はめったにない姓で、現存の人に少いばかりか、歴史上にも殆ど聞かない。もちろん、系図なんか伝わっているような家柄でないので、ただ五六代前に近江から来たと云うことを祖父が話したことがあるから、恐らくは此れも江州《ごうしゅう》商人の子孫であろう。子供の時分、軍記物など読むついでに「谷崎」という姓が出て来ないかと随分気をつけたものであったが、たった一度、太閤記《たいこうき》の中で瀧川《たきがわ》一益《かずます》の家来の中に「谷崎忠右衛門」なる姓名を見出《みいだ》しただけだった。然《しか》るに近頃に至り、此の「谷崎氏」が後に蒲生《がもう》氏の臣となり、近江の日野に移り住んだことを知った。そして氏郷《うじさと》が会津へ国替した時、やはり従って行ったらしいが、多分日野に残っていた分家の者もあるであろう。それ以上の事は杳《よう》として知る由《よし》もないが、日野は江州商人の発祥の地であるから此の「谷崎氏」に何か関係がありそうな気がする。もし蒲生郡の旧家なぞで古き記録を存する人から何か教えて頂ければ幸甚《こうじん》である。

○

岡本の里は住みよしあしや潟海を見つつも年を経にけり

わが宿は菟原《うばら》住吉蘆屋がた海のながめを南《みんなみ》に見る

夏くれば海のながめは葉がくれてみぬめの浦となりにけるかな

この頃、人に揮毫《きごう》を所望されることが多く、はじめは自分の悪筆を恥じて剛情に断り通していたが、場合に依《よ》ってはそうばかりもなり難く、かと云って、唐紙《とうし》や絖地《ぬめじ》などをつきつけられても到底大字は書けないので、苦しまぎれに短冊《たんざく》を汚すことにしたものの、困ったことには、私は歌も俳句もやらない。実は高等学校時代に少々ばかり和歌の真似《まね》ごとをしたことがあって、それもあらかた忘れてしまったが、中でおぼえている二つ三つを、いつも繰り返して書いていたけれど、それもあんまり曲がないので、仕方なしに即興で三十一文字をならべることにし始めた。上掲の三首もそれで、巧《うま》い拙《まず》いは兎《と》も角《かく》も、自分の今住んでいる土地や生活の感じを歌ってあるところから、即興が纏《まとま》りかねる時には大概これを書いて胡麻化《ごまか》す。こんな道楽をやり出したのにも、最初は矢張りキッカケがあるもので、いつぞや大毎の新八景の委員に選ばれて高松から鞆《とも》へ渡った夏であった。あそこの景色と宿の料理と酒のうまいのが大変気に入ったところへ、女将が短冊を持出したので、二十何年来忘れていた歌と云うものを久しぶりに詠《よ》んだ。――

夏の夜の鞆の泊りの浪《なみ》まくら夜すがら人を夢にみし哉《かな》
いにしへの姑蘇《こそ》のとまりにあらねども旅にはつらき沖のいさり火
弁天の島をめぐりて船の中に絃歌《げんか》湧《わ》くなり鞆のゆふぐれ
備後なる阿武菟《あぶと》が崎に来てみればかもめ群れゐぬ御仏《みほとけ》のまへに
波に浮かぶ阿武菟が崎の観世音わが後《のち》の世《よ》を守らせたまへ

などと、下手で作り出すといくらでも出て来た。それから又しばらく忘れていると、去年の梅雨のころ、嵯峨《さが》のほととぎすで雨にとざされて二日滞留したとき、「記念にどうぞ」と絹を出されて、墨を擦りながら考え考え、――

ほととぎす音をこそきかね名にし負ふ宿の二た夜は五月雨をきく

ほととぎす名に負ふ宿はゐひざめの枕《まくら》に近したにがはの水

と、二首を記した。その後又半年以上も歌には縁がなくて過ぎたのに、ことしの三月、月ヶ瀬観梅の前夜伊賀上野の宿の主人に求められて、晩めしの膳《ぜん》につきながら即興をやった。

いざさらばこよひはここに宿からむまだ見ぬ花の香をしのびつつ

それが癖になって、明くる日の月ヶ瀬では頼まれもせぬのに、

わが宿の梅のさかりをよそにして訪ねてぞ来し月ケ瀬のさと

以上はいずれも即興のままではなく、多少後に訂正したので、書いたのはもっと拙いのである。がどうせ乗りかけた船だから、暇があったらもう少し上手になるように勉強したいものだと思う。

○

現代の和歌は猫も杓子《しやくし》も万葉調が流行《はや》りのようだが、ことさら万葉の訛《なま》りを真似《まね》るのは、素朴なようであって実は甚だ匠《たく》んである気がする。そのくらいなら技巧を弄《ろう》した古今や新古今を学ぶ方がまだしも無邪気ではないのか。

元来歌は巧拙よりも即吟即興が面白いので、小便をたれるように歌をよんだらいいのである。その点で吉井勇君の作歌は頗《すこぶ》る我が意を得ている。実に自然に、なだらかに、少しもたくまずに口をついて出る。うまがったところが全くない。俗なようで仙骨がある。あれでなくてはいけない。

いにしえの文人は、頼山陽や柳里恭《りゆうりきよう》の如《ごと》き多芸の人ならずとも、皆何かしら、即席に筆を持たされても困らないだけのたしなみがあった。ところが此の頃の、分けても小説家と来たら大概は無芸で、同じ年配の政治家実業家なぞよりもまだその方の心得がない。大臣や代議士なぞが変な漢詩を臆面《おくめん》もなく発表するのもハタ迷惑だが、書く文句がなくって「児童心理学」と書いたと云う緑雨《りよくう》の話にあるようなのも困りものである。見わたしたところ、有島氏の三兄弟は、長兄を始めとして里見君なども手筋がいい。近頃南画めいたものを画《か》き出したのは武者小路《むしやのこうじ》君だが、ちょっと素人《しろうと》らしい面白い味を出していて、余技としては立派なものである。あのあんばいではまだまだ上達するだろう。その外北原白秋君も絵をかく。吉井君、久保田君、室生《むろう》君等、小説家にして歌人や俳人をかねている人々は手蹟の上手下手はともあれ、短冊や色紙を書き馴《な》れているので、文字のノリ工合がよく、アブナ気がない。私のように小説の外は手紙一本満足に書けない男は一番厄介至極である。

　それについて想い出すのは、もう十何年も前、始めて上海《シャンハイ》に遊んだ折に、現上海三井銀行支店長で旧友の土屋計左右《けいぞう》氏宅に世話になった時だった。立派な折本になっている芳名録を持ち出して来て、是非ともこれへ記念のために感想か何かを書けと云う。書こうにも適当な文句が浮かばないし、第一非常なる悪筆だから厭《いや》だと云っていくら辞退しても承知しない。文句がなければ自作の小説の標題なりとも記せと云う。仕方がないので処女作から順々に自分の小説集の目録のようなものを楷書《かいしょ》で書いたのが、又運悪く、えりにえって描く出来て、どう見ても小学校の一年生の習字のようだった。ところがその後土屋君が次第に上海実業界に頭角を現し、交際の範囲が広くなるに従って、呉昌碩《ごしょうせき》、王一亭《おういってい》、銭瘦鉄《せんそうてつ》等、支那《しな》でも知名の文人墨客が芳名録を飾るようになり、その間に介在する私の悪筆はいよいよ醜を異邦にさらすことになった。と、そう云うのが決して謙遜《けんそん》でない証拠には、王一亭氏の如きは余り見苦しいから彼処《あそこ》だけ破いたらどうかと云ったそうである。ところが土屋君はその芳名録を帰朝の度に内地へも持って廻って、画家文人の揮毫を求めるので、恥はだんだん日本人のあいだにもひろがって行った。安田靫彦《ゆきひこ》君も一見して「むしろその勇気を珍重する」と云ったそうだが、全くそうでも云うより外には云いようもあるまい。それから七八年を経て再び上海に行った時、もう大概破って捨てたことと思っていたら、意地のわるい土屋君は、「このくらいまずいと却って話の種だからね」と、依然として保存しているのである。あの工合では恐らく一生、恥を上海に曝《さら》すことになるのであろう。

○

そこへ行くとさすがに支那は文字の国である。目下の彼《か》の国の文壇は、ちょうど日本の大正初期の時代あたりに似通っていて、新しい小説、戯曲、詩が勃興《ぼっこう》し、白話体の文章には西洋流のパンクチュエーションを用い、旧来の句読点の外に、インタロゲーション、エキスクラーメーションのマークは素《もと》より、ダッシュ、ハイフン、コロン、セミコロン等を漢字の間に駆使すること、日本以上にハイカラであるが、そう云う近代の新進文士でも半切《はんせつ》や扇面を持出されてうろたえるようなのは、私の交友の範囲には一人も居ない。乙丑《きのとうし》の除夕の夜に、欧陽予倩《おうようよせん》君の家に集まった時、唐琳君は当時白面の青年であったが、立ちどころに私の所望を入れて、唐紙へ左の五言詩を書いた、——

寂《せき》寞《ばく》空《くう》庭樹《ていのき》
猶《なお》発旧時《はつすきゅうじの》花《はな》
一《いち》夜《や》東《とう》風《ふう》起《おこり》
吹落委黄沙《ふきおとしてこうしやにまかす》
落《らっ》花安足惜《かいずくんぞおしむにたらん》
枝《し》葉《よう》已参差《すでにしんしたり》
人《じん》生《せい》不相見《あいみざるも》
処《しょ》処《しょ》是《これ》天《てん》涯《がい》

その夜、欧陽君も亦《また》その旧作を録した——。

竹《ちく》径虚涼《けいむなしくすずしく》日影《にちえい》移《うつる》
残《ざん》紅《こう》已化護花泥《すでにごかでいとかす》

鸜哥偶学啼鵑語《いんこはたまたまていけんのごをまなび》
喚起釵鸞圧鬢低《よびおこせばさらんびんをあつしてひくし》

○

近ごろ、友人某氏が訪れての話に、嫁入り前の女の児に手習いをさせたいと思うが、今の女学校の習字の手本は、字体がまことに繊弱で気に入らない、光悦帖《こうえつちょう》を習わせようかとも思うが、何かいいものはありますまいかと。私が曰《いわ》く、光悦は生れつき手すじのいい児でないと、女子にはあまりむずかしく、上達するのは至難だと思う。いっそ旧幕時代のお家流にしてはどうですかと。お家流も初期のものはいいが、後世のは筆力が乏しく、提灯屋《ちょうちんや》の字のようだと云う人がある。成るほど、そうには違いないが、それでも今の女学校の習字帳よりは好い趣味である。少くともあんなに繊弱で軽佻《けいちょう》なきらいがなく、肉太に、どっしりとして重味もあれば艶《つや》もある。そして全然支那臭味がなく、純日本式のやさしみがあふれている。「女今川」とか「和漢朗詠集」とか、徳川時代のそう云う手本で稽古《けいこ》をすれば、誰でも或《あ》る程度までは、提灯屋式に上手になれる。「お家流は思いつきですな」と某氏は賛成して帰ったが、そののち実行しているかどうか。

（昭和四年六月廿八日記）

文章読本

この読本は、いろいろの階級の、なるべく多くの人々に読んで貰《もら》う目的で、通俗を旨《むね》として書いた。従って専門の学者や文人に見て頂けるような書物でないことは、論を待たない。それにしても、今まで私はこう云《い》う種類の述作をしたことがないので、順序の立て方、章節の分け方等に妥当を欠くものがあるかも知れないが、そう云う点は、不馴《ふな》れのためとして御諒恕《ごりようじよ》を願いたい。

私は、自分の長年の経験から割り出し、文章を作るのに最も必要な、そうして現代の口語文に最も欠けている根本の事項のみを主にして、この読本を書いた。その他の細かい点、修辞上の技巧等については、学校でも教えるであろうし、類書も多いことであるから、ここには説かない。云わばこの書は、「われわれ日本人が日本語の文章を書く心得」を記したのである。

なお、最初に企図した事柄は洩《も》れなく述べたつもりであるが、ただ慾《よく》を云えば、枚数に制限されて引用文を節約したのが残念である。文章道に大切なのは理窟《りくつ》よりも実際であるから、一々例証を挙げて説明することが出来たならば、読者諸君の同感を得る上に、よほど助けになったに違いない。依《よ》って、他日機会があったらば、今度は引用文を主にした、この読本の補遺となるべきものを編述したいと思っている。

昭和九年九月

目次

一　文章とは何か　一一五

○言語と文章　一一五

言語――言語の効用――思想を伝達すると共に、思想に一つの形態を与える――言語の欠点――思想を一定の型に入れる――言語の働きは不自由であり、時には有害であること――文章――言語と文章との区別――文章の永続性

○実用的な文章と芸術的な文章　一一九

文章に実用的と芸術的との区別なし――美文体――韻文と散文――この書は韻文でない文章、即ち散文を説くのを目的とする――韻文や美文の条件、一　分らせること、二　眼で見て美しいこと、三　耳で聞いて快いこと――口語文――小説の文章――実用的即ち芸術的――実

用文にも技巧が必要であること　一三七

○現代文と古典文

口語体と文章体――口語体を書くコツは文章体を書くコツに同じ――古典文学――和文調と漢文調――和漢混交文――擬古文――字面と音調――「分らせる」ことにも限度があること――口語体の欠点――文章の秘訣――古典文の特色――今から九百年前の文章――文章の音楽的効果と視覚的効果――文章を書くには、読者の眼と耳とに訴えるあらゆる要素を利用すべし――第一の条件――「分らせる」ように書くこと、第二の条件――「長く記憶させる」ように書くこと――字面――視覚的効果について――われわれの国語と形象文字――日本語の言葉は、漢字と平仮名と片仮名と、普通三通りに書き得ること――漢字の欠点――平仮名の美点――音調――音楽的効果について――音読の習慣が廃れたこと――朗読法――音読の習慣がすたれても声を想像しないでは読むことが出来ない――漢字濫用の弊害と音読との関係――文章を綴る場合には、まずその文句を暗誦し、それがすらすらと云えるかどうかを試すことが必要――寺子屋式の読み方――素読――読書百遍意

自ら通ず——「分らせる」ように書くことと「記憶させる」ように書くこととは二にして一——文章の感覚的要素——現代文に見る感覚的要素——書簡文—候文——候文の特色——文章の間隙

○西洋の文章と日本の文章

系統を異にする二国語の間には踰え難い垣がある——今日の急務は、西洋文の長所を取り入れることではなく、取り入れ過ぎたために生じた混乱を整理するにある——支那語と日本語との構造の差異——われわれの国語の欠点—言葉の数が少いこと—語彙——国語と国民性——日本語の語彙が乏しいのは我等の国民性がおしゃべりでない証拠——我が国民性は寡言沈黙を貴ぶ——巧言令色鮮矣仁——日本語はおしゃべりに適しないように出来ている国語——国民性を変えないで、国語だけを改良することは不可能——西洋の学問と日本語の文章——この読本で取り扱うのは、専門の学術的な文章でなく、一般の実用的な文章——語彙が貧弱で構造が不完全な国語には、一方においてその欠陥を補うに足る長所がある

二　文章の上達法　一七九

○　文法に囚われないこと　一七九

文法的に正確なのが必ずしも名文にあらず――日本語には西洋語にあるような文法はない――日本語には正確なるテンスの規則なし――日本語のセンテンスは主格を要せず――日本語は習得に困難なる国語――初学者は一応日本文を西洋流に組み立てる方がよいかも知れないが、相当に文章が書けるようになったら、文法を考えない方が宜しい

○　感覚を研くこと　一八九

文章のよしあしは曰く云い難し、ただ感覚を以て感ずべきのみ――名文とはいかなるものぞ――長く記憶に留まるような印象を与えるもの、繰り返して読めば読むほど滋味の出るもの――名文と悪文との差は紙一と重――文章の味は芸の味、食物の味と同じ――感覚は、生れつき鋭い人と鈍い人とがある――心がけと修業次第では、鈍い感覚をも鋭く研くことが出来る――出来るだけ多くのものを繰り返し読むこと、実際に自

分で作ってみること――感覚は何度も繰り返すうちに鋭敏になる――寺子屋式教授法は感覚錬磨の手段――感覚は、一定の錬磨を経た後には、各人が同一の対象に対して同様に感じるように作られている――文章は人に依って多少好む所を異にする――甘口と辛口、和文脈と漢文脈――源氏物語派と非源氏物語派

三　文章の要素　二〇五

○文章の要素に六つあること　二〇五
文章の要素、一　用語、二　調子、三　文体、四　体裁、五　品格、六　含蓄

○用語について　二〇六
異を樹てようとするな――一　分り易い語を選ぶこと、二　使い馴れた古語を選ぶこと、三　適当な古語がない時に新語を使うこと、四　古語や新語がない時でも、造語は避けるようにすること、五　むずかしい成語よ

りは耳馴れた外来語や俗語の方を選ぶこと――同義語――最適な言葉はただ一つあるのみ――最初に思想があって然る後に言葉が見出だされる場合と、言葉があって然る後に思想が纏められる場合と――最初に使った一つの言葉が思想の方向を定め、文体や文の調子を支配するに至る――言霊――言葉の魅力――人間が言葉を使うと同時に、言葉も人間を使う――語と文字――白楽天の心がけ――古語と新語――漢字の重宝さから来る弊害――言葉は符牒であることを忘れるな――職人の技術語を参考とせよ――略語――世話に砕ける

○調子について　一二三〇

文章の調子は、その人の天性に依るところ最も多し――体質と調子との関係――調子は精神の流動であり、血管のリズムである――流麗な調子――センテンスの切れ目のない、一つの連続した文章――日本文には事実上の主人公あるのみにて文法上の主格なし――これこそ最も日本文の特長を発揮した文体――簡潔な調子――冷静な調子――調子のない文章――言葉の流れ――流露感――流れの停滞した名文――飄逸な調子――ゴツゴツした調子――悪文の魅力

○ 文体について　二五一

雅俗折衷体――一　講義体、二　兵語体、三　口上体、四　会話体――本当の口語文――書いた人の声音や眼つきを想像させる役をするもの――男の話す言葉と女の話す言葉と違うのが日本語の長所――会話体の特長、イ　云い廻しが自由であること、ロ　センテンスの終りの音に変化があること、ハ　実際にその人の語勢を感じ、微妙な心持や表情を想像し得られること、ニ　作者の性の区別がつくこと――われわれは男女孰れの声を想像しながら文章を読むか――会話体の文章は作者の性を区別し得られる

○ 体裁について　二六二

体裁とは文章の視覚的要素の一切を指す、イ　振り仮名、及び送り仮名の問題、ロ　漢字及び仮名の宛て方、ハ　活字の形態の問題、ニ　句読点――総振り仮名と字面との関係――ルビ、総ルビ、パラルビ――森鷗外の文字使い――言葉の由来に溯って語源の上から正しい文字を宛てる方法――日本の文章は読み方がまちまちになることをいかにしても防

ぎ難し――文字使いを、偏えに感覚的要素として扱う方法――視覚的効果として見た鷗外の文字使い――文字使いから見た鷗外と漱石――スタイル・ブック――活字の大きさ――活字の種類――句読点も合理的には扱い難し――疑問符と感嘆符――引用符

○品格について　二九三

品格とは文章の礼儀作法――一　饒舌を慎しむこと、二　言葉使いを粗略にせぬこと、三　敬語や尊称を疎かにせぬこと――品格ある文章を作るには精神的修養が第一――優雅の心を体得すること――優雅とは何ぞや――われわれの国語の一特色――日本語は、敬語が驚くほど豊富である――日本人ほど礼節を重んずる国民なく、日本語ほど礼節にかなう国語なし――あまりはっきりさせようとせぬこと――意味のつながりに間隙を置くこと――われわれは、生な現実をそのまま語ることを卑しむ――言語と事実との間に薄紙一と重の隔たりがあるのを好しとす――現代のいわゆる口語文は実際の口語よりも西洋語に近い――文章の間隙を理解するには昔の書簡文を参考とすべし――文章の穴――現代の文章の書き方は、あまり読者に親切過ぎる――言葉は、丁寧な、正

式な形で使うべきこと——ぞんざいな発音をそのまま文字に移さぬこと——東京人の言語の特色——小説家が会話を写す時の心得——敬語の動詞助動詞が文章の構成に与える便宜——敬語は単に儀礼を整えるだけの効用をしているのではない——敬語の動詞助動詞は美しい日本文を組み立てる要素の一つ——敬語はわが国語の利器——女子の文章には敬語を使うようにしては如何——講義体は敬語を使う文体に適せず

○

含蓄について 三一九

含蓄とは何ぞや——この読本は終始一貫含蓄の一事を説く——里見弴氏の書き方の特色——一流の俳優は大袈裟な所作を演ぜず——形容詞や副詞の濫費を慎しめ——悪文の実例——比喩について——技巧の実例——言葉を惜しんで使う——「蘆刈」の一節——要するに感覚の錬磨を怠るなかれ

文章読本

一　文章とは何か

○言語と文章

人間が心に思うことを他人に伝え、知らしめるのには、いろいろな方法があります。たとえば悲しみを訴えるのには、悲しい顔つきをしても伝えられる。物が食いたい時は手真似《てまね》で食う様子をして見せても分る。その外、泣くとか、呻《うな》るとか、叫ぶとか、睨《にら》むとか、嘆息するとか、殴るとか云《い》う手段もありまして、急な、激しい感情を一と息に伝えるのには、そう云う原始的な方法の方が適する場合もありますが、しかしやや細かい思想を明瞭《めいりょう》に伝えようとすれば、**言語**に依《よ》るより外はありません。言語がないとどんなに不自由かと云うことは、日本語の通じない外国へ旅行してみると分ります。

なおまた、言語は他人を相手にする時ばかりでなく、ひとりで物を考える時にも必要であります。われわれは頭の中で「これをこうして」とか「あれをああして」とか云う風に独りごとを云い、自分で自分に云い聴かせながら考える。そうしないと、自分の思っていることがはっきりせず、纏《まと》まりがつきにくい。皆さんが算術や幾何の問題を考えるのにも、必ず頭の中で言語を使う。われわれはまた、孤独を紛らすために自分で自分に話しかける習慣があります。強いて物を考えようとしないでも、独りでぽつねんとしている時、自分の中にあるもう一人の自分が、ふと囁《ささや》きかけて来ることがあります。それから、他人に話すのでも、自分の云おうとすることを一遍心で云ってみて、然《しか》る後口に出すこともあります。普通われわれが英語を話す時は、まず日本語で思い浮かべ、それを頭の中で英語に訳してからしゃべりますが、母国語で話す時でも、むずかしい事柄を述べるのには、しばしばそう云う風にする必要を感じます。**されば言語は思想を伝達する機関であると同時に、思想に一つの形態を与える、纏まりをつける、**と云う働きを持っております。

そう云う訳で、言語は非常に便利なものでありますが、しかし人間が心に思っていることなら何でも言語で現わせる、言語を以《もっ》て表白出来ない思想や感情はない、という風に考えたら間違いであります。今も云うように、泣いたり、笑ったり、叫んだりする方が、却《かえ》ってその時の気持にぴったり当て篏《は》まる場合がある。黙ってさめざめと涙を流している方が、くどくど言葉を費すよりも千万無量の思いを伝える。もっと簡単な例を挙げますと、鯛《たい》を食べたことのない人に鯛の味を分らせるように説明しろと云ったらば、皆さんはどんな言葉を択《えら》びますか。恐らくどんな言葉を以ても云い現わす方法がないでありましょう。左様に、たった一つの物の味でさえ伝えることが出来ないのでありますから、言語と云うものは案外不自由なものでもあります。のみならず、思想に纏まりをつけると云う働きがある一面に、**思想を一定の型に入れてしまう**と云う欠点があります。たとえば紅《あか》い花を見ても、各人がそれを同じ色に感ずるかどうかは疑問でありまして、眼の感覚のすぐれた人は、その色の中に常人には気が付かない複雑な美しさを見るかも知れない。その人の眼に感ずる色は、普通の「紅い」と云う色とは違うものであるかも知れない。しかしそう云う場合にそれを言葉で現わそうとすれば、とにかく「紅《あか》」に一番近いのでありますから、やはりその人は「紅い」と云うでありましょう。つまり「紅い」と云う言葉があるために、その人のほんとうの感覚とは違ったものが伝えられる。言葉がなければ伝えられないだけのことでありますが、あるために害をすることがある。これは後に詳しく説く機会がありますから、今はこれ以上申しませんが、返す返すも**言語は万能なものでないこと、その働きは不自由であり、時には有害なものであること**を、忘れてはならないのであります。

次に、言語を口で話す代りに、文字で示したものが**文章**であります。少数の人を相手にする時は口で話したら間に合いますが、多数を相手にする時は一々話すのが面倒であります。また、口で云う言葉はその場限りで消えてしまうのでありますから、長く伝えることが出来ない。そこで言語を文章の形にして、大勢の人に読んで貰《もら》い、または後まで残すと云う必要が生じた訳であります。ですから言語と文章とはもともと同じものでありまして、「言語」と云う中に「文章」を含めることもあります。厳密に云えば、「口で話される言葉」と「文字で書かれる言葉」と云う風に区別した方がよいかも知れません。が、**同じ言葉でも既に文字で書かれる以上は、口で話されるものとは自然違って来ないはずはありません。**小説家の佐藤春夫氏は「文章は口でしゃべる通りに書け」と云う主義を主張したことがありましたが、仮りにしゃべる通りを書いたとしましても、文字に記したものを眼で読むのと、それが話されるのを直接に聞くのとは、感じ方に違いがあります。口で話される場合には、その人の声音《こわね》とか、言葉と言葉の間《ま》とか、眼つき、顔つき、身振、手真似などが這入《はい》って来ますが、文章にはそう云う要素がない代りに、文字の使い方やその他いろいろな方法でそれを補い得る長所があります。**なおまた口で話す方は、その場で感動させることを主眼としますが、文章の方はなるたけその感銘が長く記憶されるように書きます。**従って、口でしゃべる術と文章を綴《つづ》る術とは、それぞれ別の才能に属するのでありまして、話の上手な人が必ず文章が巧《うま》いと云う訳には行きません。

○ 実用的な文章と芸術的な文章

私は、**文章に実用的と芸術的との区別はない**と思います。文章の要は何かと云えば、自分の心の中にあること、自分の云いたいと思うことを、出来るだけその通りに、かつ明瞭《めいりよう》に伝えることにあるのでありまして、手紙を書くにも小説を書くにも、別段それ以外の書きようはありません。昔は「華を去り実に就く」のが文章の本旨だとされたことがありますが、それはどう云うことかと云えば、余計な飾り気を除いて実際に必要な言葉だけで書く、と云うことであります。そうしてみれば、最も実用的なものが、最もすぐれた文章であります。

明治時代には、実用に遠い**美文体**と云う一種の文体がありまして、競ってむずかしい漢語を連ね、語調のよい、綺麗《きれい》な文字を使って、景を叙したり情を述べたりすることが流行《はや》りました。ここにこんな文章がありますが、これを一つ読んで御覧なさい。

南朝の年号延元三年八月九日より、吉野の主上御不予の御事ありけるが、次第に重らせ給《たま》ふ。医王善逝《ぜんぜい》の誓約も、祈るに其《その》験なく、耆婆《きば》扁鵲《へんじやく》が霊薬も、施すに其験おはしまさず。(中略) 左の御手に法華経の五の巻を持せ給ひ、右の御手には御剣《ぎよけん》を按《あん》じて、八月十六日の丑《うし》の尅《こく》に、遂《つひ》に崩御なりにけり。悲い哉《かな》、北辰《ほくしん》位高くして、百官星の如《ごと》くに列《つらな》ると雖《いへども》、九泉の旅の路《みち》には供奉《ぐぶ》仕《つかまつ》る臣一人もなし。奈何《いかん》せん、南山の地僻《へき》にして、万卒雲の如くに集ると雖、無常の敵の来《きた》るをば禦《ふせぎ》止《とど》むる兵更になし。唯《ただ》中流に船を覆《くつがへ》して一壺《いつこ》の浪に漂ひ、暗夜に燈消えて五更の雨に向ふが如し。(中略) 土墳数尺《すうせき》の草、一径涙《なんだ》尽きて愁《うれひ》未《いまだ》尽きず。旧臣后妃泣く泣く鼎湖《ていこ》の雲を瞻望《せんばう》して、恨《うらみ》を天辺の月にそへ、覇陵《はりよう》の風に夙夜《しゆくや》して、別を夢裏《むり》の花に慕ふ。哀なりし御事なり。

これは太平記の後醍醐《ごだいご》天皇崩御のくだりの一節でありまして、これを書いた南北朝時代においては一種の名文だったでありましょうし、この中にあるいろいろなむずかしい漢語にも、定めし実感が籠《こも》っていたことでありましょう。まして帝王の崩御を叙するのでありますから、荘厳な文字を連ねることも、かかる場合は儀礼にかなう訳であります。私は子供の時分に、太平記のこのくだりを非常な名文であると教えられ、「土墳数尺の草、一径涙尽きて愁未尽きず。旧臣后妃泣く泣く鼎湖の雲を瞻望して」と云うあたりは、今も暗記しているくらいに愛誦《あいしょう》したのでありますが、明治時代の美文と云うものはこう云う文体から脈を引き、その云い廻しを学んだものでありました。

その時分は小学校の作文でも、こう云う漢語を苦心して捜し出したり寄せ集めたりする稽古《けいこ》をしたもので、天長節の祝辞だとか、卒業式の答辞だとか、観桜《かんおう》の記だとか云う文章は、皆この文体で綴ったのでありますが、昔は知らず、現代の人間には、これではあまり装飾が勝ち過ぎて自分の思想や感情を表現するのに不便であります。ですからその後この文体は次第に滅んでしまいましたが、実用的でない文章と云えば、まずこう云う風なものより外に考えることが出来ません。

　ここでちょっとお断りしておきますが、文章と云うものを二つに分けて、**韻文**と**散文**とに区別することがあります。韻文とは何かと云えば、詩や歌のことでありまして、これは人間が心の中にあることを他に伝達するのみでなく、自《みずか》ら詠嘆の情を籠《こ》めて謡《うた》うように作ったもの、従って謡い易《やす》いように字の数や音の数を定め、その規則に当て篏めて綴るのでありますから、なるほど文章の一種ではありますけれども、普通の文章とは多少目的が違うだけに、それはそれとして特別な発達を遂げております。で、実用的でなくてしかも芸術的な文章と云うものがあるとすれば、この韻文が正《まさ》しくそれに当りますけれども、**私がこの本の中で説こうとするものは、韻文でない文章、即《すなわ》ち散文のことであります**から、それは予《あらかじ》め御承知を願っておきます。

　そこで、韻文でない文章だけについて云えば、実用的と芸術的との区別はありません。芸術的な目的で作られる文章も、実用的に書いた方が効果があります。昔は口でしゃべることをそのままに書かず、文章の時は口語と違った云い方をしまして、言葉遣いなども、民間の俗語を用いては礼に欠けていると思い、わざと実際に遠くするように修飾を加えた時代がありますので、あの美文のようなものが役に立ったこともありますけれども、今日はそう云う時代でない。現代の人は、どんなに綺麗な、音調のうるわしい文字を並べられても、実際の理解が伴わなければ美しいと感じない。礼儀と云うことも、全然重んじないのではないが、高尚優美な文句を聞かされたからと云って、それを礼儀とは受け取らない。第一われわれの心の働きでも、生活の状態でも、外界の事物でも、昔に比べればずっと変化が多くなり、内容が豊富に、精密になっておりますから、字引を漁《あさ》って昔の人が使いふるした言葉を引っ張って来たところで、現代の思想や感情や社会の出来事には当て嵌まらない。それで、実際のことが理解されるように書こうとすれば、なるべく口語に近い文体を用いるようにし、俗語でも、新語でも、或《あ》る場合には外国語でも、何でも使うようにしなければならない。つまり韻文や美文では、**分らせる**と云うこと以外に、**眼で見て美しいことと耳で聞いて快いこと**とが同様に必要な条件でありましたが、現代の**口語文**では、専《もっぱ》ら「分らせる」「理解させる」と云うことに重きを置く。他の二つの条件も備わっていればいるに越したことはありませんけれども、それにこだわっていては間に合わない。実に現代の世相はそれほど複雑になっているのでありまして、**分らせるように書く**と云う一事で、文章の役目は手一杯なのであります。

文章を以て現わす芸術は**小説**でありますが、しかし芸術と云うものは生活を離れて存在するものではなく、或る意味では何よりも生活と密接な関係があるのでありますから、小説に使う文章こそ最も実際に即したものでなければなりません。もし皆さんが小説には何か特別な云い方や書き方があるとお思いになるのでしたら、試みに現代の小説を孰《ど》れでもよいから読んで御覧なさい。小説に使う文章で、他のいわゆる実用に役立たない文章はなく、実用に使う文章で、小説に役立たないものはないと云うことが、じきお分りになるのであります。次に小説の文章の例として志賀直哉氏の「城《き》の崎《さき》にて」の一節を引用してみましょう。

> 自分の部屋は二階で隣のない割に静かな座敷だつた。読み書きに疲れるとよく縁の椅子《いす》に出た。脇《わき》が玄関の屋根で、それが家へ接続する所が羽目になつてゐる。其羽目の中に蜂《はち》の巣があるらしい、虎斑《とらふ》の大きな肥《ふと》つた蜂が天気さへよければ朝から暮近くまで毎日忙しさうに働いてゐた。蜂は羽目のあはひから摩抜けて出る、

と一ト先づ玄関の屋根に下りた。其処で羽根や触角を前足や後足で丁寧に調べると少し歩きまはる奴もあるが、直ぐ細長い羽根を両方へシッカリと張つてぶーんと飛び立つ。飛び立つと急に早くなつて飛んで行く。植込みの八つ手の花が丁度満開で蜂はそれに群つてゐた。自分は退屈するとよく欄干から蜂の出入りを眺めてゐた。

　或朝の事、自分は一疋《ぴき》の蜂が玄関の屋根で死んで居るのを見つけた。足は腹の下にちぢこまつて、触角はダラシなく顔へたれ下がつて了《しま》つた。他の蜂は一向冷淡だつた。巣の出入りに忙しくその脇を這ひまはるが全く拘泥《こうでい》する様子はなかつた。忙しく立働いてゐる蜂は如何《いか》にも生きてゐる物といふ感じを与へた。その脇に一疋、朝も昼も夕も見る度に一つ所に全く動かずに俯向《うつむ》きに転がつてゐるのを見ると、それが又如何にも死んだものといふ感じを与へるのだ。それは三日程その儘《まま》になつてゐた。それは見てゐて如何にも静かな感じを与へた。淋しかつた。他の蜂が皆巣に入つて仕舞つた日暮、冷たい瓦《かはら》の上に一つ残つた死骸《しがい》を見る事は淋しかつた。然しそれは如何にも静かだつた。

故芥川龍之介氏はこの「城の崎にて」を志賀氏の作品中の最もすぐれたものの一つ

に数えていましたが、こう云う文章は実用的でないと云うことが出来ましょうか。ここには温泉へ湯治に来ている人間が、宿の二階から蜂の死骸を見ている気持と、その死骸の様子とが描かれているのですが、それが簡単な言葉で、はっきりと現わされています。ところで、こう云う風に簡単な言葉で明瞭に物を描き出す技倆《ぎりょう》が、実用の文章においても同様に大切なのであります。この文章の中には、何もむずかしい言葉や云い廻しは使ってない。普通にわれわれが日記を附けたり、手紙を書いたりする時と同じ文句、同じ云い方である。それでいてこの作者は、まことに細かいところまで写し取っている。私が点を打った部分を読むと、一匹の蜂の動作を仔細《しさい》に観察して、ほんとうに見た通りを書いていることが分る。そうしてその書いてあることが、と云うのは、この場合には蜂の動作でありますが、それがはっきりと読者に伝わるのは、出来るだけ無駄を切り捨てて、不必要な言葉を省いてあるからであります。たとえば終りの方の「それは見てゐて如何にも静かな感じを与へた。」の次に、いきなり「淋しかつた。」と入れてありますが、「自分は」と云うような主格を置かずにただ「淋しかつた。」とあるのが、よく利《き》いています。またその次の「他の蜂が皆巣に入つて仕舞つた日暮、冷たい瓦の上に一つ残つた死骸を見る事は云々《うんぬん》」のところも、普通なら「日が暮れると、他の蜂は皆巣に入ってしまって、その死骸だけが冷たい瓦の上に一つ残っていたが、それを見ると、」と云う風に書きそうなところですが、こんな風に短く引き締め、しかも引き締めたために一層印象がはっきりするように書けている。「華を去り実に就く」とはこう云う書き方のことであって、簡にして要を得ているのですから、このくらい実用的な文章はありません。されば、**最も実用的に書くと云うことが、即ち芸術的の手腕を要するところなので、**これがなかなか容易に出来る業《わざ》ではないのであります。

但《ただ》し、今の志賀氏の文章を見ると、「淋しかった」と云う言葉が二度、「静かな」と云う形容詞が二度、繰り返し使ってありますが、この繰り返しは静かさや淋しさを出すために有効な手段でありまして、決して無駄ではないのであります。その理由はすぐ次の段に述べることとしまして、こう云う技巧こそ芸術的と云えますけれども、しかしそれとても、やはり実用の目的に背馳《はいち》するものではありません。**実用文においても、**こう云う**技巧があればあった方がよいのであります。**

実用実用と云いますけれども、今日の実用文は、広告、宣伝、通信、報道、その他種々なるパンフレット等に応用の範囲が広く、それらは多少とも芸術的であることを必要とするのでありまして、用途の上から云いましても、だんだん芸術と実用との区別が分らなくなって来つつあります。現に裁判所の調書などは、最も芸術に縁の遠かるべき記録でありますが、犯罪の状況や時所について随分精密な筆を費し、被告や原告の心理状態にまで立ち入って述べておりまして、時には小説以上の感を催さしめることがあります。されば文章の才を備えることは、今後いかなる職業においても要求される訳でありまして、旁々《かたがた》心得のためにこれだけのことを弁《わきま》えて置いて頂く方がよいと思います。

○ 現代文と古典文

前段において私は、**口語体**の文章が最も今日の時勢に適していると申しましたが、それなら文章体の文章は全然参考にならないかと云うのに、決してそうではありません。口語体も文章体も、等しくわれわれの話す日本語から発達したものでありますから、根本においては同じであり、精神においても同じであります。と云う意味は、**口語体を上手に書くコツは、文章体を上手に書くコツと、変りはない。文章体の精神を無視した口語体は、決して名文とは云われない。**ですから、われわれは是非とも文章体の文章を研究する必要があるのであります。

古典文学の文章は、すべていわゆる文章体で書いてありますが、大体において**和文**

調と**漢文調**とに分けることが出来る。和文調と云うのは、実は往古の口語体のことでありまして、土佐日記や源氏物語のような文体、あれはその当時においては口でしゃべった通りに書いたものであった、即ちあの頃の言文一致体であった、然るにその後口語の方が次第に変化して来たので、ああ云う云い方が一種の文章体として、文字の上だけに残った訳であります。漢文調と云うのは、保元物語や平治物語等の軍記物から用いられ始めた文体で、在来の和文に漢語を交え、また漢文を日本流に読み下す時の特別な言い廻しを交えたものでありまして、いわゆる**和漢混交文**のことであります。
この二つの文体のうち、和文調はもはや全く廃《すた》れてしまった。明治時代までは**擬古文**と称して作文の時間に時々稽古をしたものですが、何分応用の方面がないので、今日ではそんな稽古をする者もいなくなった。それに比べると漢文調の方は、まだ幾分か使われております。畏《おそ》れ多い例でありますが、皆さんが御存じの教育勅語、あれは立派な和漢混交文のお手本と申してよい。その他折に触れて下される詔勅の御文体は総《す》べて見事な漢文調でありまして、民間においても、祝辞や式辞や弔辞等の儀式張った文章は、漢文調の文章で書く。もっともこれとても以前に比べればずっと少なくなりつつある、近頃は告別式に列席しましても口語体の弔辞を聴くことが珍しくないのでありますから、追い追い漢文調も廃れてしまうことは明らかであります。

私はさっき、現代の世相は複雑であるから到底昔の文章体の粗っぽい云い廻しでは用が足せない、現代人に「分らせる」ようにするには、是非とも口語体でなければならないと申しました。また現今の口語体においては、昔のように字面《じづら》や音調の美しさを気にしてはいられない、「分らせる」ように、「理解させる」ように書くことが精一杯であると申しました。いかにも、一応はその通りでありますが、ここで皆さんの御注意を喚起したいのは、**「分らせる」ことにも限度がある**と云う一事であります。

既に私はこの読本の最初の段で、言語は決して万能なものでないこと、その働きは思いの外不自由であり、時には有害なものであることを断って置きましたが、現代の人はややともするとこの事を忘れがちであります。そして、口語体の文章ならどんなことでも「分らせる」ように書ける、と云う風に考え易いのであります。が、そう考えたら大変な間違いであることを、常に皆さんは念頭に置いて頂きたい。明治の末期から口語体と云う便利な文体が創《はじ》められ、用語や文字の末に囚《とら》われず、何でも口でしゃべる通りに書けばよいことになったので、いかなる微妙な事柄でも語彙《ごい》を豊富に使いさえすれば表現出来ないことはないと云う謬想《びゅうそう》が先入主になり、近頃の人々は無闇《むやみ》に多くの言葉を使う。されば明治になってから言葉の数が殖えたことは非常なものでありまして、昔の人の思いも及ばないさまざまな名詞や形容詞が出来、また外国語を翻訳したいろいろな学術語や技術語が生れ、なお今日も続々と新語が造られつつあります。で、人々は争ってそれらの沢山な語彙を駆使し、何事を述べても微に入り細を穿《うが》とうとしますので、自然文章が冗長になり、文章体なら一行か二行で済ますところを五行にも六行にも書く。しかしそんなに言葉数を費したら分らないことでも分らせることが出来るかと云うのに、決してそう云うものではありません。書く当人は痒《かゆ》い所へ手が届くように云い廻し、剰《あま》さず述べ尽したつもりでも、読む方に取ってはくどいばかりで、何を云っているのやら分らない場合がしばしばある。実に**口語体の大いなる欠点は、表現法の自由に釣られて長たらしくなり、放漫に陥り易いこと**でありまして、徒《いたず》らに言葉を積み重ねるために却って意味が酌《く》み取りにくくなりつつある。故《ゆえ》に当今の急務は、この口語体の放漫を引き締め、出来るだけ単純化することにあるのでありますが、それは結局**古典文の精神に復《かえ》れ**と云うことに外ならないのであります。

　文章のコツ、即ち人に「分らせる」ように書く秘訣《ひけつ》は、**言葉や文字で表現出来ることと出来ないこととの限界を知り、その限界内に止《とど》まること**が第一でありまして、古《いにしえ》の名文家と云われる人は皆その心得を持っていました。それと云うのが、昔は言葉数が少い上にも前例や出典をやかましく云い、使う場所に制限がありましたので、一つの景を叙し、または心事を述べるに方《あた》って、そういろいろな云い方がある訳ではなかった。散る花を惜しみ、隈《くま》なき月の影を賞《め》で、人の世の無常を恨むにも、時に依り人に依ってその心持に多少の違いがあったでありましょうが、言葉の方は大体きまりきっていたので、その違いに応ずるだけの種類がない。ですから古典の文章を見ますと、同じ言葉が幾度も繰り返されて使ってありますが、自然の必要から、それらの言葉が場合場合で或る独特なひろがりを持ち、一つ一つに月の暈《かさ》のような蔭《かげ》が出来、裏が出来ています。

足柄山といふは、四五日かねておそろしげにくらがりわたれり。やうやう入り立つ麓《ふもと》のほどだに、そらのけしき、はかばかしくも見えず。えもいはず茂りわたりて、いとおそろしげなり。麓にやどりたるに、月もなく暗き夜の、闇にまどふやうなるに、女三人《みたり》、いづくよりともなくいで来たり。五十ばかりなる一人、二十ばかりなる、十四五なるとあり。庵《いほり》の前に傘《からかさ》をささせてすゑたり。男ども火をともして見れば、昔こはたといひけむが孫といふ。髪いと長く、額いとよくかかりて、色白くきたなげなくて、さてもありぬべき下仕《しもづかへ》などにてもありぬべしなど、人々あはれがるに、声すべて似るものなく、空にすみのぼりてめでたく歌をうたふ。人々いみじうあはれがりて、けぢかくて、人々もて興ずるに、「西国《にしぐに》の女はえかからじ」などいふを聞きて、「なにはわたりにくらぶれば」とめでたく歌ひたり。見るめのいときたなげなきに、声さへ似るものなく歌ひて、さばかり恐ろしげなる山中《やまなか》に立ちてゆくを、人々あかず思ひて皆泣くを、幼なきここちには、まして此《こ》のやどりをたたむ事さへあかずおぼゆ。まだ暁より足柄をこゆ。まいて山の中のおそろしげなる事いはむかたなし。雲は足の下にふまる。山のなからばかりの、木の下の、わづかなるに、葵《あふひ》のただ三筋ばかりあるを、世はなれてかかる山中にしも生ひけむよと、人々あはれがる。水はその山に三処《ところ》ぞ流れたる。(更科日記)

この文章は今から九百年も前のものでありまして、上総介《かずさのすけ》菅原孝標《たかすえ》の娘が十三歳の時に父に従って都へ上ったことを、それより四十年を過ぎた後に思い出して書いているのですが、この中には同じ言葉が幾度も繰り返し使ってあります。足柄山はどんな山かと云うと、「おそろしげにくらがりわたつた」山であると云う。そうして、「えもいはず茂りわたりて、いとおそろしげ」であるとか、「まいて山の中のおそろしげなる事いはむかたなし」とか、山を述べるのに「おそろしげ」と云う言葉より外知らないかのようである。また「あはれがる」という言葉も三度出て来る。田舎の女が巧みに歌をうたうのを聴いても、深山の大木の下に葵が三筋あるのを見つけても、人々は「あはれがる」のである。女の顔は「色白くきたなげなくて」と云い、「見る目のいときたなげなきに」とも云っている。その歌声は「すべて似るものなく、空にすみのぼりて」と云い、「声さへ似るものなく歌ひて」とも云う。その他、「めでたく」と云う副詞、「あかずおもふ」と云う動詞も二度出て来る。これを見ても昔はどんなに言葉の数が少かったかと云うことが分るのでありますが、しかしその割に作者の云わんと欲することは大体明瞭に現わされています。ただ「おそろしげ」と云っただけでも、物凄《ものすご》く樹木の茂った山の姿が、想像されないものでもない。「あはれがる」と云う一語のうちにも、三人の女を取り巻いて打ち興ずる男どもの様子が見え、彼等が旅の憂《う》さを忘れて歌を褒めたり器量を賞《め》でたりする話声が聞えるようにも感ぜられる。こうして見ると、こんな素朴な書き方でも略々《ほぼ》用が足せるのでありまして、この時分の人は、「めでたし」とか、「おもしろし」とか、「をかし」とか云う簡単な形容詞をいろいろな意味に使い分けた。なおまた、「月もなく暗き夜の、闇にまどふやうなるに」のところ、「男ども火をともして見れば、昔こはたといひけむが孫といふ。髪いと長く」のところは、僅か五六行の短文でありますが、思いがけなく夜の街道にさまよい出た芸人の女のあやしい美しさと、それを見た旅人の軽い驚きとが、おぼろげながら浮かんで来る。「火をともして」とありますので、燈明であるか松明《たいまつ》であるか篝火《かがりび》であるか分りませんけれども、「庵の前に傘をささせてすゑた」のでありますから、女どもは庭か往来の地上に坐し、それへ一行の下男どもが多分紙燭《しそく》か松明をかざしたのでありましょう。はためく火影にあかあかと照らし出された女どもの、このあたりには珍しい身なりやみめかたち、その後につづく漆のような夜の闇、真黒な空に聳《そび》え立つ足柄山の山容などが、朦朧《もうろう》と眼に見えて来ます。「声すべて似るものなく、空にすみのぼりて」と云う「すみのぼりて」の一句もよい。この旅行は九月三日に上総の国を立ちましたので、秋の末頃でありますから、冷え冷えとした、冴《さ》えた夜空に、すずしい歌ごえが透き徹《とお》るように響きわたった、その感じがよくこの一句に現われています。「なにはわたりにくらぶれば」と、歌の文句の冒頭だけを記したのは、後を忘れたのかも知れませんが、こう云う書き方にはこれも余情があってよい。言葉数を知らないからこんな風に書いたのでもありましょうが、しかしやさしい、分り易い文字を使ったからと云って、人に与える感銘の深さは、必ずしも饒舌《じょうぜつ》な口語文に劣らないのであります。

次に私は、古典の持つ字面や音調の美しさも、或る程度まで、——いや、時には大いに、——参考とすべきであると思います。これは前に申し上げたことと矛盾するようでありますけれども、一歩進んで考えてみますと、口語文といえども、文章の**音楽的効果**と**視覚的効果**とを全然無視してよいはずはありません。なぜなら、人に「分らせる」ためには、文字の形とか音の調子とか云うことも、与《あずか》って力があるからであります。読者自身は或はそれらの関係を意識しないで読んでいるかも知れません。しかしながら、眼や耳から来る感覚的な快さが、いかに理解を助けるものであるかと云うことは、名文家は皆よく知っているのであります。既に言葉と云うものが不完全なものである以上、**われわれは読者の眼と耳とに訴えるあらゆる要素を利用して、表現の不足を補って差支えない。**たとえば昔、印刷術が発達しない時分には、文字の巧拙、紙質、墨色等までも、内容の理解に多大の関係を及ぼしたことと思われますが、これはまことに当然のことで、いやしくも眼で見て理解するものであるからには、眼を通して来る総べての官能的要素が、読者の心に何等かの印象をとどめないはずはありません。そうして多くの場合、それらの要素が文章の内容と切っても切れないように結びついて、全く一つのものとなって頭に残ります。私はしばしば、幼年の頃におぼえた百人一首の和歌を思い出すことがありますが、思い出す時はいつも必ず骨牌《かるた》に書いてあった文字の形が眼に浮かびます。当時は今のような標準かるたでなく、草書や変態仮名を使って能筆に書いてあったのですが、「久方の」なら「久方の」と云う歌と一緒に、その骨牌に書いてあった字体が浮かんで来る。恐らく皆さんにもそう云う経験がおありになるでありましょうが、取り分け和歌の場合には、定家卿《ていかきょう》や行成卿の書いた美しい一枚の色紙、もしくは短冊《たんざく》として、記憶されると云うようなことが多いと思います。今日の文章は、ほとんど総べて活字に印刷されておりますが、しかし活字だからと云って、そう云う関係がないことはありません。或る文章の内容が読者の脳《のう》裡《り》に刻み込まれる時は、それを刷ってある活字の字体と一緒に刻み込まれ、思い出される時も一緒に思い出されます。故に今日でも、文字の巧拙は問題でなくなりましたが、文字の組み方、即ち一段に組むか二段に組むかと云うようなこと、それから活字の種類と大きさ、ゴシックにするか、ポイントを使うか、四号にするか、五号にするかと云うようなこと、並びに文字の宛《あ》て方、或る一つの言葉を漢字で書くか、平仮名で書くか、片仮名で書くかと云うようなことは、その文章が表現しようとする理論や事実や感情を理解させる上に、少からぬ手助けとなったり妨げとなったりするのであります。

文章の第一の条件は「分らせる」ように書くことでありますが、第二の条件は「長く記憶させる」ように書くことでありまして、口でしゃべる言葉との違いは、主として後者にあるのでありますから、役目としては或はこの方が大切かも知れません。で、そこまで考えを進めて来ますと、文字の体裁、即ち**字面**《じづら》と云うものが、一層重大な要素となって来るのであります。今の百人一首の例でも分るように、私がしばしばそれらの和歌を思い出すのは、大半はその美しい字体のためである。私はその字体を思い出しながら、その和歌を思い出し、それが書いてあった骨牌の手《て》触《ざわ》りを思い出し、それを弄《もてあそ》んだ幼年時代の正月の晩を思い出して、云いようのない懐《なつか》しさを覚える。西洋の文章でもこう云うことは有り得るでありましょうが、**われわれはわれわれに独特なる形象文字を使っているのでありますから、それが読者の眼に訴える感覚を利用することは、たとい活字の世の中になりましても、或る程度まで有効**でありまして、将来国字がローマ字に改まるような日が来ない限り、われわれにのみ許された折角の利器を捨てておくと云う法はありません。斯《か》様《よう》に申しますと、それは文章の邪道だと申される方があるかも知れませんが、しかし字面と云うものは、善かれ悪《あ》しかれ必ず内容に影響する、我が国の如く形象文字と音標文字とを混用する場合において殊《こと》に然《しか》りである。そうだとすれば、その影響をその文章が書かれた目的と合致させるように考慮するのが当然であります。

　但し、誤解のないようにお断りしておきますが、ここに「字面」と申しますのは、必ずしもむずかしい文字を使うことではありません。近頃はよく、漢語をわざと片仮名で書いて、たとえば「憤慨」を「フンガイ」と書いて、一種の効果を挙げることが流行りますが、あれなぞが、やはり私の云う字面を考慮することに当ります。それと云うのが、西洋では一定の言葉を綴《つづ》るのには一定の文字しかない。たとえば「デスク」と云う語はdeskとしか書きようがない。支那《しな》でもそうでありましょうが、われわれの国では、「机」、「つくえ」、「ツクエ」と、三通りに書けます。されば、ありふれた漢語を故意に仮名で書いて読者の注意を促し、記憶に資すると云う手段が、そこに成り立つ訳であります。それから、「眼に快い文字」と云うのも決して漢字に限ったことはありません。漢字は一字一字を見ると美感が備わっていますけれども、文字と文字とのつながり工合が美しくない。仮名の中へ交ぜて使うと、ゴツゴツして汚く見えることがありますが、我が国の平仮名は文字そのものに優しみがある上に、つながり工合が実に美しい。それに、漢字は字劃《じかく》が複雑なため、今日のような小型の活字になっては固有の魅力が大半失われてしまいましたが、平仮名は字劃が簡単でありますから、今もなお魅力を失いません。字面を快くすると云うのは、こう云うことを総べて考慮に加えて書く、と云う意味であります。

しかしながら、現代の口語文に最も欠けているものは、眼よりも耳に訴える効果、即ち**音調の美**であります。今日の人は「読む」と云えば普通「黙読する」意味に解し、また実際に声を出して読む習慣がすたれかけて来ましたので、自然文章の音楽的要素が閑却されるようになったのでありましょうが、これは文章道のために甚だ嘆かわしいことであります。西洋、殊に仏蘭西《フランス》あたりでは、詩や小説の**朗読法**が大いに研究されていまして、しばしば各種の朗読会が催される、そうして古典ばかりでなく、現代の作家のものも常に試みられると云うことでありますが、かくてこそ文章の健全なる発達を期することが出来ますので、彼《か》の国の文芸の盛んなのも偶然でありません。それに反して、我が国においては現に朗読法と云うものがなく、またそれを研究している人を聞いたことがない。近頃大阪のＪＯＢＫから富田砕花《さいか》氏が詩の朗読を放送され、ついでＪＯＡＫからも古川緑波《ろっぱ》氏が漱石の「坊っちゃん」の一節を放送されましたので、ラジオに依って追い追いそう云う方面が開拓されるかも知れませんが、富田氏のような朗読の名人は、宜《よろ》しく各学校に招聘《しょうへい》されて然るべく、国漢文の先生たちは一と通りその方の技能を備えておられるようにしたい。私が何故これを力説するかと申しますのに、たとい**音読の習慣がすたれかけた今日においても、全然声と云うものを想像しないで読むことは出来ない**。人々は心の中で声を出し、そうしてその声を心の耳に聴きながら読む。黙読とは云うものの、結局は音読しているのである。既に音読している以上は、何かしら抑揚頓挫《とんざ》やアクセントを附けて読みます。然るに朗読法と云うものが一般に研究されていませんから、その抑揚頓挫やアクセントの附け方は、各人各様、まちまちであります。それでは折角リズムに苦心をして作った文章も、間違った節で読まれると云う恐れがあるので、私のように小説を職業とする者には、取り分け重大な問題であります。私はいつも、自分の書くものを読者がどう云う抑揚を附けて読んでくれるかと云うことが気になりますが、それと云うのも、こう云う種類の文章はこう云う風な節で読むと云う、大よその基準が示されていないからであります。一体、現代の人はちょっとした事柄を書くのにも、多量の漢字を濫用《らんよう》し過ぎる弊があります。これは明治になってから急にいろいろの熟語が殖え、和製の漢語が増加した結果でありまして、その弊害につきましては後段「用語について」の項で詳しく述べるはずでありますが、しかし**この弊害の由《よ》って来たる今一つの原因は、昨今音読の習慣がすたれ、文章の音楽的効果と云うことが、忽諸《こつしよ》に附されている所に存する**と思います。つまり、文章は「眼で理解する」ばかりでなく、「耳で理解する」ものでもあるのに、当世の若い人たちは見て分るように書きさえすればよいと思って、語呂《ごろ》とか音調とかに頓着せず、「何々的何々的」と云う風に無数に漢字を積み上げて行く。然るにわれわれは、見ると同時に聴いて理解するのである。眼と耳とが共同して物を読むのである。ですからあまり沢山の漢字を一遍に並べられると、耳は眼の速力に追い付けなくなり、字形と音《おん》とが別々になって頭へ這入《はい》る、従って内容を理解するのに手間が懸るのであります。されば皆さんは、**文章を綴る場合に、まずその文句を実際**

に声を出して暗誦《あんしょう》し、それがすらすらと云えるかどうかを試してみることが必要でありまして、もしすらすらと云えないようなら、読者の頭に這入りにくい悪文であると極《き》めてしまっても、間違いはありません。現に私は青年時代から今日に至るまで、常にこれを実行しているのでありますが、こう云う点から考えましても、朗読法と云うものは疎《おろそ》かに出来ないのでありまして、もし皆さんに音読の習慣がありましたら、蕪《ぶ》雑《ざつ》な漢語を無闇に羅列するようなこともなくなるであろうと信ずるのであります。

それで思い出しますのは、昔は寺子屋で漢文の読み方を教えることを、「素読を授ける」と云いました。**素読**とは、講義をしないでただ音読することであります。私の少年の頃にはまだ寺子屋式の塾があって、小学校へ通う傍《かたわら》そこへ漢文を習いに行きましたが、先生は机の上に本を開き、棒を持って文字の上を指しながら、朗々と読んで聴かせます。生徒はそれを熱心に聴いていて、先生が一段読み終ると、今度は自分が声を張り上げて読む。満足に読めれば次へ進む。そう云う風にして外史や論語を教わったのでありまして、意味の解釈は、尋ねれば答えてくれますが、普通は説明してくれません。ですが、古典の文章は大体音調が快く出来ていますから、わけが分らないながらも文句が耳に残り、自然とそれが唇に上《のぼ》って来、少年が青年になり老年になるまでの間には、折に触れ機に臨んで繰り返し思い出されますので、そのうちには意味が分って来るようになります。古の諺《ことわざ》に、「読書百遍、意自《おのずか》ら通ず」と云うのはここのことであります。講義を聴いて分ったのは意味だけが分ったのでありまして、言外の味までが酌《く》み取れたのではありませんから、その場限りで忘れてしまうことが多いのであります。たとえば大学にこう云う言葉があります。

詩云。緡蛮黄鳥止二于丘隅一。子曰於レ止知二其所一レ止。可二以レ人而不一レ如レ鳥乎。

これは「詩ニ云《いわ》ク、緡蛮《めんばん》タル黄鳥《こうちょう》丘隅ニ止《とど》マルト。子曰《のたまわ》ク止マルニ於《お》イテ其《そ》ノ止マル所ヲ知ル、人ヲ以テ鳥ニ如《し》カザル可《べ》ケン乎《や》」と読むのでありまして、大学を習った者なら誰でも覚えている有名な文句でありますが、その癖その意味を現代語に訳してみよと云われれば、漢学者でない限り、普通の者にはちょっと出来ません。が、それにも拘《かかわ》らず、われわれは漠然と分ったような気がしている。「緡蛮タル黄鳥」の緡蛮と云う文字も、字引を引いてみなければ本当のことは分りませんが、それでも一羽の鶯《うぐいす》が丘の上の樹《き》の枝に止まって美しい声で啼《な》いていることだろうと、いつからともなく独りぎめにきめてしまっている。詩歌や俳句にはそう云う例が多いのでありまして、自分では分ったつもりでいるものですから、一度も疑いを挟んだことはありませんけれども、さて説明せよと云われれば出来ない。しかし、この漠然たる分り方が、実は本当なのかも知れません。なぜなら、原文の言葉を他の言葉に云い変えますと、意味がはっきりするようではありますけれども、大概の場合、或る一部分の意味だけしか伝わらない。「縉蛮タル黄鳥」はただ「縉蛮タル黄鳥」でありまして、他のいかなる文字や言葉を持って来ても、原文が含んでいる深さと幅と韻《ひびき》とを云い尽すことは出来ない。ですから、「分っているなら現代語に訳せる」と云えるはずのものではないので、そう簡単に考える人こそ分っていない証拠であります。そうしてみると、講釈をせずに素読だけを授ける寺子屋式の教授法が、真の理解力を与えるのに最も適した方法であるかも知れません。

かく申しましたならば、「分らせるように」書くことと「記憶させるように」書くこととは、二にして一であることがお分りになったでありましょう。即《すなわ》ち**真に「分らせるように」書くためには「記憶させるように」書くことが必要なのであります。**云い換えれば、字面の美と音調の美とは単に読者の記憶を助けるのみでなく、実は理解を補うのである。この二条件を備えていなければ、意味が完全には伝わらないのである。現にわれわれが上に引用した大学の一節を記憶しているのは何故でありましょうか。云うまでもなく「縉蛮」と云う特異な字面とその文章全体の音調のためでありまして、これあるが故にこの句は長く記憶され、たびたび思い出され、その結果最初は漠然と、それから次第に明瞭《めいりよう》に、本当の意味を会得するようになるのであります。

前に挙げた太平記の一節などもそうでありまして、ああ云《い》う現代に通用しないものを今も私が覚えているのは、全く字面と音調のためであります。そうして、「一径涙《なんだ》尽きて愁《うれひ》未《いまだ》尽きず」とか、「鼎湖《ていこ》の雲を瞻望《せんぼう》して」とか、「別を夢裏《むり》の花に慕ふ」とか云うような文句も、記憶されている限りはいつかその意味を悟る日が来る。要するに、言葉を多く使い過ぎるのは返す返すも間違いでありまして、言葉の不完全なところを字面や音調で補ってこそ、立派な文章と云えるのであります。

字面と音調、これを私は文章の**感覚的要素**と呼びますが、これが備わっていない現代の口語文は、文章として不具の発達を遂げたものでありまして、祝辞や弔辞等に今も和漢混交文が用いられると云う事実は、口語文が朗読に適しないことを雄弁に物語っているのであります。然るに古典の文章はこの感覚的要素を多分に備えているのでありますから、われわれは大いに古典を研究して、その長所を学ばなければなりません。また和歌や俳句等も、この意味において非常に参考になるのであります。もともと韻文と云うものは字面と音調とに依って生きているのでありますから、これこそ国文の粋とも申すべきもので、散文を作る上にもその精神を取り入れることが肝要であります。

現代文においても、感覚的要素がいかに大切な役割を果たしているかと云うことを知るために、皆さんはもう一度第百三十三頁《ページ》を開いて志賀直哉氏の「城の崎にて」の文章を吟味して御覧なさい。あの中の「其処《そこ》で」「丁度」「或朝の事」「二つ所」「如何《い》にも」「仕舞つた」「然し」等の字面を、それぞれ「そこで」「ちやうど」「或る朝のこと」「一つところ」「いかにも」「しまつた」「しかし」と云う風に書き変えたとしたならば、もうそれだけであの文章のカッキリとした、印象の鮮明な感じが減殺《げんさい》されるでありましょう。これらは多く作者の筆癖で、無意識のうちに使っているのでありましょうが、しかしこの作者は決して字面に無頓着でない。こう云う引き締まった文章にはこの程度に漢字を交え、仮名を減らすのが有効であることを、承知しているのである。些細《ささい》なことでありますが、「直ぐ細長い羽根を両方へシッカリと張つてぶーんと飛び立つ。」の所で、「シッカリ」を片仮名、「ぶーん」を平仮名にしているのも頷《うなず》ける。この場合、私が書いてもきっとこう書く。殊に「ぶーん」を「ブーン」と書いたのでは、「虎斑《とらふ》の大きな肥《ふと》つた蜂」が空気を震動させながら飛んで行く羽音の感じが出ない。また「ぶうん」でもいけない、「ぶーん」でなければ真直ぐに飛んで行く様子が見えない。次にこの文章の終りの方を読んでみますと、

それが又如何にも死んだものといふ感じを与へるのだ。それは三日程その儘《まま》にな

つてゐた。それは見てゐて如何にも静かな感じを与へた。淋しかつた。他の蜂が皆巣に入つて仕舞つた日暮、冷たい瓦《かはら》の上に一つ残つた死骸《しがい》を見る事は淋しかつた。然しそれは如何にも静かだつた。

とありまして、一語一語は別に何でもありませんが、「それが」「それは」「それは」と三度畳んで来て、「淋しかつた。」と云う句を二度重ね、更にまた「然しそれは如何にも静かだつた。」と結んであり、「与へるのだ」「なつてゐた」「かつた」「だつた」と、た止めのセンテンスのみを重ねてありますので、この文章全体に一種の緊張した調子が出ている。「感じを与へる」「如何にも静か」と云う句も二度繰り返し使ってある。即ち作者は、淋しい心境を説明するのにただ「淋しい」と云っているだけで何等くどくどと余計な言葉は費していない。そうして調子と繰り返しを以《もっ》て、それをはっきり読者の胸に伝えているのであります。作者の如《ごと》きは最も写実的な傾向の人でありまして、その文章も専《もっぱ》ら達意を主としているのでありますが、しかも「意を達する」がためにはこれだけの用意が必要であることが知れるのであります。ですから、感覚的要素なるものは決して贅沢《ぜいたく》や虚飾の具ではありません。素朴な実用文においても、これを閑却してはしばしば用が足せないことが起るのであります。

なおまた、別に古典文の一種として**書簡文体**と云うものがあります。これは和文調とも漢文調とも云えない変態な文章、いわゆる**候文**《そうろうぶん》のことでありまして、これも追いすたれてしまう運命にあるのでありましょうが、まだ現在では諸官省を始め、懐古趣味の老人などの間に通信用として用いられています。ところで私はあの文体の大まかな云い廻しが、やはり口語文を作るのに参考になると思うのであります。と云うのは、試みに今の若い人達に候文を書かせてみますと、満足に書ける者はほとんど一人もいない。文句の間へ「候」を挟むことだけは知っているが、それが無理に取って附けたようで、ぴったり格に篏《は》まらない。なぜ篏まらないかと云うと、昔の候文は一つのセンテンスと次のセンテンスとの間に相当の**間隙**《かんげき》がある、前に云ったことと後に云ったこととが必ずしも論理的に繋《つな》がっていず、その間に意味の切れ目がある、そこが大いに余情があって面白いのでありますが、今の人にはそれが分らないので、「候て」とか「候が」とか「候ひしが」とか云う風にして、意味の繋がりを附け、間隙を塡《うず》めようとするからであります。然るにこの間隙が、美しい日本文を作るのには大切な要素でありまして、口語文には最もそれが欠けております。故にわれわれは、候文は書かないまでも、候文のコツを学ぶことは必要であります。

○　西洋の文章と日本の文章

　われわれは、古典の研究と併せて欧米の言語文章を研究し、その長所を取り入れられるだけは取り入れた方がよいことは、申すまでもありません。しかしながらここに考うべきことは、言語学的に**全く系統を異にする二つの国の文章の間には、永久に踰《こ》ゆべからざる垣がある、**されば、折角の長所もその垣を踰えて持って来ると、長所がもはや長所としての役目をせず、却《かえ》って此方《こちら》の固有の国語の機能をまで破壊してしまうことがある、と云う一事であります。しかも私の見るところでは、明治以来、われわれはもう西洋文の長所を取り入れるだけ取り入れたのでありまして、これ以上取り入れることは即ち垣を踰えることになり、我が国文の健全な発達のためには害を及ぼす、いや、既に及ぼしつつあるのであります。ですから今日の場合は、**彼の長所を取り入れることよりも、取り入れ過ぎたために生じた混乱を整理する**方が、急務ではないかと思うのであります。

　昔、鎌倉時代のわれわれの祖先は、漢文の語法を学んで和漢混交文と云う新体を作った。ですが、これさえ、よく考えてみますと、決して古代の支那語の構造を取り入れたとは云えない。たとえば「子曰《のたまわ》ク止《とど》マルニ於《お》イテ其《そ》ノ止マル所ヲ知ル、人ヲ以テ鳥ニ如《し》カザル可《べ》ケン乎《や》」と云う風な云い廻しは、漢文的ではありましょうが、孔子様はこんな工合に下から上へ逆に仰《お》っしゃったのではない。実際は「於止知其所止。可以人而不如鳥乎。」の十四字を、当時の支那音で縦に真直ぐに仰っしゃったのである。昔も今も支那語にはテニヲハがなく、動詞の次に目的格が来ることに変りはない。また「緡蛮タル」の「タル」に当るものは原文にはない。「タル」は「トアル」の略でありましょうが、これがなければ日本語として読みようがなく、どうにも意味が通じないので、送り仮名をしたのでありましょう。してみれば、かくの如き云い廻しも結局日本語の範囲を出ないのでありまして、ただ漢文を日本語の語法に当て嵌めて読み下すために、多少無理な、新奇な云い廻しを考え出した、そうして最初は漢文を読み下す時にのみ使っていたその云い廻しを、国文を作るのに応用をした、それが和漢混交文であります。ですから、漢文の影響でかくの如き云い廻しが発明されたことは事実でありますが、この云い廻しそのものが漢文の語法ではありません。左様に、我が国と最も近しい支那の言葉ですら、千年以上も接触しながらなかなか同化しないのでありますから、況《いわ》んや関係の浅い西洋の言葉が、そう易々《やすやす》と取り入れられるはずはないのであります。

元来、われわれの国語の欠点の一つは、**言葉の数が少い**と云う点であります。たとえば独楽《こま》や水車が転《まわ》るのも、地球が太陽の周囲を廻るのも、等しくわれわれは「まわる」もしくは「めぐる」と云います。しかし前者は物それ自身が「まわる」のであり、後者は一物が他物の周りを「まわる」のでありまして、両者は明らかに違っておりますが、日本語にはこう云う区別がない。が、英語は勿論《もちろん》、支那語でも立派に区別している。支那で日本語の「まわる」もしくは「めぐる」に当る語を求めれば、転、旋、繞《にょう》、環、巡、周、運、回、循等、実にその数が多いのでありまして、皆幾らかずつ意味が違う。独楽や水車の「まわる」に当るものは旋と転との二字であり、繞は物の周りを離れず纏《まと》いめぐること、環は環《たまき》のように取り囲むこと、巡は巡回して視察すること、周はグルリと一とまわりすること、運は移り変って行くこと、回は渦巻き流れること、循は物について行くことで、非常に細かい区別があります。また桜の花の咲いている花やかな感じを云うにも、日本語では「花やかな」と云う形容詞しか思い出せませんが、漢語を使ってよいとなれば、爛漫《らんまん》、燦爛《さんらん》、燦然、繚乱《りょうらん》等、まだ幾らでもあるでありましょう。さればわれわれは「旋転する」「運行する」等の如く漢語の下へ「為《す》る」と云う言葉を結び着けて沢山の動詞を造り、「爛漫な」「爛漫たる」「爛漫として」等の如く「な」や「たる」や「として」と結び着けて無数の形容詞や副詞を作り、国語の**語彙**《ごい》の乏しいのを補って来たのでありまして、この点で我等が漢語に負うところは多大であります。然るに今日では、いかに漢語の語彙が豊富でも、もうそれだけでは間に合わなくなりました。そこでわれわれは「タクシー」「タイヤ」「ガソリン」「シリンダー」「メーター」などの如く英語をそのまま日本語化し、或は「形容詞」「副詞」「語彙」「科学」「文明」などの如く漢字を借りて西洋の言葉を翻訳したものを、用いるようになりました。これは実際こうしなければ用が足せないのでありますから、それで少しも差支えありません。我等の祖先がかつて漢語を取り入れた如く、我等も欧米の言葉を取り入れて国語を富ますのは、まことに結構なことであります。しかしながら、総《す》べて物事は、よいことばかりはありません。漢語の上に西洋語、翻訳語までを加えて、われわれの国語は俄《にわ》かに語彙が豊富になりましたが、既にたびたび申す如く、そのためにわれわれはあまりにも言葉の力を頼り過ぎ、おしゃべりになり過ぎて、沈黙の効果を忘れるようになりました。

国語と云うものは国民性と切っても切れない関係にあるのでありまして、日本語の語彙が乏しいことは、必ずしも我等の文化が西洋や支那に劣っていると云う意味ではありません。それよりもむしろ、**我等の国民性がおしゃべりでない証拠**であります。我等日本人は戦争には強いが、いつも外交の談判になると、訥弁《とつべん》のために引けを取ります。国際聯盟《れんめい》の会議でも、しばしば日本の外交官は支那の外交官に云いまくられる。われわれの方に正当な理由が十二分にありながら、各国の代表は支那人の弁舌に迷わされて、彼の方へ同情する。**古来支那や西洋には雄弁を以て聞えた偉人がありますが、日本の歴史にはまず見当らない。**その反対に、**我等は昔から能弁の人を軽蔑《けいべつ》する風があった。**実際にまた、第一流の人物には寡言《かげん》沈黙の人が多く、能弁家となると、二流三流に下る場合が多いのである。ですから我等は、支那人や西洋人ほど言語の力を頼みとしない。弁舌の効果を信用しない。これは何に原因するかと云うのに、一つにはわれわれが正直なせいでありましょう。つまりわれわれは、実行するところを見て貰《もら》えれば、分る人は分ってくれる、自ら省みて天地神明に恥じなければ、別にくどくどと言いわけしたり吹聴《ふいちょう》したりするには及ばぬ、と云う気があるのでありましょう。孔子の言葉にも「巧言令色鮮矣仁《すくなしじん》」と云ってありまして、おしゃべりだから嘘《うそ》つきであるとは限りませんけれども、西洋は知らず、東洋においては、おしゃべりの人はとかく物事を修飾して実際以上に買い被《かぶ》らせる癖があり、信用されない傾きがありますので、君子は言葉を慎むことを美徳の一つに数えたのでありますが、取り分け日本人は、この点において潔癖が強い。われわれの間には支那にもない「腹芸」と云う言葉があって、沈黙を芸術の上にまで持って来ている。また「以心伝心」とか「肝胆相照らす」とか云う言葉もあって、心に誠さえあれば、黙って向い合っていても自《おのずか》らそれが先方の胸に通じる、千万言を費すよりもそう云う暗黙の諒解《りようかい》の方が貴いのである、と云う信念を持っております。われわれにこう云う気風や信念があると云うのは、一層深く考えてみますと、東洋人特有の内気《うちき》な性質に由来するのでありまして、総べてわれわれは、物事を内輪《うちわ》に見積ります、十の実力があるものなら七か八しかないように自分も思い、人にも見せかける、それが謙譲の徳にかなうとした。西洋人はその反対でありまして、十のものを十と云うのに何の遠慮も気がねもしません。彼等も謙譲の徳を知らないことはないでしょうが、しかし東洋流の謙譲は、彼等に云わせると卑怯《ひきよう》でもあり、因循でもあり、或《あ》る場合には不正直でさえあるかも知れません。こう云うことは一長一短でありまして、何事に依らず西洋人が進取的であり、東洋人が退嬰《たいえい》的であるのを見れば、我等が彼等に学ぶべきところも多いのでありますが、優劣は暫《しばら》く論じないとして、**上に述べたような日本人の国民性を考えますと、われわれの国語がおしゃべりに適しないように発達したのも、偶然でない**ことが知れるのであります。

なおもう一つ云いたいことは、われわれは島国人であるせいか、西洋人や支那人に比べると、執拗《しつこ》くない。よく云えばアッサリしていてあきらめがよいのでありますが、悪く云えば気短かで、執着力がないので、一つ事をあまりあくどく云うのを嫌う。云ってみても始まらない、どうせこれ以上分りっこはないと思ったり、なるようにしかならないと思えば、好い加減に見切りをつけて、あきらめてしまう。この性質がやはり国語に影響しているに違いないのであります。

国語の長所短所と云うものは、かくの如くその国民性に深い根ざしを置いているのでありますから、**国民性を変えないで、国語だけを改良しようとしても無理**であります。ですからわれわれは、漢語や西洋語の語彙を取り入れて国語の不足を補うことは結構でありますが、それにも自ら程度があることを忘れてはなりません。なぜなら、われわれの国語の構造は、少い言葉で多くの意味を伝えるように出来ているので、沢山の言葉を積み重ねて伝えるようには、出来ていないからであります。今試みに実例を挙げてこのことを説明致しますが、まず皆さんは次の英文を読んで御覧なさい。

——His troubled and then suddenly distorted and fulgurous, yet weak and even unbalanced face——a face of a sudden, instead of angry, ferocious, demoniac——confused and all but meaningless in its registration of a balanced combat between fear and a hurried and restless and yet self-repressed desire to do——to do——to do——yet temporarily unbreakable here and here——a static between a powerful compulsion to do and yet not to do.

これはアメリカの現代作家テオドール・ドライザー氏の長篇小説「アメリカの悲劇」の一節であります。この小説は先年スタンバーグと云う有名な映画監督が映画化しまして日本にも輸入されたことがありますから、皆さんのうちには多分あの絵を御覧になった方もあるでしょう。そうしてここに描いてあるのは、篇中の主人公クライドと云う人物が殺人を行おうとして決しかねている、一刹那《せつな》の顔の表情でありますが、この長い長い文句が、悉《ことごと》く「顔」と云う語に附随する形容句でありまして、更に一層長いセンテンスの一部分なのでありますから、実に驚くべき精密さであります。今この原文を、出来るだけ忠実に、逐字的に訳してみますと、次のようなことになります。

彼の困惑した、そうしてそれから突然に歪《ゆが》められ、閃々《せんせん》と輝いているところの、だが弱々しく、そうして平衡をさえ失っている顔、——急に変った或る一つの顔、憤怒《ふんぬ》に充《み》ちた、猛悪な、悪魔的なと云うのではなくて、——慌《あわただ》しい、胸騒がしい、だがじっと抑えつけられている、——だが時も時とて打ち克《か》ち難いところの、——やっちまえ、——やっちまえ、——やっちまえと云う欲望と恐怖との間の、決定し難い相剋《そうこく》を示しつつほとんど無表情になった、そうして混乱した顔、――やろう、いや止《よ》そう、と云う意志が恐ろしい迫《せ》り持ちになった静止状態。

私はこれを、故意に分りにくく訳したのではありません。逐字的にとは云いましたけれども、分り易くするために或る所では言葉の順序を変え、或る所では原文にない言葉を補い、或る所では原文の言葉を多少歪めたり省略したりしてあります。私の考えでは、日本語としてこれが精一杯と云う程度にまで直訳したのでありまして、もうこれ以上原文に附けば日本語ではなくなってしまう。ところで皆さんは、この句の中にいかに多くの語彙が積み重ねてあるかを調べて御覧なさい。まず「困惑した」、「歪められた」、「閃々と輝いた」、「弱々しい」、「平衡を失った」、「急に変った」、「憤怒に充ちた」、「猛悪な」、「悪魔的な」、「ほとんど無表情になった」、「混乱した」等十一の形容詞が、顔、“face”と云う一語にかかっている。それから、その「無表情になった」と云う語を説明するところの「決定し難い相剋」と云う語を、更に説明するところの「欲望」と云う語に、「慌しい」、「胸騒がしい」、「じっと抑えつけられた」、「打ち克ち難いところの」と云う四つの形容詞が附いている。そうしてそれらの形容詞を連ねるのに、“yet”――「だが」と云う言葉が四つ、“and”――「そうして」と云う言葉が九つある。――私の訳文では、この九つがあまりうるさいので三つに減らしてありますが、日本文としては実はこの三つもない方がよい。――この外にそれらの形容詞を制限する“suddenly”“temporarily”の如き副詞があり、なお原文には、“fear”の次に括弧をして、(a chemic revulsion against death or murderous brutality that would bring death) と云う文句が附いています。

評論家の小林秀雄氏はその著「続文芸評論」の中にこの英文を引用して、「これはドライザアの描いたクライドの顔である。精細な心理解析の見本を沢山みせられてゐる私達は、この文章を別段見事だとも感じない。併《しか》し彼がもつと精細にクライドの顔を心理的に分析してみせてくれたとしても、読む者は決してクライドのほんたうの顔を思ひ浮べる事は出来ぬのである。」と云っています。出来るか出来ないか、それは皆さんの御意見に任せるとして、西洋人は顔一つにもこれだけ精密な描写をしないと、気が済まないのであります。が、原文においては、羅列してある沢山の形容詞が順々に読者の頭に這入り、作者の企図した情景が或る程度には現わされている。それは英文の構造が多くの形容詞を羅列するのに適するように出来ているからであり、かつこの場合には、“yet self-repressed desire to do――to do――to do――yet temporarily unbreakable here and here――”と云い、“a powerful compulsion to do and yet not to do." と云うようなリズムが大いに効果を助けているので、こう云うところに原作者の苦心が窺《うかが》われます。が、訳文の方は、辛うじて原文の語句を追いかけているだけで、並べてある形容詞が一向頭に這入って来ません。読者はただごじゃごじゃした言語の堆積《たいせき》を感ずるに止まり、どう云う顔つきを云っているのかよく分りません。第一、「慌しい」から「打ち克ち難いところの」までの形容詞は「欲望」にかかり、その前後の形容詞だけが「顔」にかかるのでありますが、日本文の構造ではそう云う区別がつきません。そこで、もう少し原文を離れて、言葉の順序を日本文らしく取り換えてみますと、次のようになります。

彼の、最初は困惑の色を浮かべていたが、やがて突然歪んで、怪しい輝きを帯び出した、弱々しい、不安そうな顔、――急に変った或る一つの顔、それは憤怒に充ちた、猛悪な、悪魔的なと云うのではなくて、――慌しい、胸騒がしい、だがじっと抑えつけられている欲望と、――そうしてまた、やっちまえ、――やっちまえ、――やっちまえと唆《そその》かしているところの、この場合打ち克ち難い欲望と恐怖との相剋を示しつつほとんど無表情になった、混乱した顔、――やろう、いや止そう、と云う二つの意志が恐ろしい迫り持ちになった静止状態。

これなら、どの形容詞がどの名詞にかかるかと云うことは分ります。しかしようやく意味が辿《たど》れるだけのことでありまして、決してすらすらと頭に這入って来るのではなく、況《いわ》んやこれらの形容詞に当て嵌まる複雑な表情の顔つきが浮かんで来るなどは、思いも寄りません。われわれの国語の構造では、あまり言葉を重ねると重ねただけの効果がなく、却って意味が不明瞭になることは、この例を見ても明らかであります。

なおもう一つ、今度は日本語の原文と、その英訳とを対照してみましょう。次に掲げるものは源氏物語の須磨《すま》の巻の一節と、英人アーサー・ウエーレー氏の英訳であります。

かの須磨は、昔こそ人のすみかなどもありけれ、今はいと里ばなれ、心すごくて、海人《あま》の家だに稀《まれ》になむと聞き給《たま》へど、人しげく、ひたたけたらむ住ひは、いと本意《ほい》なかるべし。さりとて都を遠ざからむも、古里覚束《おぼつか》なかるべきを、人わろくぞ思《おぼ》し乱るる。よろづの事、きし方行末思ひつづけ給ふに、悲しき事いとさまざまなり。

これを、ウエーレー氏はどんな風に訳したかと云うと、

There was Suma. It might not be such a bad place to choose. There had indeed once been some houses there; but it was now a long way to the nearest village and the coast wore a very deserted aspect. Apart from a few fishermen's huts there was not anywhere a sign of life. This did not matter, for a thickly populated, noisy place was not at all what he wanted; but even Suma was a terribly long way from the Capital, and the prospect of being separated from all those whose society he liked best was not at all inviting. His life hitherto had been one long series of disasters. As for the future, it did not bear thinking of!

(須磨と云う所があった。それは住むのにそう悪い場所でないかも知れなかった。まことにそこにはかつて若干の人家があったこともあるのである、が、今は最も近い村からも遠く隔たっていて、その海岸は非常にさびれた光景を呈していた。ほんの僅《わず》かな漁夫の小屋の外には、何処《どこ》も人煙の跡を絶っていた。それは差支えのないことであった、なぜなら、多く人家のたてこんだ騒々しい場所は、決して彼の欲するところではなかったのであるから。が、その須磨さえも都からは恐ろ

しく遠い道のりなのであった。そうして彼が最も好んだ社交界の人々の総べてと別れることになるのは、決して有難いものではなかった。彼のこれまでの生涯は不幸の数々の一つの長い連続であった。行く末のことについては、心に思うさえ堪え難かった！）

と、こうであります。

ウエーレー氏の源氏の英訳は、近頃の名訳であると云う評判が高いのでありまして、日本人が読んでさえなかなか理解しにくい古典を流暢《りゅうちょう》な英文に翻訳し、しかも原作を貫く精神とリズムとを或る程度に生かし得ていることは、大いに感謝してよいのでありります。ここに引用した一節なども、英文としてみれば恐らく立派なものでありましょう。されば私も、この文章を批難する気はありませんが、ただ、同じことを書いても英語にするといかに言葉数が多くなるかと云う実例として、お目にかけるのであります。御覧の通り、原文で四行のものが、英文では八行（その直訳で九行）に伸びています。それもそのはず、英文には原文にない言葉が沢山補ってあるのであります。たとえば「それは住むのにそう悪い場所でないかも知れなかった。」"It might not be such a bad place to choose." と云う文句は原文にはない。「今はいと里ばなれ、心すごくて、海人の家だに稀になむと聞き給へど、人しげく、ひたたけたらむ住ひは、いと本意なかるべし。」と、そう云っているだけである。然《しか》るに英文ではこの原文の文句をまた引き伸ばして、「今は最も近い村からも遠く隔たっていて、その海岸は非常にさびれた光景を呈していた。ほんの僅かな漁夫の小屋の外には云々《うんぬん》」から「決して彼の欲するところではなかったのであるから。」まで、三四行を費しています。一方では「古里覚束なかるべきを」と云っているのが、一方では「彼が最も好んだ社交界の人々の総べてと別れることになるのは、」となっており、「よろづの事、きし方行末思ひつづけ給ふに、悲しき事いとさまざまなり。」が、「彼のこれまでの生涯は不幸の数々の一つの長い連続であった。行く末のことについては、心に思うさえ堪え難かった！」となっております。つまり、英文の方が原文よりも精密であって、意味の不鮮明なところがない。原文の方は、云わないでも分っていることは成るべく云わないで済ませるようにし、英文の方は、分り切っていることでもなお一層分らせるようにしています。

しかし原文も、必ずしも不鮮明なのではない。なるほど「古里覚束なかるべし」と云うよりは「彼が最も好んだ社交界の総べての人々と別れること」と云った方がはっきりはしますけれども、都を遠く離れて行く源氏の君の悲しみは、この人々と別れることばかりではない。そこにはいろいろの心細さ、淋しさ、遣る瀬《やせ》なさが感ぜられるでありましょう。さればそれらの取り集めた心持を「古里覚束なかるべし」の一語に籠《こ》めたのでありまして、英文のように云ってしまっては、はっきりはしますけれどもそれだけ意味が限られて、浅いものになります。そうかと云って、その取り集めた心持を細かに分析して剰《あま》すところなく云おうとすれば、かのドライザー氏の文章の翻訳の如きものになり、却って分りにくくなるばかりでなく、恐らくはどんなに言葉を積み重ねても、これで云い足りたと云う時はないでありましょう。全体、こう云う場合の悲しみは、分析し出したら際限のないもので、自分にもその輪廓《りんかく》がはっきり突き止められないのが常であります。ですからわれわれの国の文学者は、そう云う無駄な努力をしないで、わざとおおまかに、いろいろの意味が含まれるようなユトリのある言葉を使い、あとは感覚的要素、即《すなわ》ち調子や字面やリズムを以て補います。前に、古典の文章には一語一語に月の暈《かさ》のような蔭《かげ》があり裏があると云ったのはここのことでありまして、云い換えれば、僅かな言葉が暗示となって読者の想像力が働き出し、足りないところを読者自らが補うようにさせる。作者の筆は、ただその読者の想像を誘い出すようにするだけである。そう云うのが古典文の精神でありますが、西洋の書き方は、出来るだけ意味を狭く細かく限って行き、少しでも蔭のあることを許さず、読者に想像の余地を剰さない。われわれからみれば、「彼が最も好んだ社交界の云々」では極まり切ってしまって余情がなさ過ぎますけれども、彼等からみれば、「古里覚束なかるべし」では何のことか分らない、なぜ覚束ないのであるかその理由を明示しなければ、得心が行きません。

西洋の言葉は、支那の言葉と同じように動詞が先に来て、次に目的格が来る。またテンスの規則があって、時間的に細かい区別をつけることが出来、前の動作と後の動作とがはっきり見分けられる。また、関係代名詞と云う重宝な品詞があって、混雑を起すことなしに、一つのセンテンスに他のセンテンスを幾らでも繋げて行くことが出来る。その他、単数複数、性の差別等、いろいろな文法上の規定がある。そう云う構造なればこそ、多くの語彙を積み重ねても意味が通じるのでありますが、全然構造を異にする国語の文章に彼等のおしゃべりな云い方を取り入れることは、酒を盛る器に飯を盛るようなものであります。然るに現代の人々は深くこの事実に留意しないで、とかく言葉を濫費《らんぴ》する癖があります。彼等の書く文章は、孰方《どちら》かと云うと、古典文よりは翻訳文の方に近い。小説家、評論家、新聞記者等、文筆を業とする人の文章ほど、なおそう云う傾きがある。西洋人は、上に挙げた英文を見ても分るように「総べて」"all"とか「最も」"most"とか云う言葉を惜しげもなく並べ立てますが、現代の日本人もいつかその真似《まね》をして、その必要のないところに最上級の形容詞を使う。かくてわれわれは、われわれの祖先が誇りとしていた奥床しさや慎しみ深さを、日に日に失いつつあるのであります。

ただここに困難を感ずるのは、西洋から輸入された科学、哲学、法律等の、**学問に関する記述**であります。これはその事柄の性質上、緻密《ちみつ》で、正確で、隅から隅まではっきりと書くようにしなければならない。然るに日本語の文章では、どうしても巧《うま》く行き届きかねる憾《うら》みがあります。従来私は、しばしば独逸《ドイツ》の哲学書を日本語の訳で読んだことがありますが、多くの場合、問題が少し込み入って来ると、分らなくなるのが常でありました。そうしてその分らなさが、哲理そのものの深奥《しんおう》さよりも、日本語の構造の不備に原因していることが明らかでありますので、中途で本を投げ捨ててしまったことも、一再ではありません。けだし、東洋にも昔から学問や技術のことを書いた著述がないことはありませんけれども、われわれの方は「曰《いわ》く云い難し」的の境地を貴《たっと》んで、あまり露《あら》わに書くことを嫌った。これも一つには、われわれが言語の力を頼りとしない習性に因《よ》るのでありましょうが、徒弟教育時代には弟子が直接先生の口伝を受け、または先生の人格に陶冶《とうや》されて自然と会得《えとく》するところがあったので、それで差支えなかったのでありましょう。かく考えて来ますならば、われわれの国の文章が科学的の著述に適しないことは当然でありますが、これは何とかしてその欠陥を補わなければなりません。今日、我が国の科学者たちはいかにしてその不便を凌《しの》いでいるかと云うのに、読むにも書くにも、大概原語で間に合わせているらしいのであります。彼等は講義をするのにも、日本語の間へ非常に多くの原語を挟む。論文を発表するのにも、日本文でも書くが、同時に外国文で発表し、そうして外国文の方を標準とする。日本文の方は、専門の知識と外国語の素養のある者には分りますけれども、しろうとが読んだのでは、分りッこはない。私はよく、中央公論や改造等の一流雑誌に経済学者の論文などが載っているのを見かけますが、ああ云うものを読んで理解する読者が何人いるであろうかと、いつも疑問に打たれます。それもそのはず、彼等の文章は読者に外国語の素養のあることを前提として書かれたものでありまして、体裁は日本文でありますけれども、実は外国文の化け物であります。そうして化け物であるだけに、分らなさ加減は外国文以上でありまして、ああ云うのこそ悪文の標本と云うべきであります。実際、翻訳文と云うものは外国語の素養のない者に必要なのでありますが、我が国の翻訳文は、多少とも外国語の素養のない者には分りにくい。ところが多くの人々はこの事実に気が付かないで、化け物的文章でも立派に用が足せるものと思っている、考えるとまことに滑稽《こっけい》であります。

然らばこの欠陥をいかにして補ったらよいかと申しますと、これはわれわれの物の考え方、長い間に培《つちか》われた習慣や、伝統や、気質等に由来するのでありますから、文章だけの問題ではなくなって来ます。ただ、さしあたり考えられますことは、自分の国の国語を以て発表するのに不向きなような学問は、結局借り物の学問であって、ほんとうに自分の国のものとは云えない。されば、早晩われわれはわれわれ自身の国民性や歴史にかなう文化の様式を創造すべきでありましょう。われわれは今日までに、泰西のあらゆる思想、技術、学問等を一と通り吸収し、消化しました。そうして種々なる不利な条件を課せられながら、或る部門においては先進国を追い越して、彼等を指導せんとしている。時代はもはや我等が文化の先頭に立って独創力を働かすべき機運に達しているのである。故《ゆえ》に今後はいたずらに彼等の模倣をせず、彼等から学び得たことを、何とかして東洋の伝統的精神に融合させつつ、新しい道を切り開かねばなりますまい。が、それはこの読本の範囲外に属することでありますから、ここでは深く論じますまい。**この読本で取り扱うのは、専門の学術的な文章でなく、我等が日常眼に触れるところの、一般的、実用的な文章でありますが**、しかも今日は科学教育万能の余弊を受けて、そう云う一般の実用的な文章までが、専門の熟語を使ったり学術的な云い廻しを真似たりして、不必要に記述の精密を衒《てら》い、実用の目的から離れつつある。何よりもわれわれは、この悪い癖を改めなければなりません。私に云わせれば、実用の文章のみならず、学術的な文章の或るもの、たとえば法律書や哲学書の如きものでも、その或るものは緻密に書けば緻密に書くほど疑義が生じて来ますので、論理的遊戯に耽《ふけ》るのでない限り、古い東洋の諸子百家や仏家の語録の形式等を借りた方が、われわれには理解し易《やす》く、読んだものが真に身に着くと思います。とにかく、**語彙が貧弱で構造が不完全な国語には、一方においてその欠陥を補うに足る充分な長所があることを知り、それを生かすようにしなければなりません。**

二　文章の上達法

○　文法に囚《とら》われないこと

文章の上達法については、既に述べたところで自《おのずか》ら明らかになっている点が多いと思いますから、ここにくだくだしくは申しますまい。で、出来るだけ簡単に説いて、御注意を促すに止《とど》めて置きます。

第一に申し上げたいのは、

文法的に正確なのが、必ずしも名文ではない、だから、文法に囚われるな。

と云《い》うことであります。

全体、**日本語には、西洋語にあるようなむずかしい文法と云うものはありません。**テニヲハの使い方とか、数の数え方とか、動詞助動詞の活用とか、仮名遣いとか、いろいろ日本語に特有な規則はありますけれども、専門の国学者ででもない限り、文法的に誤りのない文章を書いている人は、一人もないでありましょう。また、間違えても実際には差支えなく通用している。私がしばしば奇異に感ずるのは、電車に乗ると、車掌がやって来て「誰か切符の切ってない方はありませんか」と云って廻ります。この車掌の言葉などは、文法的に解剖すると、よほどおかしい。しかし実際にはこれで通用しているので、もしこの言葉を文法的に間違いなく云おうとすると、どんな風に云ったらよいか、よほど長たらしい、聞き取りにくいものになるでありましょう。こう云う例は幾らもあるのでありまして、**われわれの国の言葉にもテンスの規則などがないことはありませんけれども、誰も正確には使っていませんし**、一々そんなことを気にしていては用が足りません。「した」と云えば過去、「する」と云えば現在、「しよう」と云えば未来でありますが、その時の都合でいろいろになる。一つの連続した動作を叙するにも、「した」「する」「しよう」を同時に使ったり前後して使ったり、全く規則がないのにも等しい。だがそれでいて実際には何の不便もなく、現在のことか過去のことかはその場その場で自《おのずか》ら判別がつく。**日本語のセンテンスは必ずしも主格のあることを必要としない**。「お暑うございます。」「お寒うございます。」「御機嫌はいかがでいらっしゃいます。」などと云う時に、一々「今日のお天気は」とか「あなたは」とか断る者は誰もいない。「暑い。」「寒い。」「淋しかった。」でも、立派に一つのセンテンスになり得る。つまり日本語には英文法におけるセンテンスの構成と云うようなものが存在しない。どんな句でも、たった一つの単語でも、随時随所に独立したセンテンスになり得るのでありますから、われわれは特にセンテンスなどと云うものを考えるまでもない。で、こう申しては少し極端かも知れませんが、日本語の文法と云うものは、動詞助動詞の活用とか、仮名遣いとか、係り結びとかの規則を除いたら、その大部分が西洋の模倣でありまして、習っても実際には役に立たないものか、習わずとも自然に覚えられるものか、孰方《どちら》かであります。

しかしながら、左様に**日本語には明確な文法がありませんから、従ってそれを習得するのが甚だ困難**なわけであります。一般に、外国人に取って日本語ほどむずかしい国語はないと云われる。また欧羅巴《ヨーロッパ》の国語のうちでは、英語が一番習うのにむずかしく、独逸語が一番やさしいと云われる。それはなぜかなら、独逸語には実に細かい規則がありますので、最初に一と通りその規則を覚え込んでしまえば、あとは一々の場合にそれを当て篏《は》めて行けばよい。然《しか》るに英語は、独逸語ほど規則が綿密でなく、また、規則に当て篏まらない例外の場合がある。たとえば文字の読み方にしても、独逸語の方は整然たる規則があるので、それに従えば知らない文字でも読むことだけは出来ますのに、英語の方は、aの字一つでもいろいろに発音する。況《いわ》んや日本語になると、読み方などは日本人の間でもまちまちであり、その他総《す》べての場合の規則が、あると云えばあるようなものの、外国人にも分るように説明せよと云われると、出来ないものが沢山ある。西洋人が最も困難を感ずるのは、主格を現わすテニヲハの「ハ」と「ガ」の区別だそうでありますが、なるほど、「花は散る」と云うのと「花が散る」と云うのと、明らかに使い道が違っておりまして、われわれならその場に臨んで迷うことはありませんけれども、さてそれを、一般に当て篏まる規則として、抽象的に云えと云えば出来ない。文法学者は何とか彼《か》とか説明を与えて、一応の体裁は取り繕うでありましょうが、そんな説明は実際の役に立たない。「でございます」「であります」「です」などの区別も、甚だ微妙でありまして、理窟《りくつ》では何とも片附けられない。そう云う次第でありますから、日本語を習いますのには、実地に当って何遍でも繰り返すうちに自然と会得《えとく》するより外、他に方法はないと云うのが真実であります。

ところが、今日はどこの中学校へ行きましても、日本文法の科目があるのでありまして、皆さんもそれをお習いになったに違いない。これはいかなる必要があってそう云うものを教えるかと申しますのに、われわれ同胞は、外国人と違いまして、生れ落ちた時から国語に親しんでおりますが故《ゆえ》に、口でしゃべる場合にはさしたる困難を感じませぬけれども、ひとたびそれを文字で現わす、文章で書く、と云う段になりますと、外国人と同じように、拠《よ》るべき規則のないことに悩まされます。殊《こと》に今日の学生は小学校の幼童といえども科学的に教育されておりますので、昔の寺子屋のような非科学的な教え方、理窟《りくつ》なしに暗誦《あんしょう》させたり朗読させたりするのでは、承服しない。第一頭が演繹《えんえき》や帰納に馴《な》らされておりますので、そう云う方法で教えないと、覚え込まない。生徒がそうであるのみならず、先生の方も、昔のように優長な教え方をしてはいられませんから、何かしら、基準となるべき法則を設け、秩序を立てて教えた方が都合がよい。で、今日学校で教えている国文法と云うものは、つまり双方の便宜上、非科学的な国語の構造を出来るだけ科学的に、西洋流に偽装しまして、強いて「こうでなければならぬ」と云う法則を作ったのであると、そう申してもまず差支えなかろうかと思います。たとえば主格のないセンテンスは誤りであると教えておりますのは、そう定めた方が教え易《やす》く、覚え易いからでありまして、実際には一向その規則が行われていない。また、今日の人の書く文章には「彼は」「私は」「彼等の」「彼女等の」等の人称代名詞が頻繁に用いられておりますけれども、その使い方が欧文のように必然的でない。欧文では、使うべき時には必ず使ってありますので、勝手にそれを省くわけには行かないのでありますが、日本文では、同じ人の書いた同じ文章の中でも、使われたり略されたりしていまして、合理的でない。それと云うのが、もともとそう云うものを必要としない構造なのでありますから、気紛れに使ってみることはありましても、長続きがしないのであります。

服部は何よりも自分の体の臭《にお》いを嗅《か》ぐ時に、自分が馬だの豚だのと大して違いはない状態に居ることを感じた。この臭いが附いて居る自分は、高尚な人間の一人ではなく、虎《とら》や熊《くま》と一緒に動物園へ入れられる仲間であるような心地がした。けれども彼がその臭いを気にする間はまだ人間だったかも知れないのだが、貧乏が彼を堕落させるにつれて、彼は次第にそれを忘れるように努め、なるべく獣《けだもの》の仲間になる修行をした。もうこの頃では一と月に一度か二度も湯へ這入《はい》ればせいぜいであった。それに、不養生の結果いつの間にか心臓を悪くして居て、とてもたびたび入浴する事は出来なかった。こんなになって居ても、彼はやっぱり死ぬのが恐《こわ》かったのであろう、風呂《ふろ》の中でふらふらと眩暈《めまい》がしたり、動悸《どうき》が激しく搏《う》ち出したりすると、今にも気が違いそうに狼狽《ろうばい》して、「助けてくれ！」と云いながらやにわに誰にでもしがみ着きたい気持になるのである。全く、死ぬよりは獣《けだもの》ででも生きて居る方が増しかも知れない！　だから服部はこの死の恐怖を逃れるためにも、不潔を忍ばなければならなかった。そうして今では、彼の周囲のあらゆる物に附き纏《まつ》わって居る悪臭を、まるきり感じないまでになっていた。のみならず、意地穢《きたな》の場合と同じに、その不潔の底に沈湎《ちんめん》する事を秘密な楽しみにもした。(中略)で、彼が今、南から貰《もら》った葉巻を持ちながら、その手元を不思議そうに眺めて居るのも、大分それに似た心持からであろう。やがて葉巻を左の手に持ち換えると、垢《あか》とやにとでべたべたになった右手の人差指と親指とを何か面白い事がありそうにぬるぬる擦《こす》り合って居たが、暫《しば》くすると、今度はその二本の指を鼻先で開いて脂汗《あぶらあせ》のために指紋がギラギラ光って居る指の腹をじっと視詰《みつ》めた、――相変らずどんよりした睡《ねむ》そうな眼をしながら。それから、指紋のギラギラから、ふと或る事を思い付いたらしく首を挙げて南を見た。

この文章は、私が十数年前に書いた「鮫人《こうじん》」と云う小説の一節でありまして、代名詞の使い方がいかに気紛れであるかを示すために、ここに引用したのであります。当時私は、今でも多くの青年たちがそうであるように、努めて西洋文臭い国文を書くことを理想としておりました。さればこの文章の中にも、「彼は」「彼を」「彼の」等の代名詞が夥《おびただ》しく使ってありますが、御覧の如《ごと》くその使い方に必然さがありません。「彼がその臭いを気にする間はまだ人間だったかも知れないのだが、貧乏が彼を堕落させるにつれて、彼は次第にそれを忘れるように努め」と云うあたりは、「彼」と云う言葉がうるさく出て来ますけれども、「やがて葉巻を左の手に持ち換えると」から以下、「首を挙げて南を見た」までには、一つも使ってない。これが英文でありましたならば、「やがて」から以下にも当然三人称代名詞が二つや三つは使われるはずでありますが、日本文だと、どんなに英文の真似《まね》がしたくても、そう頻繁に使うことは文章の体裁が許さない。最初は正確に使うつもりでいましても、いつの間にか国文の本来の性質に引き擦られて、真似が続かなくなるのであります。

　次に皆さんは、これと比較するために左の古典文を読んで御覧なさい。

あふ坂の関守にゆるされてより、秋こし山の黄葉《もみぢ》みすごしがたく、浜千鳥の跡ふみつくる鳴海《なるみ》がた、不尽《ふじ》の高嶺《たかね》の煙《けふり》、浮島がはら、清見が関、大磯小いその浦々、むらさき艶《にほ》ふ武蔵野の原、塩竈《しほがま》の和《な》ぎたる朝げしき、象潟《きさがた》の蜑《あま》が笘屋《とまや》、佐野の舟《ふな》梁《はし》、木曽の桟橋《かけはし》、心のとどまらぬかたぞなきに、猶《なほ》西の国の歌枕《うたまくら》見まほしとて、仁安三年の秋は、葭《あし》がちる難波を経て、須磨明石の浦吹く風を身にしめつも、行く行く讃岐《さぬき》の真尾坂《みをざか》の林といふにしばらく笻《つゑ》をとどむ。草枕はるけき旅路の労《いたはり》にもあらで、観念修行の便《たより》せし庵《いほり》なりけり。この里ちかき白峰といふ所にこそ、新院の陵《みささぎ》ありと聞いて、拝みたてまつらばやと、十月《かんなづき》はじめつかたかの山に登る。

松柏《まつかしは》は奥ふかく茂りあひて、青雲《あをぐも》の軽靡《たなび》く日すら小雨そぼふるが如し。児《ちご》ケ嶽《だけ》といふ嶮《けは》しき嶽背《みねうしろ》に聳《そば》だちて、千仭《せんじん》の谷底より雲霧おひのぼれば、咫尺《まのあたり》をも鬱悒《おぼつかな》きここちせらる。木立わづかにすきたる所に、土墩《たか》く積みたるが上に、石を三つかさねて畳みなしたるが、荊棘葛蘿《うばらかづら》にうづもれて、うらがなしきを、これなん御墓にやと心もかきくらまされて、さらに夢現《ゆめうつつ》をわきがたし。現《げ》にまのあたり見奉《みたてまつ》りしは紫宸清涼《ししんせいりやう》の御座《みくら》に朝政《あさまつりごと》きこしめさせ給ふを、百《もも》の官人《つかさ》は、かく賢《さかし》き君ぞとて、詔恐《みことかしこ》みてつかへまつりし。近衛院に禅《ゆづ》りましても、藐姑射《はこや》の山の瓊《たま》の林に禁《し》めさせ給ふを、思ひきや麋鹿《びろく》のかよふ路のみ見えて、詣《まう》でつかふる人もなき深山《みやま》の荊《おどろ》の下に神がくれたまはんとは。万乗《ばんじやう》の君にてわたらせ給ふさへ、宿世《すぐせ》の業《ごふ》といふものの、おそろしくもそひたてまつりて、罪をのがれさせ給はざりしよと、世のはかなさに思ひつづけて、涙わき出づるが如し。終夜《よもすがら》供養《くやう》したてまつらばやと、御墓の石の上に座をしめて、経文徐《しづ》かに誦《ず》しつつも、かつ歌よみてたてまつる。

これは徳川時代の国文学者、上田秋成の短篇小説集「雨月物語」の開巻第一に収めてある「白峰」の書き出しでありまして、物語の主人公は西行法師であり、ここに掲げた十のセンテンスのうちの五つまでは西行が主格になっているのでありますが、「西行は」とも「彼は」とも、主格と見なすべき言辞はどこにも発見されません。かつ、「仁安三年の秋」とあり「近衛院に禅《ゆづ》りまして云々《うんぬん》」とありますので、歴史を知っている者には時代を推測することが出来、「新院」と云う語がどなたのことを指しているのか分りますけれども、昔のことを記すのに「笻《つゑ》をとどむ」「山に登る」「ここちせらる」「よみてたてまつる」等、現在止めの文章で一貫しているのかと思えば、「笻をとどむ」の直ぐ後へ持って来て、「観念修行の庵なりけり」と、過去止めが挿《はさ》んである。されば英文法における歴史的現在、"Historical Present"の用法とも違っているのでありまして、結局、「時」の関係などは無視されているのであります。私はこの秋成の文章を古典的名文の一つに数えたいのでありますが、これがなぜ名文であるかは追って説明いたしますから、今は別に申しますまい。ただ皆さんは、こう云う時間の関係も主人公の存在も分らないような文章こそ、われわれの国語の特長を利用した模範的な日本文であることを、記憶して頂きたいのであります。

かように申しましても、私は文法の必要を全然否定するのではありません。**初学者に取っては、一応日本文を西洋流に組み立てた方が覚え易いと云うのであったら、それも一時の便法として已《や》むを得ないでありましょう。ですが、**そんな風にして、**曲り**

なりにも文章が書けるようになりましたならば、今度はあまり文法のことを考えずに、文法のために措《お》かれた煩瑣《はんさ》な言葉を省くことに努め、国文の持つ簡素な形式に還元するように心がけるのが、名文を書く秘訣《ひけつ》の一つなのであります。

○　感覚を研《みが》くこと

文章に上達するのには、どう云うのが名文であり、どう云うのが悪文であるかを知らなければなりません。しかしながら、文章のよしあしは「曰《いわ》く云い難し」でありまして、唯今《ただいま》も述べましたように理窟を超越したものでありますから、**読者自身が感覚を以《もっ》て感じ分けるより外に、他から教えようはない**のであります。仮りに私が、**名文とはいかなるものぞ**の質問に強いて答えるとしましたら、

長く記憶に留まるような深い印象を与えるもの

何度も繰り返して読めば読むほど滋味の出るもの

と、まずそう申すでありましょうが、この答案は実は答案になっておりません。「深い印象を与えるもの」「滋味の出るもの」と申しましても、その印象や滋味を感得する感覚を持っていない人には、さっぱり名文の正体が明らかにならないからでありま

す。

簡素な国文の形式に復《かえ》れと申しましても、無闇《むやみ》に言葉を省いたらよい訳ではありません。文法に囚われるなと申しても、故意に不規則な云い方をし、格やテンスを無視したものがよいとは限りません。時に依《よ》り、題材に依っては、精密な表現を必要とし、西洋流の言葉使いをもしなければならないのであります。あらかじめ「こうであらねばならぬ」「あってはならぬ」と、一律に極めてしまうことは危険であります。つまり、「名文とはかくかくの条件を備えたものである」と云う標準がないのでありますから、文法的に正しい名文、文法の桁《けた》を外れた名文、簡素な名文、豊麗な名文、流暢《りゅうちょう》な名文、佶屈《きっくつ》な名文と、各種各様の名文があるのでありまして、こう云う国語を持ったわれわれは、最も独創的な文体を編み出すことも出来、また、下手をすれば支離滅裂な悪文家に堕する恐れもある。しかも名文と悪文との差は紙一《ひ》と重《え》でありまして、西鶴や近松のような独創性のない者が彼等の文章の癖を真似ると、多くの場合物笑いの種になるような悪文が出来上るのであります。

行すゑのしらぬ浮世、うつり替るこそ変化《へんげ》のつねにおもひながら、去年もはや暮て、初霞《はつがすみ》の朝長閑《のどか》に、四隣《しりん》の梢《こずゑ》も蠢《うごき》、よろづ温和にして心もいさましげなるこそ、しばらく此所《このところ》をも去て世の有様をも窺《うかが》ひ猶身の修行にもせんと思ひ、さしも捨がたき窟《いはや》の中を立出《たちいで》、志《こころざ》して行国《ゆくくに》もなく心にまかせ歩行《あゆみゆく》に時は花咲比《はなさくころ》、樽《たる》に青氈《せいせん》かつがせささへに席を付《つけ》て、男女《なんによ》老少あらそひこぞり、桜が下に座の設して遊ぶに、此景ただに見てのみやあらん、花のおもはん事もはづかしなンど、詩にこころざしをのべ、歌に思ひを吐《はき》、楊弓《やうきう》に興じ、囲碁にあらそふ、思ひ思ひの成業《せいげふ》歌舞《ぶ》音《おん》曲《ぎよく》も耳に満て、其《その》様言葉にのぶべくもあらず、又ある松の木隠《こがくれ》に、その体《てい》うるはしき男の色ある女に、湯単包《ゆたんつつみ》をもたせ、藤浪のきよげなる岩間づたへに青苔の席をたづねて来《きた》りしが、とある所に座して、竹筒より酒を出《いだ》し、酔をすすめて花見るさま也《なり》、時へて後彼女《かのをんな》にもたせし包物を明て、ちいさき舂《うす》、ほそやか成杵《なるきね》を取出して二人の手してしらげけるが、また水を汲《くみ》、火をきりなンどして、あたりの散葉《ちりば》拾ふて、炊揚《たきあげ》つつ、たはふれ笑ひ、たのしげに食ふ、（西鶴著　艶隠者巻之三「都のつれ夫婦」）

かくの如き文章は、何とも云えない色気に富んでおりますが、またこのくらい癖のある文章も少い。これを秋成のものに比べてみますと、言葉の略しかた、文字の使いざま、その他すべての点にわたって、一層文法の桁《けた》を外れている。実に西鶴の文章は、僅《わず》か五六行を読んでも容易に西鶴の筆であることが鑑定出来るくらい、特色が濃いのでありますが、正直のところ、西鶴であるからこれを名文と云い得るのであって、一歩を誤れば非常な悪文となりかねない。しかもその一歩の差と云うものが到底口では説明出来ないのでありまして、やはり皆さんが、めいめい自分で感得するより仕方がない。また、次に掲げるのは森鷗外の「即興詩人」の一節でありまして、西鶴とは全然別種の、素直な、癖のない書き方でありますが、かくの如きものも正《まさ》しく名文の一つであります。

忽《たちま》ちフラスカアチの農家の婦人の装《よそほひ》したる媼《おうな》ありて、我前に立ち現れぬ。その背はあやしき迄直《まですぐ》なり。その顔の色の目立ちて黒く見ゆるは、頭より肩に垂れたる、長き白紗《はくさ》のためにや。膚《はだへ》の皺《しわ》は繁くして、縮めたる網の如し。黒き瞳《ひとみ》は眶《まぶち》を塡《う》めむ程なり。この媼は初め微笑《ほほゑ》みつつ我を見しが、俄《にはか》に色を正して、我面を打ちまもりたるさま、傍《かたはら》なる木に寄せ掛けたる木乃伊《みいら》にはあらずやと、疑はる。暫《しば》しありていふやう。花はそちが手にありて美しくぞなるべき。彼の目には福《さいはひ》の星ありといふ。我は編みかけたる環飾《わかざり》を、我が唇におし当てたるまま、驚きて彼の方を見居たり。媼またいはく、その月桂《ラウレオ》の葉は、美しけれど毒あり。飾に編むは好し。

昏にな当てそといふ。此時アンジエリカ籬《まがき》の後《うしろ》より出でていふやう。賢き老媼《おうな》、フラスカアチのフルヰヤ。そなたも明日《あす》の祭の料にとて、環飾編まむとするか。さらずば日のカムパニヤのあなたに入りてより、常ならぬ花束を作らむとするかといふ。媼はかく問はれても、顧みもせで我面のみ打ち目守《まも》り、詞《ことば》を続《つ》ぎていふやう。賢き目《まみ》なり。日の金牛宮を過ぐるとき誕《うま》れぬ。名も財《たから》も牛の角にかかりたりといふ。此時母上も歩み寄りてのたまふやう。吾子が受領すべきは、緇《くろ》き衣と大なる帽となり、かくて後は、護摩《ごま》焚《た》きて神に仕ふべきか、棘《いばら》の道を走るべきか。それはかれが運命に任せてむ、とのたまふ。媼は聞きて、我を僧とすべしといふ意《こころ》ぞ、とは心得たりと覚えられき。

西鶴の文を朦朧《もうろう》派とすれば、これは平明派であります。隅から隅まで、はっきり行き届いていて、一点曖昧《あいまい》なところがなく、文字の使い方も正確なら、文法にも誤りがない。が、こう云う文章を下手な者が模倣すれば、平凡で、味もそっけもないものになる。癖のある文章は却《かえ》ってその癖が取り易く、巧味《うまみ》も眼につき易いのでありますが、平明なものは一見奇とすべき所がないので、真似がしにくく、どこに味があるのかも、初心の者には分りにくい。徳川時代では貝原益軒《えきけん》の「養生訓」とか新井白石の「折たく柴の記」とか云うものが、この平明派に属するのでありまして、教科書などに抜萃《ばっすい》してありますけれども、ああ云う文章は、一つはその人の頭脳や、学識や、精神の光でありますから、そこまで味到しない者にはその風格が理解出来ないのであります。

要するに、**文章の味と云うものは、芸の味、食物の味などと同じ**でありまして、それを鑑賞するのには、学問や理論はあまり助けになりません。たとえば舞台における俳優の演技を見て、巧《うま》いか拙《まず》いかが分る人は、学者と限ったことはありません。それにはやはり演芸に対する感覚の鋭いことが必要で、百の美学や演劇術を研究するよりも、カンが第一であります。またもし、鯛《たい》のうまみを味わうのには、鯛と云う魚を科学的に分析しなければならぬと申しましたら、きっと皆さんはお笑いになるでありましょう。事実、味覚のようなものになると、賢愚、老幼、学者、無学者に拘《かかわ》らないのでありますが、文章とても、それを味わうには感覚に依るところが多大であります。然るに**感覚と云うものは、生れつき鋭い人と鈍い人とがある。**味覚、聴覚などは取り分けそうでありまして、音楽の天才などと云われる人は、誰に教わらないでも、或《あ》る一つの音を聴いてその音色を味わい、音程を聴き分ける。また舌の発達した人は、全く原型を失うまでに加工した料理を食べても、何と何を材料に使ってあるかを云い当てる。その他、匂《にお》いに対する感覚の鋭い人、色彩に対する感覚の鋭い人等があるように、文章もまた、生れつきその方の感覚の秀《ひい》でた人がありまして、文法や修辞学を知らないでも、自然と妙味を会得している。よく学校の生徒の中で、外の学課はあまり成績が芳《かんば》しくなく、理解力等も一般より劣っていながら、和歌や俳句の講義をさせると先生も及ばぬ洞察力を閃《ひら》めかし、また文字を教えたり文章を暗誦させたりすると、異常な記憶力を示す少年がおりますが、こう云うのがつまりそれで、文章に対する感覚だけが先天的に備わっているのであります。しかしながら、これは生れつきの能力であるから、後天的には如何《いかん》ともし難いものかと云うのに、決してそうではありません。稀《まれ》には感覚的素質が甚だしく欠けていて、いくら修練を重ねても一向発達しない人もありますけれども、多くは**心がけと修養次第で、生れつき鈍い感覚をも鋭く研《みが》くことが出来る**。しかも研けば研くほど、発達するのが常であります。

そこで、感覚を研くのにはどうすればよいかと云うと、

出来るだけ多くのものを、繰り返して読むこと

が第一であります。次に

実際に自分で作ってみること

が第二であります。

右の第一の条件は、あえて文章に限ったことではありません。**総べて感覚と云うも**

のは、何度も繰り返して感じるうちに鋭敏になるのであります。たとえば三味線を弾くのには、三つの糸の調子を整える、一の糸の音と、二の糸の音と、三の糸の音とが調和するように糸を張ることが必要でありまして、生来聴覚の鋭い人は、教わらずとも出来るのでありますが、大抵の初心者には、それが出来ない。つまり調子が合っているかいないかが聴き分けられない。そこで習い始めの時分は、師匠に調子を合わせて貰って弾くのでありますが、だんだん三味線の音を聞き馴れるうちに、音の高低とか調和とか云うことが分って来て、一年ぐらい立つと、自分で調子を合わすことが出来るようになる。と云うのは、毎日毎日同じ糸の音色を繰り返して聞くために、音に対する感覚が知らず識《し》らず鋭敏になる――耳が肥えて来る――のであります。ですから師匠も、そう云う風にして弟子が自然と会得する時期が来るまでは、黙って調子を合わせてやるだけで、理論めいたことは云いません。昔からよく、云っても何の役にも立たず、却って邪魔になることを知っているからです。昔からよく、舞や三味線の稽古《けいこ》をするには大人になってからでは遅い、十歳未満、四つか五つ頃からがよいと云われるのは、全くこのためでありまして、大人は小児ほど無心になれないものですから、とかく何事にも理窟を云う、地道《じみち》に練習しようとしないで、理論で早く覚えようとする、それが上達の妨げになるのであります。

かように申しましたならば、**文章に対する感覚を研くのには、昔の寺子屋式の教授法が最も適している所以《ゆえん》が、お分りになったでありましょう。**講釈をせずに、繰り返し繰り返し音読せしめる、或《あるい》は暗誦せしめると云う方法は、まことに気の長い、のろくさいやり方のようでありますが、実はこれが何より有効なのであります。が、そう云っても今日の時勢にそれをそのまま実行することは困難でありましょうから、せめて皆さんはその趣意を以て、古来の名文と云われるものを、出来るだけ多く、そうして繰り返し読むことです。多く読むことも必要でありますが、無闇に慾張って乱読をせず、一つものを繰り返し繰り返し、暗誦することが出来るくらいに読む。たまたま意味の分らない個所があっても、あまりそれにこだわらないで、漠然と分った程度にして置いて読む。そうするうちには次第に感覚が研かれて来て、名文の味わいが会得されるようになり、それと同時に、意味の不明であった個所も、夜がほのぼのと明けるように釈然として来る。即《すなわ》ち感覚に導かれて、文章道の奥義《おうぎ》に悟入するのであります。

しかし、感覚を鋭敏にするのには、他人の作った文章を読む傍ら、時々自分でも作ってみるに越したことはありません。もっとも、文筆を以て世に立とうとする者は、是非とも多く読むと共に多く作ることを練習しなければなりませんが、私の云うのはそうでなく、鑑賞者の側に立つ人といえども、鑑賞眼を一層確かにするためには、やはり自分で実際に作ってみる必要がある、と申すのであります。たとえば、前に挙げた三味線の例で申しますと、自分であの楽器を手に取ったことのない人には、中々三味線の上手下手は分りにくい。何度も繰り返して聞くようにすれば分って来ることは来ますけれども、そこまで耳が肥えるのにはよほどの年数がかかるのでありまして、進歩の度が遅い。然るにたとい一年でも半年でも、自分で三味線を習ってみると、音に対する感覚がめきめきと発達して来て、鑑賞力が一度に進歩するのであります。舞踊などでも恐らくはそうでありまして、全然舞を知らない人が舞の上手下手を見分けるまでになりますのは、容易なことではありませんけれども、自分で習うと、他人の巧い拙いが見えるようになる。また料理などでも、自分で原料を買い出しに行き、親しく庖丁《ほうちょう》を取り煮《に》焚《たき》をした方が、ただ食べてばかりいるよりも、遥《はる》かに味覚の発達を促進するに違いない。それから、これは私が安田靫彦《ゆきひこ》画伯から聞いた話でありますが、或る時画伯が云われるのには、世の中には美術批評家と云うものがあって、毎年展覧会の季節になると、出品画について彼《あ》れ此《こ》れと批評を下し、新聞や雑誌等へ意見を発表する、しかし画伯が長年の経験に依れば、それらの批評は画家の眼から見るといずれも肯綮《こうけい》に当っていない、褒めてあるものも貶《けな》してあるものも、皆的を外れているので、画家を心から敬服せしめ、或は啓発するに足りない、それに反して同じ画家仲間の批評は、さすがにこの道に苦労している人々の言であるから、しろうとには見得ない弱所を突き、長所を挙げてあるので、傾聴に値いするものが多いと云うのでありました。劇評家についてもこれと同じことが云えるのでありまして、芸のほんとうのよしあしは、舞台の数を踏んでいる俳優こそ、誰よりもよく知っているでありましょう。私は、自分の劇を上演する時に一流の歌舞伎《かぶき》俳優としばしば語り合ったことがありますが、彼等の多くは高等教育を受けていない人々で、近代美学の理論などは教わったこともないのですけれども、批評家の云う理窟ぐらいはいつの間にか体得しており、脚本に対する理解の行き届いているのには、毎々感服いたしました。彼等の頭は組織的な学問を覚え込むのには適していないのでありますが、感覚の修練を積んでおりますが故に、劇と云うものの神髄を嗅ぎつけることが出来るのであります。が、学校を出たばかりの人々、若い劇評家などは、この点の修行が足りませんから、芸のよしあしが分らず、従って芝居が分らないのであります。何となれば、演劇を理解するのには、舞台における俳優の一挙手一投足、セリフ廻し等の巧拙を理解することから始まるのでありまして、そう云う感覚的要素を離れて、演劇は存在しないからであります。されればまだしも、都会に育った婦女子や市井《しせい》の通人たちの方が、幼少の頃から何回となく芝居を見、名優の技芸に接して、感覚を研いておりますので、往々くろうとを頷《うなず》かせるような穿《うが》った批評を下すことがあるのであります。

ですが、皆さんのうちには或は疑問を抱かれる方がありましょう。と申しますのは、総べて感覚は主観的なものでありますが故に、甲の感じ方と乙の感じ方と全然一致することはめったにあり得ない。好き嫌いは誰にでもあるのでありまして、甲は淡白な味を貴び、乙は濃厚な味を賞《め》でる。甲と乙とが孰《いず》れ劣らぬ味覚を持っておりましても、甲が珍味と感ずるものを乙がさほどに感じなかったり、またはまずいと感じたりする場合がある。仮りに甲と乙とが同様に「うまい」と感じたとしましても、甲の主観が感じている「うまさ」と、乙の主観が感じている「うまさ」と、果して同一のものなりや否《いな》やは、これを証明する手段がない。されば、もし文章を鑑賞するのに感覚を以てする時は、結局名文も悪文も、個人の主観を離れては存在しなくなるではないか、と、そう云う不審が生じるのであります。

いかにもこれは一応もっともな説でありますが、さような疑いを抱く人に対しては、私は下のような事実を挙げてお答えしたいのであります。それは何かと申しますのに、私の友人に大蔵省に勤めている役人がありますが、その人から聞いた話に、毎年大蔵省では日本の各地で醸造される酒を集めて品評を下し、味わいの優劣に従って等級をつける、その採点の方法は、専門の鑑定家たちが大勢集まって一つ一つ風味を試してみた上で投票するのだそうでありますが、何十種、何百種とある酒のことでありますから、随分意見が別れそうでありますのに、事実はそうでないと申します。各鑑定家の味覚と嗅覚《きゅうかく》とは、それらの沢山な酒の中から最も品質の醇良《じゅんりょう》な一等酒を選び出すのに、多くはぴったり一致する、投票の結果を披露してみると、甲の鑑定家が最高点を与えた酒に、乙も丙も最高点を与えている、決してしろうと同士のように、まちまちにはならないそうであります。この事実は何を意味するかと云うのに、感覚の研かれていない人々の間でこそ「うまい」「まずい」は一致しないようでありますが、洗練された感覚を持つ人々の間では、そう感じ方が違うものではない、**即ち感覚と云うものは、一定の錬磨を経た後には、各人が同一の対象に対して同様に感じるように作られている**、と云うことであります。そうしてまた、それ故にこそ感覚を研くことが必要になって来るのであります。

ただしかしながら、**文章は酒や料理のように内容の単純なものではありませんから、人に依って多少好む所を異にし、一方に偏《かたよ》ると云うような事実が、専門家の間においても全くないことはありません。**たとえば森鷗外は、あのような大文豪で、しかも学者でありましたけれども、どう云うものか源氏物語の文章にはあまり感服していませんでした。その証拠には、かつて与謝野氏夫婦の口訳源氏物語に序文を書いて、「私は源氏の文章を読む毎《ごと》に、常に幾分の困難を覚える。少くともあの文章は、私の頭にはすらすらと這入りにくい。あれが果して名文であろうか」と云う意味を、婉曲《えんきょく》に述べているのであります。ところで、源氏のような国文学の聖典とも目すべき書物に対して、かくの如き冒瀆《ぼうとく》の言を為《な》す者は鷗外一人であるかと云うのに、なかなかそうではありません。一体、源氏と云う書は、古来取り分けて毀誉褒貶《きよほうへん》が喧《かまびす》しいのでありまして、これと並称されている枕草紙は、大体において批評が一定し、悪口を云う者はありませんけれども、源氏の方は、内容も文章も共に見るに足らないとか、支離滅裂であるとか、睡気を催す書だとか云って、露骨な悪評を下す者が昔から今に絶えないのであります。そうして、それらの人々に限って、和文趣味よりは漢文趣味を好み、流麗な文体よりは簡潔な文体を愛する傾きがあるのであります。

けだし、我が国の古典文学のうちでは、源氏が最も代表的なものでありますが故に、国語の長所を剰《あま》すところなく発揚していると同時に、その短所をも数多く備えておりますので、男性的な、テキパキした、韻《ひびき》のよい漢文の口調を愛する人には、あの文章が何となく歯切れの悪い、だらだらしたもののように思われ、何事もはっきりとは云わずに、ぼんやりぼかしてあるような表現法が、物足らなく感ぜられるのでありましょう。そこで、私は下のようなことが云えるかと思います。**同じ酒好きの仲間でも、甘口を好む者と、辛口を好む者とがある、さように文章道においても、和文脈を好む人と、漢文脈を好む人とに大別される、**即ちそこが源氏物語の評価の別れる所であると。この区別は今日の口語体の文学にも存在するのでありまして、言文一致の文章といえども、仔細《しさい》に吟味してみると、和文のやさしさを伝えているものと、漢文のカッチリした味を伝えているものとがある。その顕著な例を挙げますならば、泉鏡花、上田敏、鈴木三重吉、里見弴《とん》、久保田万太郎、宇野浩二等の諸家は前者に属し、夏目漱石、志賀直哉、菊池寛、直木三十五等の諸家は後者に属します。もっとも、和文のうちにも大鏡や、神皇正統記《じんのうしょうとうき》や、折焚《おりた》く柴の記のような簡潔雄健な系統がありますので、これを朦朧派と明晰《めいせき》派と云う風に申してもよいし、だらだら派とテキパキ派とも申せましょうし、或はまた、流麗派と質実派、女性派と男性派、情緒派と理性派、などと、いろいろに呼べるのでありまして、**一番手ッ取り早く申せば、源氏物語派と、非源氏物語派になるのであります。**で、これは感覚の相違と云うよりは、何かもう少し体質的な原因が潜んでいそうに思われますが、とにかく、文芸の道に精進している人々でも、調べてみると、大概幾分かは孰方かに偏っております。かく申す私なども、酒は辛口を好みますが、文章は甘口、まず源氏物語派の方でありまして、若い時分には漢文風な書き方にも興味を感じましたものの、だんだん年を取って自分の本質をはっきり自覚するに従い、次第に偏り方が極端になって行くのを、如何《いかん》とも為し難いのであります。

かように申しましても、感受性は出来るだけ広く、深く、公平であるに越したことはありませんから、強いて偏ることは戒めなければなりませんが、しかし皆さんも、多く読み、多く作って行くうちに、自然自分の傾向に気付かれる折があるかも知れません。そうして、そう云う場合には、なるべく自分の性に合った文体を選び、その方面で上達を期するようにされるのが得策であります。

三　文章の要素

○文章の要素に六つあること

既に再々申しましたように、文章を学ぶには実習が第一でありまして、理窟《りくつ》はあまり役に立たないのでありますから、幾つかの要素に分けて論ずると云《い》うことは、無益のようでありますけれども、それではこの読本を書いた趣意が立ちませんから、試みに左の項目を設けて、上に述べたところを一層敷衍《ふえん》してみようかと思います。

まず私は、**文章の要素**を

一　用語
二　調子
三　文体
四　体裁
五　品格

六　含蓄

と、こう六つに分けることに致します。申すまでもなく、これは決して厳密な分け方ではなく、また、これらの要素が互いに截然《せつぜん》と区別出来るはずのものでもなく、六つのもののおのおのに他の五つのものが含まれており、密接に関聯《かんれん》しているのでありますから、一つ一つを完全に切り離して論ずることは、実は不可能なのであります。されば、その一つを説く時にも、常に他の五つのものが、そこに、同時に、説かれつつあるものと思って頂きたいのであります。

なおまた、これらの六つの要素のうち、最後の四つ、即《すなわ》ち、文体と、体裁と、含蓄と、品格との項において申し上げようと思うことは、ひとり我が国の国文にのみ見出《みい》だされる特色であろうと信ずるのであります。

○　用語について

一つの文章は、一つもしくは幾つかの単語から成り立っているのでありますから、単語の選択のよしあしが根本であることは、申すまでもありません。そこで、その選び方についての心得を申しましょうなら、

異を樹《た》てようとするな

と云うことに帰着するのであります。それを、もう少し詳しく、箇条書きにして申しますと、

一　分り易《やす》い語を選ぶこと

二　なるべく昔から使い馴《な》れた古語を選ぶこと

三　適当な古語が見つからない時に、新語を使うようにすること

四　古語も新語も見つからない時でも、造語、――自分で勝手に新奇な言葉を拵《こしら》えることは慎しむべきこと

五　拠《よ》り所のある言葉でも、耳遠い、むずかしい成語よりは、耳馴れた外来語や俗語の方を選ぶべきこと

等であります。

本来、或《あ》る一つのことを云い現わすには、そのことを意味する幾種類かの言葉、即《すなわ》ち**同義語**と云うものを出来るだけ沢山知っていることが必要であります。それにはやはり多くの書を読んで、多くの単語を覚え、いつでも利用出来るように記憶の蔵《くら》に仕入れて置くのに越したことはありませんが、しかしよほど記憶力のよい人でない限り、無数の同義語を時に応じて思い出すことは困難でありますから、同義語の辞典や、或《あるい》

は英和字書の如《ごと》きものを座右に備えておくことも便利でありましょう。ただこの場合、字引は自分がよく知っていて即座には思い出せない言葉を引き出す用途に使うのでありまして、いくら字引にあるからと云って自分に馴染《なじみ》のない言葉、または世間に通用しないむずかしい言葉を使うことは、よくよく已《や》むを得ない時の外は、避けなければなりません。それから、字引さえ繙《ひもと》けばあらゆる言葉が見出だされると思うのも間違いでありまして、字引に載っていない俗語や、隠語や、方言や、外来語や、新語の類《たぐい》で、時には甚だ適切な、生き生きとした感じを持った言葉があることを忘れてはなりません。

仮りに皆さんが、「散歩した」と云う意味を云おうとする時、ただ「散歩した」と書いてしまえば済むようなものの、そう書く前に「散歩する」と云う語の同義語を一と通り調べて御覧なさい。するとさしあたり、

散歩する
散策する
漫歩する
そぞろ歩きする

杖《つえ》を曳《ひ》く
ぶらつく
プロムナードする

等の語を思い出されるでありましょう。そこで皆さんは、これらの同義語のうちの孰れが最も今の場合に適しているかを考えて、それを選ぶようにするのであります。散歩はほんの一例でありまして、かかる些細《ささい》な事柄の時は孰れを選んでも大した違いはないように思われるでありましょうが、しかし言葉数の少い日本語で、散歩と云うような簡単な事柄においてすら、即座に七つの同義語が見出だされるのでありますから、一般に同義語と云うものは案外数が多いのであります。それ故《ゆえ》、無数の同義語の中から、その場にぴったり当て篏《は》まる言葉を選び出すことは、決してやさしい仕事ではありません。或る場合には「この語を措《お》いて他になし」と云うことが極めて明瞭《めいりょう》であって、少しの躊躇《ちゅうちょ》も要しないことがありますけれども、大概は二つも三つも似たような言葉がありますので、採択に迷うものであります。ですが、そう云う場合、もし皆さんがそれらの二三の類似語を眺めつつ、孰れを取っても同じことだ、格別の差異はない、と云う風に考えられるとしたならば、それは十中の八九まで、言葉や文章に対する皆さんの神経が遅鈍なのであります。そのことについて思い出しますのは、たしか仏蘭西《フランス》の或る文豪の云ったことに、「一つの場所に当て嵌まる最も適した言葉は、ただ一つしかない」と云う意味の言がありますが、この、**最適な言葉はただ一つしかない**と云うことを、よくよく皆さんは味わうべきでありまして、数箇の似た言葉がある場合に、孰れでも同じだとお思いになるのは、考え方が緻密《ちみつ》でないのであります。なお注意して思いを潜め、考えを凝らして御覧になると、必ず孰れか一つの言葉が、他の言葉よりも適切であることがお分りになります。たといそれが散歩の如き些細な事柄でありましょうとも、「散歩」と、「散策」と、「そぞろ歩き」と、「ぶらつき」等々と、孰れを使っても全然同じであると云うことは有り得ない。或る場合には「散歩」よりも「散策」の方が、また或る場合には「そぞろ歩き」の方が、一層適するはずでありまして、そう云う僅《わず》かな言葉の差異に無神経であったり、そう云う感覚が鈍かったりしたのでは、よい文章を作ることは出来ません。

然《しか》らば、或る一つの場合に、一つの言葉が他の言葉よりも適切であると云うことを、何に依《よ》って定めるかと申しますのに、これがむずかしいのであります。第一にそれは、自分の頭の中にある思想に、最も正確に当て嵌まったものでなければなりません。しかしながら、**最初に思想があって然る後に言葉が見出だされる**と云う順序であれば好都合でありますけれども、実際はそうと限りません。その反対に、まず**言葉があって、然る後にその言葉に当て篏まるように思想を纏《まと》める、**言葉の力で思想が引き出される、と云うこともあるのであります。一体、学者が学理を論述するような場合は別として、普通の人は、自分の云おうと欲する事柄の正体が何であるか、自分でも明瞭には突き止めていないのが常であります。そうして実際には、或る美しい文字の組み合わせだとか、または快い語調だとか、そう云うものの方が先に頭に浮かんで来るので、試みにそれを使ってみると、従って筆が動き出し、知らず識《し》らず一篇の文章が出来上る、即ち、**最初に使った一つの言葉が、思想の方向を定めたり、文体や文の調子を支配するに至る**と云う結果が、しばしば起るのであります。たとえば「そぞろ歩《ある》き」の代りに「すずろありき」と書いたとしますと、それに釣られて、文体が和文調になったり、また「プロムナード」と云う語を使うと、それをキッカケにハイカラな文章を書いてしまう。いや、それどころではありません、おかしなことを申すようでありますが、小説家が小説を書く場合に、偶然使った一つの言葉から、最初に考えていたプランとは違った風に物語の筋が歪曲《わいきょく》して行く、と云うような事態すら生ずるのでありまして、もっと本当のことを申しますなら、多くの作家は、初めからそうはっきりしたプランを持っているのではなく、書いているうちに、その使用した言葉や文字や語調を機縁として、作中の性格や、事象や、景物が、自然と形態を備えて来、やがて渾然《こんぜん》たる物語の世界が成り立つようになるのであります。されば、伊太利《イタリー》の文豪ガブリエル・ダンヌンチオは、老後には常に字引を読んでいろいろな単語に眼を曝《さら》し、それらの単語からさまざまな作品の着想を得たと云う話を、かつて人から聞いたことがありますが、これは私自身の経験に徴しましても、恐らく譃《うそ》ではありますまい。私の青年時代の作に「麒麟《きりん》」と云う小篇がありますが、あれは実は、内容よりも「麒麟」と云う標題の文字の方が最初に頭にありました。そうしてその文字から空想が生じ、ああ云う物語が発展したのでありました。ですから、一つの単語の力と云うものも甚だ偉大でありまして、古《いにしえ》の人が言葉に魂があると考え、**言霊《ことだま》**と名づけましたのもまことに無理はありません。これを現代語で申しますなら、**言葉の魅力**と云うことでありまして、言葉は一つ一つがそれ自身生き物であり、**人間が言葉を使うと同時に、言葉も人間を使う**ことがあるのであります。

かく考えて来ますならば、言葉の適不適を定めますのには、かなり複雑な思慮が必要であることがお分りになるでありましょう。つまり、単に意味が正確であるとか、思想にぴったり当て嵌まるとか云うことばかりで極《き》めるわけには行きません。或る場合には、思想の方を言葉に当て嵌めて纏まりをつけるのが賢いこともありましょうし、或る場合には、言葉に使役され過ぎて思想が歪曲されないように警戒しなければなりません。結局、言葉はその一箇所だけでなく、文章全体に影響を及ぼすものでありますから、絶えず全体との釣合《つりあい》、調和不調和を考え、前に申し上げました六つの要素、即ち、用語、調子、文体、体裁、品格、含蓄、の総《す》べてを計算に入れた上で、適不適を極めるのであります。そう云う点で、巧《うま》い言葉が使ってあると思うのは、志賀直哉氏の「万暦赤絵《ばんれきあかえ》」と云う短篇の冒頭に、

　京都の博物館に一対になつた万暦の結構な花瓶がある云々《うんぬん》

とある、その「結構な」と云う形容詞であります。この場合、この花瓶を褒めるのに、「見事な」、「立派な」、「芸術的な」等種々の言葉がありましょうけれども、それらの孰れを篏めてみましても、到底「結構な」と云う一語が含む幅や厚みには及ぶべくもありません。この語はその花瓶の美しさを適確に云い現わしていると同時に、全篇の内容や趣向をも暗示するほどのひろがりを持ち、まことによく働いているのでありまして、こう云う簡単な言葉使いに、手腕が窺《うかが》われるのであります。

思うに、昔から文章を彫琢《ちょうたく》すると云い、推敲《すいこう》すると云いますのは、その大半が単語の選択に費される苦心を指すのでありまして、私なども、何十年来この道に携わっておりながら、未《いま》だに取捨に迷うことが多く、若い時と同じ辛労を覚えるのであります。

ただ、若い時分と違うところは、以前は言葉の魅力に釣られて使役されることをあえて厭《いと》いませんでしたが、昨今は己れを引き締めて、言葉を使役するように努めます。これは畢竟《ひっきょう》、青年時代には西洋かぶれしていたために、言語に蔭《かげ》のあることを嫌い、ひたすら緻密に、明晰《めいせき》に、新鮮に、感覚的にと心がけ、なるべく人眼につき易い顕著な文字を選ぶことに骨を折りましたが、次第にさような書き方が卑《いや》しいものであることを悟り、今ではその反対に、出来るだけ意味を内輪に表現し、異色を取り去ろうとする結果であります。

そこで、最初に列挙しました箇条書きの説明を申しますと、

一　分り易い語を選ぶこと

これが用語の根本の原則でありまして、分り易い**語**といううちには、**文字**も含まれていることは勿論《もちろん》であります。この原則の大切なことは、誰にも明々白々なはずでありますが、特に私がこれを強調する所以《ゆえん》は、現今では猫も杓子《しゃくし》も智識階級ぶった物の云い方をしたがり、やさしい言葉で済むところを故意にむずかしく持って廻る悪傾向が、流行しているからであります。昔、唐の大詩人の白楽天は、自分の作った詩を発表する前に、その草稿を無学なお爺《じい》さんやお婆《ばあ》さんに読んで聞かせ、彼等に分らない言葉があると、躊躇なく平易な言葉に置き換えたと云う逸話は、私共が少年の頃しば

しば云い聞かされた有名な話でありますが、現代の人はこの**白楽天の心がけ**をあまりにも忘れ過ぎております。要するに、自分の学問や、智識や、頭脳の働きを見せびらかそうとしたり、未だ前人の云わない用語を造ってみようとしたり、自分だけ偉がろうとする癖、——異を樹てようとする根性を改めることであります。

二　なるべく昔から使い馴れた古語を選ぶこと

ここに**古語**と申しますのは、明治以後、西洋の文化が這入《はい》ってから出来た言葉を**新語**とし、それに対して、その以前から伝わっている言葉を指して云うのであります。古語にも神代の昔からある言葉や、徳川時代に造られた比較的新しい言葉や、いろいろ種類がありましょうが、それらのうちで今もなお一般に使用されつつある言葉、これが一番、どこで誰が使っても危な気がなく、誤用や誤解の恐れが少いので、分り易いと云う原則によく当て篏まるわけであります。

今日は教育が普及しておりますから、どんな辺鄙《へんぴ》な土地に行っても新語が通じないなどと云うことはありませんが、しかし新語と云うものは、多く西洋語の翻訳でありまして、人に依り、時代に依って、訳し方がまちまちであります。たとえば明治の初年には、哲学のことを「理学」と云っておりましたが、今日理学と申しましたら、物理学のような学問を意味することになりましょう。また、今日は英語の「シヴィリゼーション」の訳である「文明」と云う言葉がすたれ気味で、独逸語の「クルトゥール」を訳した「文化」と云う言葉が流行《はや》り、幾らか意味が違っているようでありますけれども、大概の場合は文明と云わずに文化と云っている。英語の「アイディア」に当る言葉も、「観念」と云ったり、「概念」と云ったり、「理念」と云ったり、「想念」、「心象」、「意象」などと、いろいろに云います。また、以前は「検査」とか「調査」とか「攻究」とか云ったことを、今日では「検討」と云い、「魁《さきがけ》」とか「先頭」とか云ったことを「尖端《せんたん》」と云い、「鋭い」とか「鋭敏な」とか云ったことを「尖鋭な」と云い、「理解」とか「諒解《りょうかい》」とか云ったことを「認識」と云い、「総決算」とか「総勘定」とか云ったことを「清算」と云う。私共は現代に生きている以上、現代に流行する言葉を使えばよいようなものの、我が国ではその流行の移り変りが特別に激しい。一つの新語が田舎の津々浦々にまで行き渡る時分にはもう都会では第二第三の新語が生れていると云う有様で、私が覚えてからでもそう云う言葉の変遷《へんせん》がどのくらいあったか知れません。然るに、文章は現代の人士にばかり読んで貰《もら》うものではなく、大都会の智識階級のみを相手にするのでもない。出来れば後世の人々にも、片田舎の老翁や老媼にも、分って貰うのに越したことはないのでありますから、そう云う変遷の激しい、しかも人に依ってまちまちな云い方をするような言葉は、なるべく使わないで済ませる方がよいのであります。

それから、古来使い馴れている言葉にも、国語系統のものと漢語系統のものとがありまして、これも私は、出来るならばむずかしい漢字を要しない国語系統の言葉の方を、より多く使うようにおすすめしたいのでありますが、漢語並びに漢字のことにつきましては、一括して次の項に申し上げるつもりであります。

三　適当な古語が見つからない時に、新語を使うようにすること

新語と申してもいろいろでありまして、中には既に数十年来使い馴らされ、ほとんど古語と変らないほどに行き渡っているのもありますから、それらはさほど毛嫌いするには及ばないかと思います。が、つい最近に出来たばかりで、ほんの大都会の小部分の人だけが使っていると云うような、そうしてそれが、果して一般に流行するかどうかも分らないような、そう云う言葉が最も宜《よろ》しくないのであります。たとえば数年前に、或る新聞が当時の亜米利加《アメリカ》の流行語であった「ウーピー」と云う言葉を輸入して流行らせようとしましたが、予期に反して、大した流行を見ずにしまったことがありました。そう云う風に、寿命の短かい新語が非常に多いのでありますから、新しがって無闇《むやみ》にそんな言葉を使うと、その人柄が軽卒に見えるばかりであります。

しかし、新語の中には、進歩した現代社会の機構に応じ、当然の要求に従って出来た言葉も沢山にありまして、それらのものは、古語のうちに同義語がないのでありますから、それを使うより外に仕方がありません。早い話が「飛行機」と云う言葉は、それに代る昔の言葉があるはずはありませんから、どうしても「飛行機」と云わなければならない。その他、近代の科学文明が生み出したあらゆる熟語、技術語、学術語等は総べてそうでありまして、「組織」とか「体系」とか「有機的」とか「イデオロギー」とか云うような言葉は、孰れもそれに当て嵌まる古語がないのであります。が、ここで私が特に皆さんに御注意申し上げたいのは、**適当な古語が見つからない時に、始めて**新語を使うべきであって、なるべく古語で間に合わせようとする心がけを忘れないことであります。と申しますのは、その心がけで実際に筆を執ってみますと、最初に考えましたよりも、新語を使わないで済む場合が案外多いのであります。たとえば今の「組織」と云う言葉も、「仕組み」とか「仕掛け」とか「組み立て」とか云えば用が足りる、是非とも「組織」でなければならない場合と云うものは、少いのであります。また「意識する」と云わないでも、「知っている」、「感じている」、「気が付いている」で済むことがある。「概念」や「観念」なども、「考え」と云っただけで分る。

私は彼に見られていることを**意識して**いた。

彼は**意識的**に反抗した。

彼には国家と云う**観念**がない。

かくの如き文章は、それぞれ

私は彼に見られていることを**知って**いた。（または**感じて**いた。**ことに気がついていた**。）

彼は**わざと**（または**故意に**）反抗した。

彼（**の頭**）には国家と云う**考え**がない。（または、彼は国家ということを**考えていない**。）

と云うような風に云い換えることが出来、そうしてこう云う云い方の方が、多くの人たちに分り易く、かつ親しみ易い感じを抱かせるのであります。

勿論、「知る」「気が付く」等の言葉は、その儘《まま》「意識する」と云う言葉には当て篏まらない。また「考え」と云う言葉も、それが直ちに「概念」や「観念」等の同義語にはならない。これらの新語が造られたのは、やはりそれだけの理由があって造られたのでありますから、厳密な意味においてそれらに代る古語のないことは明らかでありますが、ただ問題は、特に論理や事柄の正確が要求されていない場合に、それほど一語一語の内容を、細かく、狭く、限る必要があるであろうか、と云うことでありま す。なるほど、「私は彼に見られていることを意識していた」と云う代りに「知っていた」と云えば、幾分か意味がぼんやりします。が、「知る」と云う語には「意識する」と云う語が含まれているのでありますから、「知っていた」と書いてあっても、読者は「意識していた」意味に取ってくれますので、実際には何ら差支えが生じない。のみならず皆さんは、私が第百四十頁《ページ》に述べたこと、即ち、文章のコツは「言葉や文字で表現出来ることと出来ないこととの限界を知り、その限界内に止《とど》まること」だと申したのを、思い出して頂きたい。もし皆さんが、どこまでも意味の正確を追い、緻密を求めて已まないのであったら、結局どんな言葉でも満足されないでありましょう。ですから、それよりは、多少意味のぼんやりした言葉を使って、あとを読者の想像や理解に委《ゆだ》ねた方が、賢明だと云うことになります。

一体、現代の人々が必要以上に新しい言葉を造りたがるのは、**漢字と云う重宝な文字のあることが、却《かえ》って禍《わざわい》しているせい**であります。漢字は「いろは」やＡＢＣのような音標文字と異り、一つの文字が一つの意味を現わしておりますから、新語を造りますのに、このくらい便利な文字はありません。たとえば蓄音機のことを、英語では「フォノグラフ」（音声記録物）または「トーキングマシン」（話す器械）と申しますが、それを「蓄音機」と云ったのはいかにも巧い。たった三字で、しかも英語よりは一層完全に蓄音機の何たるかを云い得ております。また英語では活動写真のことを「ムーヴィングピクチュア」（動く絵）と云い、略して「ムーヴィー」と云っておりますが、「ムーヴィー」という言葉や文字には全然意味がありませんので、“Movie”と書いて示したところで、知らない者には何のことか分りません。然るに「活動写真」と云い、「映画」と云えば、ほぼその物の本体や用途を説明しております。これは偏《ひと》えに漢字のお蔭でありまして、漢字を想像しないでは、「チクオンキ」だの「カツドーシャシン」だの「エイガ」だのと云う言葉を考えることが出来ず、考えても、それらは無意味なる音の連続に過ぎません。されば、われわれが明治以来西洋の学問や思想や文物を輸入するにあたって、種々なる技術語や学術語を翻訳するのにさしたる困難を感じなかったのは、全く、この重宝なる漢字の働きに依るのであります。が、同時にわれわれは、漢字のこう云う長所に信頼し過ぎた結果、**言葉は一つの符牒《ふちょう》である**と云うことを忘れて、強いて複雑多岐なる内容を、二字か三字の漢字の中へ盛り込もうとするようになりました。たとえば今の蓄音機や映画でありますが、なるほど、「トーキングマシン」だの「ムーヴィー」だのと云うよりは、「蓄音機」と云い「映画」と云う方が、よくその物の性能を云い現わしてはいますけれども、それにしたところで、まだ実物を知らない者には、図解でもしてもっと詳しく説明して貰うか、実物を見せて貰わないことには、結局は合点が行きません。そうしてみると、それらの名詞は知っている者の間にだけ通用する符牒に過ぎないのでありますから、必ずしも二字や三字のうちにその物の性能を云い尽さずともよいのであります。現にわれわれは、発声活動写真のことを「トーキー」と云っておりますが、これは亜米利加《アメリカ》で「トーキングピクチュア」（話す絵）と云う言葉を略して云ったのを、そのまま輸入したのでありまして、英語を知っている者には幾分か想像がつきますけれども、然らざる者には全く内容のない言葉であります。にも拘《かかわ》らず、今日では「トーキー」と云う語が津々浦々にまで行き渡って、誰にでも分るようになっております。その他、タキシー、タイヤ、マッチ、テーブル、ダイヤモンドの如き、孰れも日本人には無内容な音の組み合わせでありますけれども、それだからと云って、実用には何ら差支えません。畢竟、名詞は、個人の姓名と同じことで、ただその物を呼ぶ合い言葉の役目をすれば足りるのでありまして、既に合い言葉でありますから、同一の物を呼ぶのに幾通りもの呼び方があっては、紛らわしいわけであります。然るに現代の人々は、この明白なる道理を忘れて漢字の意味に囚《とら》われる結果、「観念」では気に入らないで「概念」と云ってみ、それも気に入らないで「理念」と云ってみると云う風に、後から後からと新語を作る。学者などが已れの学説を述べる場合にも、ことさら見識を示そうとして、有りふれた成語を使うことを忌《い》み、独特の字面《じづら》を工夫する。斯《か》くて新しい漢字の組み合わせが競って行われるのであります。

そう云う次第で、新語と云うものは、その大部分が二字もしくは三字四字等の漢字の結合から成る和製の漢語でありますから、それに昔からある本来の漢語を加えますと、今日世間に使われている漢字の数は、予想外に多いであろうと思われます。私の見るところでは、今日より漢学が盛んであった徳川時代においても、漢詩や漢文を弄《もてあそ》び、漢語を口にした人士は比較的少数であって、一般にはもっと平俗な、日本風な云い方が行われていたに違いない。早い話が、役の名前でも、内閣総理大臣だの、警視総監だのとむずかしく云わないで、老中だの、若年寄だの、目附だのと云いましたし、容疑者や被疑者は「お尋ね者」でありましたし、現に私の幼い頃までは、巡査のことは「お巡《まわ》り」、汽船のことは「川蒸気」、汽車のことは「陸蒸気《おかじょうき》」と云ったのを覚えております。それから見ると、今日の人は、文章のみならず、日常の会話にも、漢字を交ぜることが実に多い。最も滑稽《こっけい》な例を云いますと、或る時私が口腔《こうくう》科の医師の処《ところ》へ行きましたら年の若いお医者さんが診察してくれながら、話の中に「ダコ」と云う言葉を使います。初めは何のことか分りませんでしたが、しきりに「ダコ、ダコ」と云いますので、だんだん考えてみましたら、ダコは「唾壺《だこ》」で、痰吐《たんは》きのことを云うのでした。大方これなぞも、専門のドクトルが「痰吐き」と云う俗語を用いては沽券《こけん》に関わると思うのでもありましょう。また或る時、田舎の宿屋へ泊まりましたら、番頭が出て来て挨拶《あいさつ》をするうちに、「ヘイカン、ヘイカン」と云う言葉が這入ります。それが「ヘイカ」と聞えますので、一層分りませんでしたが、「弊館」、つまり「手前共」とか「私共」とか云う意味に使っているのでした。そう云えば、一体に東京大阪等の大都会の人々は、砕けた、味のある物云いをし、田舎の人ほど多く生硬な漢語を使いますのは、なぜでありましょうか。これは都会人の前へ出て話す時に土地の訛《なま》りを出すまいとする心づかいもありましょうけれども、そうとばかりも云えません。たとえば中国の或る地方では、「鶏」のことを「ニワトリ」と云わずに「ケイ」と云います。「馬鈴薯」のことも「ジャガイモ」と云わずに「バレイショ」と云います。それから数を数えるのに、「一つ」「二つ」と云わないで「一個」「二個」と云う風な云い方をするのも、田舎の人に限っているように思われます。

それにつけても、私が常に不思議に感じますのは、今日は一方において漢字の制限が奨励され、ローマ字の普及運動などが盛んに行われていることであります。そうして、為政者も、教育家も、漢字を覚えさせることが児童に多大の苦痛を与えて時間と精力の浪費を来たすことを認め、努めてその重荷を軽くする方針を取りつつあります。にも拘らず、他の一面において唖壺式の新語が流行すると云うことは、時勢に逆行するものでありまして、甚だしい矛盾であるとしか思えません。事実、今日の和製漢語は、多かれ少かれ、唖壺式の滑稽に陥っていないものはないのでありますが、この際私は、あえて新語とのみ云わず、古語においても、なるべく皆さんが漢語風の云い方を避けて、やさしい固有の日本語に立ち帰って頂くことを希望するのでありまして、そうするのには音読の習慣を養い、文字を離れて、耳だけで理解する癖をつけるのも一つの方法であることは、既に第百五十、百五十一頁において述べた通りであります。なるほど、熟語を造りますのには漢字が重宝でありますけれども、日本風の云い方でも随分いろいろのことが云えるのでありまして、その点では、大工、左官、建具屋、指物《さしもの》師、塗師《ぬし》屋、表具屋と云う類の、**職人の技術語**は大いにわれわれの参考になります。たとえば大工の使っている「ウチノリ」とか、「ソトノリ」とか、「トリアイ」とか、「ミコミ」とか、「ツラ」とか、「メジ」とか、「アリ」とか云うような用語、また建具屋や指物師の使っている「一本引キ」、「引キ違イ」、「開キ戸」、「マイラ戸」、「地袋」、「天袋」、「ハシバメ」、「鏡板」、「猫脚《ねこあし》」、「胡桃脚《くるみあし》」と云うような用語を聞いて御覧なさい。簡単な、中には宛《あ》て字《じ》さえ分らない言葉もあるのでありますが、それでいて実際には何の不便もなく、結構間に合っているところを見ますと、日本語と云うものも思いの外働きの広い、気の利《き》いた国語であることを、今更の如く感じるのであります。で、もしわれわれがこの職人の云い方を学んで、「社会」を「世の中」、「徴候」を「きざし」、「予覚」を「虫の知らせ」、「尖端」を「切っ先」或は「出ッ鼻」、「剰余価値」を「差引」或は「さや」、と云う風に云いましたならば、そうして世間一般がその気になって、そう云う言葉に新味を持たせるようにしましたならば、それほど漢字の御厄介にならないでも済むのであります。

四　古語も新語も見つからない時でも、造語、――自分で勝手に新奇な言葉を拵《こしら》えることは慎しむべきこと

これはもはや、理由は申し上げるまでもありません。

もし皆さんが、何ぞ今までにない新しい思想や事柄を述べようとする場合には、無理にそれに当て篏《は》まる単語を造り出そうとしないで、古くからある幾つかの言葉を結び合わせ、句を以《もっ》て説明すればよいのであります。

とにかく、相当の言葉数を費した方がよく分ることを、二字か三字の漢語に縮めようとするのは宜しくない。無駄な文句のないことが名文を作る一つの条件ではありますけれども、そうかと云って、必要な言葉までも省いてしまっては、用が弁じないの

みならず、文品が卑しくなります。文章は簡潔を貴ぶと同時に、どこかにのんびりとした余裕のあるのを上乗とするのでありますが、近来はテンポだとかスピードだとか云って、人の心がセカセカしているせいか、「ユトリ」と云うことがすっかり忘れられております。妙な新語が流行りますのも、そう云う風潮が原因の一つでありましょうが、私は「待望」などと云う言葉を聞きますと、立て膝《ひざ》をして食膳《しょくぜん》に向い、大急ぎで飯を頬張る人の、卑しいしぐさを思い出さずにはいられません。「待望」とは、「期待」と云うことと「希望」と云うこととを一つにしたのでありましょうが、そんな慌《あわただ》しい、せわしない云い方をせずとも、「期待し、かつ希望する」とか、「必ずそうなるであろうし、またそうなって欲しい」とか、云う風に云えるのであります。

それと同じ意味で、「銀ブラ」とか、「心ブラ」とか、「普選」とか、「高工」とか、「体協」とか云う風な**略語**を使うことも、文章の上ではあまり品のよいものではありません。もっとも、略語の方が既に一般的になっていて、本来の言葉を使うと、却って廻りくどい場合もある。たとえば、「鰻丼」は「ウナドン」と云わないで、「ウナギドンブリ」と云う方が正しいが、「天丼」を「テンプラドンブリ」と云うのは可笑《おか》しい、と云うように、物に依り、時に依って、手加減が必要ではありますけれども、しかし大概は、少し馬鹿《ばか》丁寧に聞えても、正式に云った方が上品であります。なおこのことは後段「品格について」の項で申し上げるはずでありますが、殊《こと》に、外来語を略する云い方、「プロ」「アジ」「デモ」「デマ」の類は、英語を知らぬ日本人には勿論のこと、外国人にも分らないのでありますから、ああ云うのは最も宜しくない。元来あれは、無産派の闘士などが仲間うちにだけ通用させる符牒の意味で使い出したのでありましょうが、そうであるなら、なおさら世間一般の人がその真似《まね》をして、「モガ」だの「モボ」だのと、奇態な言葉を流行らせるには当りません。

五　拠《よ》り所のある言葉でも、耳遠い、むずかしい成語よりは、耳馴れた外来語や俗語の方を選ぶべきこと

これも、理由は、説明を要しないほど明らかであります。日本語系統の言葉がよいと申しましても、古事記や万葉にしか見出だせないようなものよりも、一般に通用する漢語の方が優っていることは申すまでもありません。たとえば「しじま」などと云う語は、韻文には差支えありませんが、普通には「沈黙《ちんもく》」と云うべきであります。また、上品なのがよいからと云って、変に高尚がった、耳遠い言葉は避けなければなりません。どんなに通俗な言葉でも、実際に必要があって使う時は、それほど下品には聞えないものでありますが、そう云う場合に、わざと上品ぶった云い方をすると、却っていやらしく感じられる。たとえば五万円のことを「五

万円」と書かずに、「珍品五」などと書いたらばどうでありましょう。また痰吐きのことを「唾壺」と云ったところで、それが果して高尚に聞えるでありましょうか。

むずかしい、生硬な漢語を使って、儀式張った物云いをする代りに、やさしく、分りやすく、噛《か》んで含めるように話すことを**世話に砕ける**と申しますが、私は皆さんが、今少し市井《しせい》の町人や職人などの言語を覚えて、それを文章に取り入れることを、おすすめしたいのであります。彼等の使っている言葉は、俗語ではありますけれども、なかなか機智のある、洗練された云い廻しに富んでおりまして、必ずしも卑しい感じは起りません。のみならず、むずかしい熟語を沢山積み重ねるよりも、たった一つの俗語の方がぴったりと当て篏まり、痒《かゆ》い所へ手の届くような気がすることは、実際にしばしばあるのであります。で、小説家では里見弴《とん》氏、久保田万太郎氏等が、そう云う俗語を自在に使い分けて、それぞれ一家の風を成していますから、これらの諸家の用語を研究されることも有益でありましょうが、特に私は、落語家や講談師、分けても名人上手と云われる人たちの話を聞きに行かれることが、大いに参考になると思うのであります。

次に外来語でありますが、これも、意味がよく通じるものは、強いて漢字を充《あ》てないで、原語のまま使うことに賛成であります。「ムーヴィー」を「映画」と訳するからと云って、「トーキー」にも訳語がなければならないと云う理窟《りくつ》はありません。翻訳家の中には、「バタ」を「牛酪」、「チーズ」を「乾酪」、「ライティングデスク」を「書物机《かきものづくえ》」などと訳す人がありますが、そんな言葉を実用に使っている者は一人もないのでありまして、そう云う方針を押し通したら、パンだの、ペンだの、インキだの、ランプだので、訳さなければならなくなりましょう。それに、前にも申しましたような漢語の弊害を考えますと、外国語に対してなまじな新語を充《あ》てますよりは、むしろ原語をそのまま輸入しました方が、簡単で、明瞭《めいりょう》で、時勢に適しているのでありま す。

○ 調子について

調子は、いわゆる文章の音楽的要素でありますから、これこそは何よりも感覚の問題に属するのでありまして、言葉を以て説明するのに甚だ困難を覚えるのであります。つまり、**文章道において、最も人に教え難いもの、その人の天性に依《よ》るところの多いものは、調子であろう**と思われます。

昔から、文章は人格の現われであると云われておりますが、啻《ただ》に人格ばかりではない、実はその人の**体質**、生理状態、と云ったようなものまでが、自《おのずか》ら行文の間に流露するのでありまして、しかもそれらの現われるのが、**調子**であります。されば**文章における調子は、その人の精神の流動であり、血管のリズムである**とも云えるのでありまして、分けても体質との関係は、よほど密接であるに違いない。あたかも声とか皮膚の色とかが、直ちにその人の生理状態を想像させるように、何かそれに似たものが両者の間に潜んでいるらしく考えられる。で、誰でも文章を作る以上、自分で意識しているといないとに論なく、自然とその人の体質に応じた調子が備わって来るのでありまして、生れつき熱情的な人は情熱の籠《こも》った調子を帯び、冷静な人は冷静な調子が出る。また呼吸器の弱い人は、どことなく息の続かない所が窺《うかが》われ、消化器病のある人は、血色のすぐれない、冴《さ》えない顔色を反映する。その他、なだらかな調子を好む人、ゴツゴツした調子を好む人等は、恐らくそれぞれ体質的にそうなる約束があるのでありますから、調子と云うものは、後天的に教えてもさほど効果があろうとも思われません。もし或る人が自分の文章の調子を変えようと欲するなら、むしろ心の持ち方とか、体質とか、云う方面から改めてかかるべきであります。ですが、そう云ってしまっても大摑《おおづか》みに過ぎますから、まず大体の種類を挙げ、その種類に属する代表的な作家の名を示して、いささか御参考に供することにします。

一 流麗な調子

これは、前に申しました源氏物語派の文章がそれでありまして、すらすらと、水の流れるような、どこにも凝滞するところのない調子であります。この調子の文章を書く人は、一語一語の印象が際立《きわだ》つことを嫌います。そうして、一つの単語から次の単語へ移るのに、そのつながり工合を眼立たないように、なだらかにする。同様に、一つのセンテンスから次のセンテンスへ移るのにも、境界をぼかすようにして、どこで前のセンテンスが終り、どこで後のが始まるのか、けじめを分らなくするのでありま す。

しかし、つなぎ目の分らないセンテンスを幾つもつなげて行くことは、結局非常に長いセンテンスを書くことになりますから、なかなか技巧を要するのであります。それと云うのが、日本語には二つのセンテンスをつなぎ合せる関係代名詞と云うものがない。従って、どうしてもセンテンスが短かくなりがちでありますが、それを強いて繋《つな》ごうとすれば「て」だの「が」だのが頻出して耳障《みみざわ》りになりますので、昔から、「て」の字の多い文章は悪文だと云われておりますのは、まことにその通りでありま す。ではいかにして繋ぎ目をぼかすかと云いますと、この書の第百六十九頁に引用してある源氏の須磨の巻の文章、あれがその模範的な一例でありますから、もう一度あそこを開いて御覧なさい。あの文章は、「かの須磨は、」から始まって「いと本意《ほい》なかるべし。」までが一つのセンテンスのようでありますが、考え方に依っては、その次の行の「思《おぼ》し乱るる。」までを一つと見ることも出来る。なぜなら、「かの須磨は」から以下そこまでが源氏の君の胸中における感慨であって、「いと本意なかるべし。」の所は、形の上では一応切れているものの、心持の上では切れていない。ところで、そう云う風に見て行くと、「思し乱るる。」の次に始まる「よろづの事云々《うんぬん》」のセンテンスも、独立しているが如《ごと》くであって、気分の上ではやはり前に繋がっている。かくしてこの四行の文章は、三つのセンテンスから成り立っているとも云えるし、全部が一つのセンテンスであるとも云える。勿論《もちろん》それは心持や気分ばかりでなく、切れ目切れ目に際立つ言葉を使っていないのにも依りますが、しかもこの中には、「て」の字で繋いである所は一箇所もないのであります。

今試みに、この原文のなだらかな調子を失わないようにして、現代語に訳してみますと、次のようになります。

あの須磨と云う所は、昔は人のすみかなどもあったけれども、今は人里を離れた、物凄《ものすご》い土地になっていて、海人《あま》の家さえ稀《まれ》であるとは聞くものの、人家のたてこんだ、取り散らした住まいも面白くない。そうかと云《い》って都を遠く離れるのも、心細いような気がするなどときまりが悪いほどいろいろにお迷いになる。何かにつけて、来し方行く末のことどもをお案じになると、悲しいことばかりである。

こう云う風に直しますと、つなぎ目がぼかされている点は、あえて原文と変りはない。されば、口語体を以て長いセンテンスを書くことも、決して不可能ではないのであります。

けれども、現代の人はとかくこう云う風に書かないで、下のように書くのが普通であります。

あの須磨と云う所は、昔は人のすみかなどもあったけれども、今は人里を離れた、物凄い土地になっていて、海人の家さえ稀であると云う話であるが、人家のたてこんだ、取り散らした住まいも面白くなかった。しかし源氏の君は、都を遠く離れるのも心細いような気がするので、きまりが悪いほどいろいろに迷った。彼は何かにつけて、来し方行く末のことを思うと、悲しいことばかりであった。

こうすると繋ぎ目が切れて、明らかに三つのセンテンスになってしまいます。

私はこう云う書き方が悪文であると云うのではない。が、今日は短かいセンテンスが流行《はや》る結果、前のような書き方もあることを、そうして、関係代名詞のない日本文でも、混雑を起すことなしに、幾らでも長いセンテンスが書き得ることを、忘れている人が多いのではないかと思いますので、特にそう云う文章の美点を力説したいのであります。

そこで、右の二つの書き方を比較しますと、後者が前者と異る所は、

イ　敬語を省いたこと

ロ　センテンスの終りを「た」止めにしたこと

ハ　第二第三のセンテンスに主格を入れたこと

であります。このうち、イの敬語に関しては後段に述べる機会がありますから、今は触れないことにしまして、ロとハについて、それが調子と云うものにいかに影響しているかを説明致します。

まず「ロ」のことから申しますと、日本語は支那《しな》語や欧洲語と違いまして、センテンスの最後へ来るものが、形容詞か、動詞か、助動詞であることに、ほとんど一定しております。稀には名詞止めもありますが、大概は以上の三つの品詞、分けても助動

詞が多く、従ってセンテンスの終りの音に変化が乏しいのであります。昔、終りの文字を「たりき」と書きたがる癖の学者先生があって、「たりき先生」と云う渾名《あだな》を取ったと申しますが、それでも文章体の方は相当に変化しますけれども、口語体になると、この欠点が特に著しい。大部分が「る」止めか、「た」止めか、「だ」止めでありますむ」、もっとも、「あろう」、「しょう」などの如く「う」で止める場合、「行く」、「休む」、「消す」などの如く現在止めで終る場合、「多い」「少い」「良い」「悪い」などの如く形容詞の「い」で止める場合、等々もありますけれども、そんな場合にも、「行くのである」、「休むのであった」、「多いのだ」、「少いのだ」、「良いのである」、「悪いのであった」と云う風に、「のである」や「のであった」や「のだ」を添えることが流行りますので、結局は「る」止めか「た」止めになってしまう。そう云う風に同一の音が繰り返されますと、どうしてもセンテンスの終りが際立ちます。就中《なかんずく》、「のである」止めと「た」止めとが最も耳につき易《やす》い。と云うのは、「のである」は終止を示すために特に重々しく附け加えた文字であり、また「た」と云う音は韻《ひびき》が強く、歯切れのよい音でありますから、当然そうなる。そこで、繋ぎ目をぼかすためには、なるべく無用な「のである」や「のであった」を附け加えないようにする。また、動詞で終る時は現在止めを用いて、「た」止めを避けるようにする。殊に、私の感じを申しますなら、「のである」は音がなだらかでありますから、それほどでもありませんが、「た」止めが分けて際立つのであります。

「ハ」の主格のことにつきましては、既にこの書の第百八十頁、及び百八十五、百八十六頁において論じました通り、元来日本文においては、無用な主格は省くべきものであり、英文法で云う意味の主格と云うものは存在しないのでありまして、しかもこの主格を省くと云う手段が、繋ぎ目をぼかすのに最も有効であることは、今の二つの訳文を対照されれば、直ちにお分りになるでありましょう。なおまた、第百八十六頁を開いて、雨月物語の文章を御覧になると、冒頭の「あふ坂の関守にゆるされてより」から「しばらく笻《つゑ》をとどむ。」までが一つのセンテンスでありますが、これにさえ主格がない。さてその次の「草枕《くさまくら》はるけき旅路の労《いたはり》にもあらで、観念修行の便《たより》せし庵《いほり》なりけり。」が、また一つのセンテンスでありますけれども、英文法の考えから云えば、かくの如きものはセンテンスの断片であって、それだけでは意味を成さない不完全な句であると云うでありましょう。なぜなら、このセンテンスには、「彼が笻をとどめた所は」と云う風な主格に代る長い句が、全部略されているからであります。しかしながら、もしもそう云う句を入れれば、この全文の流麗な調子が壊されてしまう。「行く行く讃岐《さぬき》の真尾坂《みをざか》の林といふにしばらく笻をとどむ。」と来て、「草枕はるけき旅路の――」と繫がるのが、いかにも自然であり、なだらかである。ましてこの場合は、「彼が笻をとどめた所は」と断るまでもなく、意味は充分に通じますので、強いてそれを入れるとすれば、文法上の辻褄《つじつま》を合わせるだけのことに過ぎない。されば、「文法に囚われるな」と申しましたのは、全くここのことでありまして、前の源氏物語の一節と云い、この雨月物語の叙述と云い、**畢竟《ひっきょう》かくの如き文章にはセンテンスの切れ目がない、全体が一つの連続したものである**と考えるのが至当であります。それを、西洋流の文法の頭で幾つかのセンテンスに分けようとすれば、いろいろの主格を補わなければなりませんが、日本文ではさような形式を整えるに及ばぬ。つまり、前者では源氏の君、後者では西行法師が**事実上の主人公**であって、それ以外に、主格と云うものがないのであります。

以上で流麗な調子と云うものを、技巧の上から大略説明いたしましたが、正直のところ、この説明がさほど実際の役に立つとは信じられません。なぜなら、前にも申しましたように、これは専《もっぱ》ら天稟《てんぴん》の体質に依るのでありまして、技巧は末のことだからであります。仮りに皆さんが、技巧を悉《ことごと》く会得《えとく》されたとしましても、天性この調子に適しない人であったら、決してなだらかな流露感が文章の上に出るはずはない。字面はなだらかに見えましても、小手先の模倣に過ぎないものは、何となく全体に気が抜けていて、真に生きた血が通っていない。それに反して、生れつきそう云う体質の人は、書こうとするものが最初から一種のリズムを以て頭に浮かんで来ますので、技巧的には思いの外無頓着であったり、ゴツゴツした文字や、語呂《ごろ》の悪い音を使ってあったりしましても、不思議にそう云う文字や音が耳につかないで、すらすらとした淀《よど》みのない律動が読者に伝わる。時には、それが、云うべからざる生理的快感をさえ与えるのであります。

なお、現代では泉鏡花氏、里見弴氏、宇野浩二氏、佐藤春夫氏等がほぼこれに近い作家かと思いますから、これらの諸家の作品をお読みになれば、私の云う「調子」の意味が一層よくお分りになるでありましょう。とにかく、昔は文章を褒めますのに流《りゅう》暢《ちょう》だとか流麗だとか云う形容詞を常套《じょうとう》的に用いましたくらいで、なだらかに読めると云うことを第一の条件に数えましたが、今はカッキリとした、鮮明な表現を喜びます結果、そう云う書き方は流行後れの気味であります。けれどもひそかに思いますのに、**これこそ最も日本文の特長を発揮した文体**でありますから、願わくはこれを今少し復活させたいものであります。

二　簡潔な調子

これは総《す》べての点において、「一」と正反対の特色を持つものであります。この調子の文章を書く人は、一語一語の印象が鮮明に浮かび上ることを欲します。従ってセンテンスの切れ目切れ目も、力強く一歩一歩を踏みしめて行くように、はっきり際立たせて書きます。ですからなだらかな感じはありませんが、流れが一定の拍子を以て反復されるところに一種剛健なリズムがある。「一」が源氏物語派であり、和文調であるとすれば、これは非源氏物語派であり、漢文調であります。そうしてそのリズムの美しさも、漢文のそれと相通ずるものがあります。

幸いにして、この調子の文章には志賀直哉氏の作品と云う見事なお手本がありますから、それらを繰り返し玩味《がんみ》されるのが近道でありますが、氏の文章における最も異常な点を申しますと、それを刷ってある活字面《づら》が実に鮮かに見えることであります。と云っても、勿論志賀氏のものに限り特別な活字がある訳はない。単行本でも雑誌に載るのでも普通の活字で刷ってあるのに違いありませんが、それでいて、何か非常にキレイに見えます。そこの部分だけ、活字が大きく、地紙が白く、冴え冴えと眼に這《は》入《い》ります。これは不思議でありますが、なぜそう云う感じを起させるかと云うと、作者の言葉の選び方、文字の嵌め込み方に慎重な注意が払われていて、一字も疎《おろそ》かに措《お》かれていない結果であります。そのために心なき活字までが自然とその気魄《きはく》を伝えて、あたかも書家が楷書《かいしょ》の文字を、濃い墨で、太い筆で、一点一劃《いっかく》いやしくもせずに、力を籠《こ》めて書いたかのように、グッと読者に迫るのであります。

文章も、こう云う域に達するのは容易でありません。大概な人の書いたものは、印刷物にしてみても活字が宙にふわついていて、じきに動きそうに見えますが、志賀氏の使う文字は、活字になっても根を据えたようにシッカリと、深く見えます。さればと云って、特に人目を驚かすような変った文字や熟語が使ってあるのではありません。志賀氏は多くの作者の中でも派手な言葉やむずかしい漢字を使うことを好まず、用語は地味で質実であります。ただその文章の要領は、叙述を出来るだけ引き締め、字数を出来るだけ減らし、普通の人が十行二十行を費す内容を五行六行に圧縮する、そうして形容詞なども、最も平凡で、最も分り易くて、最もその場に当て篏まるもの一つだけを選ぶ、ことであります。こうすると、一字一字へ非常な重みが加わって来、同じ一箇の活字でありながら、その中に二箇三箇の値《あたい》を含み、全く違った活字のように浮かび上って来るのであります。

が、申すまでもなく、これは口で云うようにわけなく出来る仕事ではないのであります。まず練習の方法としては、只今述べた方針に従って能《あた》う限り圧縮した文章を作ってみる。しかし最初は、少しの無駄もないようなものが一度で書けるはずはないので、読んでみると無駄が眼につく。で、その無駄を削っては読み返し、削っては読み返しして、削れるだけ削る。そのためにはセンテンスの構造や言葉の順序を取り変えたり、全然用語を改めたりする必要も起る。この書の第百三十三頁に引用してある「城《き》の崎《さき》にて」の一節を以て説明しますと、あれの終りの方に、

他の蜂が皆巣に入つて仕舞つた日暮、冷たい瓦《かはら》の上に一つ残つた死骸《しがい》を見る事は淋しかつた。

とありますが、初心の者にはなかなかこうは引き締められない。

日が暮れると、他の蜂は皆巣に入って仕舞って、その死骸だけが冷たい瓦の上に一つ残って居たが、それを見ると淋しかった。

と云う風になりたがる。それを、もうこれ以上圧縮出来ないと云う所まで引き締めて、ようやく前のようなセンテンスになるのであります。

それから、この「城の崎にて」を御覧になっても分る通り、簡潔な調子の文章は、歯切をよくし、センテンスとセンテンスの境界を明確にしなければなりませんから、なるべく「た」止めを用いるのでありますが、時には引き締まった感じを出すために、現在止めを用いるのもよい。が、「のである」「のであった」、――殊に「のである」は間伸びがしますから、これは避けるようにします。なおまた、

それは三日程その儘《まま》になつてゐた。それは見てゐて如何にも静かな感じを与へた。

淋しかつた。……然しそれは如何にも静かだつた。

の如く、「それは」と云うような言葉を設けて、センテンスの初めを強める手段を取ります。

読者は或は、この場合の「それは」が英文法の主格と同じ働きをしているために、こう云う文章を英文臭いと感じられるかも知れませんが、作者が文法に縛られて無用な文字を置くような人でないことは、「淋しかつた。」の一句を以て一文を成しているのでも明らか（第百二十四頁参照）でありまして、この「それは」はそんなことよりも、私が第百五十六頁において解説した如く、専ら調子を張る目的で用いられた繰り返し、即《すなわ》ち「た」止めの「た」と同じ役目をしているものと見るべきでありましょう。一体、簡潔な美しさと云うものは、その反面に含蓄がなければなりません。単に短かい文章を積み重ねるだけでなく、それらのセンテンスの孰れを取っても、それが十倍にも二十倍にも伸び得るほど、中味がぎっしり詰まっていなければなりません。もしそうでなく、間伸びのした内容をただポキリポキリと短かく切って、「た」止めのセンテンスにして綴《つづ》ったとしますと、なるほど拍子の感じだけは出るでありましょうが、そう云う場合にはそれが却《かえ》って軽薄に聞えて来ます。どっしりとした、力強い足音でなく、ピョイピョイ跳ねている足音になります。ですから、この調子の文章においては東洋的な寡言《かげん》と簡潔とが「一」の文体よりも更に大いに要求されるわけでありまして、かたがた孰れの場合にも西洋流のおしゃべりは禁物であります。志賀氏の作品に徴しましても、その物を見る感覚には近代人の繊細さがあり、西洋思想の影響があることは否《いな》めませんが、その書き方は東洋的でありまして、漢文の持つ堅さと、厚みと、充実味とを、口語体に移したと云ってもよいのであります。

三　冷静な調子

文章の調子に現われる作者の気質を大別しますと、源氏物語派即ち流麗派、非源氏物語派即ち簡潔派となるのでありまして、細別すればまだ幾つにも派生しますけれども、要するにこの二つのを出でないと思います。が、なおこの外に考えれば冷静な調子と云うものがあります。

これは、云い換えれば**調子のない文章**であります。大概な人の書く文章には、流麗なもの、簡潔なもの、その他善かれ悪《あ》しかれ、何かしら**言葉の流れ**が感じられますが、時には流れの停まっている文章を書く人がある。そう云うものは、形態の上では「一」に近かったり、「二」に近かったり、まちまちでありますから、初心の者にはちょっと分りかねましょうけれども、よく読んでみると、全然**流露感**のないことが分る。ちょうど絵に画《か》いた渓川《たにがわ》の如きもので、流れる形はしているけれども、その形のままで停まっている。しかし流露感がないからと云って必ずしも悪文とは限りません。**流れの停滞した名文**と云うものもあります。そうして、その最も傑《すぐ》れたものになると、淵《ふち》に湛《たた》えられた清冽《せいれつ》な水がじっと一箇所に澱《よど》んだまま、鏡のような静かな面に万象の姿をありありと映しているが如く、書いてあることが一目瞭然としているので、読者の頭の中までがキチンと整理されたようになります。

大体において、調子のない文章を書くのは学者肌の人に多い。たとえば昔擬古文と云うものが流行った時代に、国学者等が和文を作ると、よくそう云うものが出来た。学者は文法だの、言葉使いだの、修辞上の技巧だのをいろいろ知っていますから、流麗調、簡潔調、時に応じて孰方《どちら》でも書ける。そうして、見たところ文体も整っていて、どこにも批難すべき点はないのでありますが、読んでみると肝腎の流露感がない。全体の調子が死んでいて、つまり絵に画いた渓川になっている。そう云うのは悪い方の例でありますが、善い方の例、あの淵の水に譬《たと》えたような名文を書く人も学者に多い。それはそのはずで、学者は客観的に物事を眺め、明晰《めいせき》な頭脳に照らして判断する、情熱よりは精神の平衡と冷静とが要求される、故《ゆえ》に自然と書くものまでがそうなるのでありまして、やはり体質の問題であります。

かつて何かの本で読みましたのに、有名な独逸《ドイツ》の哲学者カントの文章は乾燥した輝きを帯びているそうでありますが、それは恐らくここに云うような文章を指すのでありましょう。いや、カントのみならず、偉大な哲学者の文章は必然的にそうならなければなりますまい。で、この派の名文家の筆にかかると、世の中の動く姿が、戦争でも、爆発でも、噴火でも、地震でも、悉く粛然たる静止状態となって再現される。どんなゴタゴタした、騒々しい動相でも、混雑を去り、音響を去って、秩序正しく、彫刻の石像のように寂然と描き出される。芸術家でも学者肌な人の作品はそう云う傾きがありまして、「漾虚集《ようきよ》」時代の漱石のもの、「薤露行《かいろこう》」「倫敦塔《ロンドン》」の如きものは、その標本であります。鷗外も、前に私はこの人を非源氏物語派に加えましたが、一概に簡潔派であるとも云えない。どちらかと云えば冷静派の方に属していると思われます。第百九十二頁に示した「即興詩人」の一節を見ましても、やはりそう云う感じがしますが、「阿部一族」や「高瀬舟」や「山椒大夫《さんしょうだゆう》」や「雁《がん》」などと云う小説をお読みになれば、一層このことがはっきりするでありましょう。

これで調子の分類は大略終ったのでありますが、心づいた点を今少し補足いたしますと、「一」の流麗な調子の変態として、

四　飄逸《ひょういつ》な調子

と云うものがあります。これは南方熊楠《みなかたくまぐす》氏の随筆や三宅雪嶺《みやけせつれい》氏の論文の文章が最もそ

れに近い。小説家では適当な例を思い出せませんが、武者小路実篤《むしやのこうじさねあつ》氏の或《あ》る時期のもの、佐藤春夫氏の「小妖精伝」の如きものが、ややその趣を備えているかと信じます。

この調子は流麗調の変化したものではありますけれども、その名の如く飄々《ひょうひょう》として捕えどころのないものでありますから、技巧の上からは説明のしようがありません。とにかく、これを書くには一切の物慾があってはいけない。名文を書いてやろうなどと云う、野心のあることが何よりも宜《よろ》しくない。また、世道人心を益しようとか、社会の害悪を除こうとか、そう云う一切の娑婆《しゃば》ッ気《け》を絶たなければならない。要するに、張り詰めたり、力み返ったり、意気込んだりすることは禁物でありまして、何らの気《き》魄《はく》もなしに、横着に、やりッ放しに、仙人のような心持で書くのである。ですからこれは、教えて教えられるものではありません。その心境にさえ達すれば、どんな書き方をしましても自《おの》ら《ずか》この調子が出るのでありますから、そうなりたければ、禅の修行でもされるのが近道でありましょう。

ただ、これこそ本当に東洋人の持ち味でありまして、西洋の文豪でそう云う風格を備えているものは、ほとんど一人もないと申して差支えありますまい。

また、「二二」の簡潔な調子の一変化として、

五　ゴツゴツした調子

のものがあります。これは、不用意に読むと悪文だと云う感じを受ける。事実、悪文と云ってもよいのでありますが、本来の悪文と異るところは、それを作る人が流麗な調子や簡潔な調子をことさらに避けて、わざとゴツゴツと歩きにくい凸凹道《でこぼこみち》のような文章を作る。ですからこの人は、音調の美が分らないのではない。彼はそれを理解する感覚を持っているのですが、或る目的があって故意に読みづらいように書く。と云うのは、あまり流暢にすらすらと書くと、読者はその調子に釣られて一気に読んでしまい、一語一語に深く意を留めない恐れがある。軽舟に乗ってなだらかな渓流を馳《は》せ下るようなもので、馳せ下ることそれ自身が一つの快感ではありますけれども、両岸の景色、山や、森や、立ち樹《き》や、丘陵や、村落や、田園等はどんな姿をしていたか。通った後で考えてみると、応接に暇《いとま》がなかったために何も記憶に残っていない。七五調の文章の如きは最もこの弊に堕したものでありまして、馬琴《ばきん》の小説などがそうでありますが、あれを読むと、調子ばかりで内容は空疎《くうそ》に思われる。されば近松門左衛門は浄瑠璃《じょうるり》作家でありながら、七五調はあまりなだらかに過ぎるから避けた方がよいと云うことを、「難波土産《なにわみやげ》」の中で述べております。簡潔派の作家はこう云う理由で流麗派の文章を嫌うのでありますが、ゴツゴツ派の作家は、簡潔派の文章でもなお流暢に過ぎると思うのであります。なるほど、流暢派に比べれば、簡潔派の書き方はそうすらすらとは運んでいない。要所要所で流れを堰《せ》き止めて、両岸の景物をはっきりと旅人に印象させる。が、それでもやはり流れそのものに快感がある。なだらかではないが、一丁、二丁の距離を置いて、ドッと奔湍《ほんたん》が岩にぶつかり、旅人はその水勢の爽《さわ》やかなのに恍惚《こうこつ》として、ややともすれば陸地の観察をおろそかにする。そこで、もっとよく陸地を見て貰《もら》うには全然流れの快感を与えないのが一番よいと、こうゴツゴツ派は考えるのであります。

ですからこの派の人々は、努めてリズムを不愛想に、不愉快にします。少し進みかけたと思うと、すぐ彼方《あちら》へ打《ぶ》つかり此方《こちら》へ打つかりするように書きます。読者は至る所で石を踏んだり、穴ぼこに落ちたり、木の根に蹴《け》つまずいたり、しなければならない。けれどもそうして進行を阻《はば》まれるために、その穴ぼこや石や木の根に忘れられない印象を受けます。故にこの書き方は、「三」の冷静派のように調子がないのではありません。もともと調子と云うものに鋭敏である結果、却って調子を殺しているのでありますから、そこに「ゴツゴツした調子」と云う、或るブッキラボウな、味のある調子が出ます。この目的を達するためには、リズム、即ち音楽的要素をゴツゴツさせるばかりではない。視覚的要素、文字の使い方も、わざと片仮名にしてみたり、変な宛《あ》て字《じ》を篏《は》めてみたり、仮名使いを違えてみたりして、字面《じづら》を蕪雑《ぶざつ》にすると云う手段も取ります。されば一見頭の悪い人間の書いた拙劣な文章に似ていますが、それでもそれだけの用意があって書く悪文には、**悪文の魅力**とでも云うべきものがあって、読者を惹《ひ》き着けるのであります。

右のように申しますと、いかにも小刀細工を弄《ろう》した、技巧的なもののように思われますが、これも実は体質のする業《わざ》でありまして、当人はそんな技巧にかかずらわっているのではなく、むしろ自然に書けるのであります。それで、私などが、ときどき自分の文章の型を破ろうとして調子を外してみますけれども、妙にいじけた、中途半端なものが出来てしまい、思い切った悪文になり切れず、況《いわ》んや魅力などは出ないのでありまして、目下のところ、天成のゴツゴツ派は滝井折柴《せっさい》氏一人あるのみでありましょう。

もはやこれ以上細別するにも及ぶまいと思いますから、このくらいにして止《や》めますが、ただお断りして置きますのは、総べての作家が判然とこの五種類の孰れかに属していると云うわけではありません。体質と云うものは生れつきでもありますが、その人の境遇、年齢、健康状態等に依って、後天的にも変化します。ですから、若い時代には流麗派であったが、年を取ってから簡潔派になったり、或はその逆であったり、いろいろであります。しかし実際には、そう純粋に一方へ属している作家は少いのでありまして、或は流麗調三分に簡潔調七分、或は冷静調五分に簡潔調五分と云った工合に交り気がある。また、幸田露伴《ろはん》氏の如きは鷗外に劣らぬ学者でありながら、その調子は冷静でなく、むしろ情熱的であって、流麗と簡潔とを兼ねているのであります。

純粋なのは、その生一本で清澄《せいちょう》な所を取るべく、交り気のあるのは、その多角的で変化に富む所を取るべく、それぞれ美点がありますから、一概に孰れがよいとは申し切れません。しかしながら、私はゲーテの作品を原文で読んだことはありませんが、英訳や日本訳によって受けた印象を申しますと、同じ一つの文章が、視角を変えるごとに、或る時は流麗調の如く、或る時は簡潔調の如く、また或る時は冷静調の如くに感ぜられる。そうしてその三つの長所を、おのおの十分ずつ、完全に具備しているように見える。かくの如きは稀《まれ》な名文でありまして、その天分の豊かなことを語っているものでありましょう。

○ 文体について

文体とは、文章の形態、もしくは姿と云うことでありますが、実を申しますと、既に私は前の「調子」の項において、ほぼこのことを説き尽しております。なぜなら、調子と云い、文体と云いましても、同一のものを違った方面から眺めただけのことでありまして、実質に変りはありません。或る文章の書き方を、言葉の流れと見て、その流露感の方から論ずれば調子と云いますが、流れを一つの状態と見れば、それがそのまま文体となります。ですから、流麗調、簡潔調、冷静調等を、それぞれ流麗体、簡潔体、冷静体と呼ぶことも出来ます。

しかし、物を測るにはいろいろな物差があります。一つの反物を裁つのにも、鯨尺に依《よ》って裁つことも出来れば、メートル法に依って裁つことも出来る。文体を分つのにも、調子を標準にして分つことも出来ますが、様式を標準にして、文章体、口語体、或は和文体、和漢混交体、と云う風にも分けられる。そうして、従来「文体」と申しましたら、この様式上の分け方を意味するのが普通でありました。

そこで、この分け方に従いますと、今日一般に行われている文体は、ただ一種、即ち口語体だけしかありません。明治の中葉頃までは口語体に文章体を加味した**雅俗折衷体**と云うものが、小説の文章に応用されたことがありましたけれども、現在ではそれも亡《ほろ》びてしまったのであります。

ですから、強いて分類するとなれば、この口語体と云うものを更に幾通りかに細別

するのでありますが、仮りに私は、

一　講義体

二　兵語体

三　口上体

四　会話体

の四種類に分けてみたのであります。

全体、われわれは今日行われている文体を口語体とか言文一致体とか申しておりますが、厳密に云えば決して口でしゃべる通りを文字にしてはおりません。文章体に比べれば、勿論《もちろん》大いに口語に近づいておりますけれども、なお実際の口語との間には相当の隔たりがあるのでありまして、やはり一種の文章体と見なすことが出来ます。されば私の分類法は、実際の口語との隔たり加減を目安にしたのでありまして、名前の附け方が穏当でないかも知れませんが、他に適当な名が浮かびませんので、一応こう呼んで置くのであります。

一　講義体

これは、実際の口語には最も遠く、従って文章体に最も近い文体であります。

今、

彼は毎日学校へ通ふ。

と云う文章を、口語文に訳すとしまして、もし講義体を用いれば、かくの如《ごと》き現在形の単純な文章においては全然文章体と同じく、

彼は毎日学校へ通う。

となります。次に過去の形、

彼は毎日学校へ通ひたりき。

を直しますと、

彼は毎日学校へ通った。

となります。次に未来の形、

彼は毎日学校へ通ふらん。

を直すと、

彼は毎日学校へ通うであろう。

となる。また、

彼は賢し。

彼は賢かりき。

の如き形容詞止めの文章でありますと、

彼は賢い。

彼は賢かった。

と云う風になります。

これが講義体の最も単純な形でありますが、しかし実際には、センテンスの終りを強める目的から、これに「のである」「のであった」「のだ」「だった」等を附け加えて、
彼は毎日学校へ通うのである。

――のであった。

――通ったのである。

――ったのであった。

――通うのだ。

――のだった。

彼は賢いのである。

――のであった。

――賢かったのである。

――のであった。

と云う風にすることが多い。

われわれは日常個人を相手にして話す時には、こう云う云い方は使いません。が、大勢の聴衆を前にしてしゃべる時、殊《こと》に、教師が教壇に立って講義する場合には、これを使うのが普通でありまして、いくらか儀式張った感じを伴うのであります。

元来、文章は個人を相手にする場合よりは公衆を相手にする場合の方が多いのでありますから、この講義体を用いるのが自然でありまして、今日一般に普及している口語文なるものは、その大部分がこれであります。されば講義体即ち現代文であると申しても差支えなく、紅葉露伴以後、明治大正期における諸文豪の散文文学は、ほとんど悉《ことごと》くこの文体で綴られているのであります。

二　兵語体

これは「である」「であった」の代りに、「であります」「でありました」を加えるものであります。これの最も単純な形は、

彼は学校へ通います。

――通いました。

彼は賢くあります。

と云う風になりますが、またそうしないで、講義体の「のである」「のであった」を

そのまま「あります」「ありました」に改めて、

通うのであります。

通ったのでありました。

賢いのでありました。

と云う風にもする。

この云い方は、軍隊において兵士が上官に物を云う時に用いられており、儀式張った感じもしないではありませんが、礼儀深い、慇懃《いんぎん》な心持が籠《こも》っております。ですから講義体よりも優しみや親しみがありますので、それほど広く行き渡ってはおりませんけれども、なお相当に実用化されておりまして、中里介山氏の「大菩薩峠《だいぼさつとうげ》」、それから現に私のこの読本の文体などがそうであります。

三　口上体

これは「あります」「ありました」の代りに「ございます」「ございました」を使うもので、兵語体より一層丁寧な云い方になります。

この云い方は、主として都会人が改まった席へ出て口上を述べ、挨拶《あいさつ》を交す時に、今もよく用いられております。そうして馬鹿《ばか》丁寧な人になりますと、講義体に「ございます」を加えて、通うのでございます。

通ったのでございました。

と云うだけでは満足せず、兵語体の上につけ加えて、

通いますのでございます。

通いましたのでございました。

と云い、もっと極端なのは、「ございますのでございます」と云うように申します。これはあまり廻りくどく、長たらしくなりますので、久保田万太郎氏が一度使ったことがあるかと思いますが、よほど特異な作家でない限り、そう行われておりません。

しかしながら、廻りくどいのは口上体ばかりでなく、講義体も兵語体も、皆幾分かその弊があると申してよい。なぜなら、「ある」「あった」で済むところを「あるのである」「あるのであった」「あったのであった」「あるのでありました」「ありましたのであります」などと書きたがる癖がつきますと、そうしなければ落ち着きが取れないような気がして来ますので、知らず識《し》らず長たらしくなりがちであります。のみならず、以上の三つの文体は、センテンスの終りに「る」、「た」、「だ」、「す」等の音が繰り返される場合が多いので、都合のよいこともありますけれども、文章体に比べますと、形が極まりきってしまって、変化に乏しい欠点があります。そこで、さような窮

窟な云い方や切り口上を使わずに、いっそ口でしゃべる通りに、自由に書いたらどうかと云うのが、

四　会話体

でありまして、これこそ**本当の口語文**と云うべきものであります。

事実、皆さんが平素話をされる時には、センテンスの終りにもっと音の変化があります。たとえば、「彼は毎日学校へ通う。」とそうキッチリとは云い切らない。「通っているさ」とか、「通うんでね」とか、「通いますよ」とか、「通うんだからなあ」とか、いろいろの音が後に附きます。また婦人でありますと、「通うわ」とか、「通うわよ」とか、「通いますの」とか、「通いますのよ」とか、云う風に云いますが、これらの「さ」、「ね」、「よ」、「なあ」、「わ」、「わよ」、「の」、「のよ」の類は、決して無意味に附け加えられた音ではありません。やはり語尾を強めたり、弱めたり、その他、皮肉や、愛嬌《あいきょう》や、諷刺《ふうし》や、反語や、それとはっきり現わすことを欲しないところの微妙な心持を伝えています。前に私は、口で話される場合には、その人の声音《こわね》とか、言葉と言葉の間《ま》とか、眼つき、顔つき、身振、手真似《てまね》などが這入《はい》って来ますのに、文章にはそう云う要素がないと申しましたが、唯今《ただいま》の**これらの音は**、その文章にない要素を補って、**多少書いた人の声音とか眼つきとか云うものを、想像させる役をしておりま**

す。恐らく皆さんは、「通うんだからね」と書いてあれば男の声を想像し、「通いますのよ」と書いてあれば女の声を想像するでありましょう。かく考えて参りますと、これらの音に依って、作者の性を区別することさえ出来るのであります。

この、**男の話す言葉と女の話す言葉と違うと云うことは、ひとり日本の口語のみが有する長所**でありまして、多分日本以外のどこの国語にも類例がないでありましょう。たとえば英語で、

He is going to school every day.
（彼は毎日学校へ通う。）

と云う言葉を肉声で聞けば、話している人が男か女か分りますけれども、文字で読んでは男の書いたものか女の書いたものか分りません。然《しか》るに日本語で、会話体を以《もっ》て書いたら、立派に区別が附くように書けるのであります。

またこの文体は、特に「会話体」と云う別な様式があるのではなくて、講義体、兵語体、口上体を、いろいろに交ぜて使うのである。それから、センテンスが中途でポツンと切れていたり、或は中途から始まったりしていても構わない。従って、名詞止めも出来れば副詞止めも出来、最後に来る品詞が種々雑多である。今、これらの特長をもう一度数えますと、

イ　云い廻しが自由であること
ロ　センテンスの終りの音に変化があること
ハ　実際にその人の語勢を感じ、微妙な心持や表情を想像し得られること
ニ　作者の性の区別がつくこと

であります。

思うに、「文章は口でしゃべる通りに書け」と云った佐藤春夫氏の言葉は、これらの長所に気づいた結果でありましょうが、それにも自《おのずか》ら程度のあることで、実際にしゃべる通りを書いたら、不必要な重複や、粗野な用語や、語脈の混乱や、その他いろいろの無駄や不都合の多いことは、議会の速記録等を読みましても明瞭《めいりょう》であります。しかし私は、講義体や兵語体の不自由さを考えますと、何とかして会話体の自由な云い方を、今少し現代文に適用する道はないかと思うのであります。しかもこの文体は、一般の文章には用いられておりませんが、私信、即ち書簡文には往々見かけるのでありまして、女学生同士の手紙などには、最も多いようであります。また、講談や落語の筆記には、当然用いられております。ですから、そう云うものを参考にして、追い追い応用の範囲と方法とを研究し、小説は勿論、論文や感想文などにも使ってみることは、あながち無益な試みではないでありましょう。

今日、われわれは音読の習慣を失ってしまいましたけれども、しかし全然声と云うものを想像しないで読むことは出来ない。人々は心の中で声を出し、そうしてその声を心の耳に聴きながら読むのであることは、既に第百四十九頁において述べた通りでありますが、**然らば男女孰《いず》れの声を想像しながら読むか**と申しますと、女子の読者は知らず、**われわれ男子が読みます時は、男子の声（多くの場合自分の声）を想像する**のでありまして、それを書いた人の性の如何《いかん》を問わないのであります。が、もし総《す》べての文章に作者の性が現われたとしましたならば如何でありましょう。**定めしわれわれは、男の書いたものは男の声、女の書いたものは女の声を聴きながら読む**のではありますまいか。**それを考えましただけでも、会話体を応用すると云うことはなかなか意義が深いのであります。**

○　体裁について

ここに**体裁と申しますのは、文章の視覚的要素の一切を指す**のでありまして、それを分類いたしますと、

イ　振り仮名、及び送り仮名の問題

ロ　漢字及び仮名の宛《あ》て方

ハ　活字の形態の問題

ニ　句読点

等になります。

私は第百四十五頁において、言葉と云うものは不完全なものであるから、われわれは読者の眼と耳とに訴えるあらゆる要素を利用して、表現の不足を補って差支えない、と申しました。また第百四十六、百四十七頁において、字面と云うものは善かれ悪《あ》しかれ必ず内容に影響する、我が国の如く形象文字と音標文字とを混用する場合において殊に然りであるから、その影響を、その文章が書かれた目的と合致させるように考慮するのが当然である、とも申しました。ですから体裁と申しましても、実は内容の一部と見なしてもよいわけでありまして、決してゆるがせには出来ないのであります。

イ　振り仮名、及び送り仮名の問題

かつて故芥川龍之介氏は、「読者に一番親切なやり方は、全部に振り仮名を附けることだ」と申しましたが、いかにも一応はもっともの意見でありまして、読者に親切なばかりでなく、そうした方が作者に取っても一番迷惑が少いのであります。

たとえば私の小説の標題に「二人の稚児」と申すのがありまして、これを私は「フ

タリノチゴ」と読んで貰《もら》いたいのでありますが、相当教育のある人が「ニニンノチゴ」と読んだことがありました。こう云《い》う間違いは、作者が聞くとあまり好い気持はしないものでありますが、しかもわれわれの口語文においては常に頻々と起るのでであります。現に今、私は「好い気持」と書きましたけれども、これすら或る人は「ヨイキモチ」と読み、或る人は「イイキモチ」と読むでありましょう。そうして甚だ厄介なことには、むずかしい文字よりもやさしい文字の方が却《かえ》って間違えられるのでありまして、むずかしい文字はほぼ読み方も一定しており、分らなければ字引を引く気にもなりましょうし、読者の方で注意してくれますけれども、やさしい文字は、作者も油断をして振り仮名を怠りますし、字引を引いてもいろいろな読み方があったりします。手近な例は「家」でありますが、これを「イエ」と読むべきか「ウチ」と読むべきかは、振り仮名がない限り、大概の場合は分らないのであります。また「矢張」を「ヤハリ」と読むか「ヤッパリ」と読むか、「己一人」を「オレヒトリ」と読むか「オノレヒトリ」と読むか「オノレイチニン」と読むか、「如何」を「イカガ」と読むか「イカン」と読むか「ドウ」と読むか、「何時」を「ナンドキ」と読むか「イツ」と読むか、これらは孰れにも読めるのでありますから、作者の注文通りに読んでくれませんでも間違いとは云えませんし、また教育のあるなしに関係はありません。ところが高級な文芸作品におきましては、これらの何でもない文字の読み方の適不適が、時としてその文章の調子や気分に重大な影響を及ぼすのでありますから、作者としては神経質にならざるを得ません。で、そう云う点から考えますと、全部に振り仮名を打つことが安全な策だと云えるのであります。

しかし、ここに字面の問題が起って来るのでありまして、**総振り仮名**を打ちますと、活字面の美しさが与える快感を、大半以上犠牲にしなければなりません。それと云うのが、大体今日の新聞雑誌等に用いられている活字の大きさは、欧文ならばとにかく、漢字を多く使う国文においては、無理であります。あのように小さくては、上質の紙へ新鋳の活字を以て鮮明に印刷しない限り、字劃《じかく》の細かい文字などは、少しインキが濃すぎても薄すぎても劃が分らなくなりますから、判読することは出来るとしましても、字面が醜くなりがちでありまして、漢字の魅力を味わうことなどは思いも寄りません。この傾向は近頃いよいよ激しくなりつつありまして、明治時代には五号活字で今よりは粗く組みましたけれども、昨今はポイントと云う、もっと線の細い、型の小さい活字を使う。また新聞紙は段数を殖やし、字詰を詰める関係から、特別に寸の短かい活字を鋳《い》る。で、それでなくてさえ字面が薄汚く見えますのに、それらの活字の側へ、更に一層小さい文字で仮名を振りましたら、ややともすると真黒なお団子が出来てしまう。ですから今日では、通俗なるべき新聞紙でもその醜悪と手数とに耐えかねて、よほど振り仮名の数を制限するようになっております。

単行本は定期出版物よりも概して印刷が鮮明であり、字面が綺麗《きれい》でありますから、或種の文芸作品、たとえば泉鏡花氏、宇野浩二氏、里見弴氏等の流麗調の文章には、総振り仮名を用いるのも妨げないでありましょう。なぜなら、この派の文章は一字一字がはっきりすることを必要としない、それより全体をなだらかに読んで貰うことを欲しますから、読者がむずかしい文字に行き当って停滞しないように、その読み方を示して置くのも一つの手段だからであります。のみならず、振り仮名は幾らか漢字の固さを和らげ、平仮名との続き工合をぼかす役目をもするのであります。が、これに反して簡潔調の文章には、振り仮名の持つそれらの効果が直ちに非常な害を与えるのでありまして、この場合には、何よりも字面が清澄《せいちょう》であることを欲し、必要な文字以外の部分は地紙が白々と冴《さ》えていなければなりませんので、活字の周囲に黒いシミなどが一つでもあっては、面白くありません。また、読者がむずかしい文字に行き当って停滞することは一向差支えなく、むしろその方が印象を深めるわけであります。このことは冷静調においても同様でありますが、これはもともと理智的な文章でありますから、簡潔調よりも一層字面の清澄と透明とを要するのでありまして、もし漱石の

「薤露《かいろ》行《こう》」の如きものを総振り仮名附きの醜い印刷で刷ったとしましたら、その芸術的価値は半減するでありましょう。

印刷工の方では振り仮名のことを**ルビ**と呼んでおりまして、総振り仮名附きを**総ルビ附き**、またところどころへまばらに振るのを**パラルビ**と申すのでありますが、現代の文芸作品に最も多く行われておりますのは、このパラルビの方法であります。けれどもこれも、いかなる文字にルビを振り、いかなる文字を略すべきか、その標準を定めることが思いの外困難であります。なぜなら、前にも申しましたように、むずかしい文字よりはやさしい文字の方が始末に悪く、往々作者の予期しない所に読み違いが起るからであります。かつて私は一つの方針を立てまして、辞引を引けば分る文字にはルビを施さないことにし、先に申しました「家」、「如何」、「何時」、「己」、「一人」、「二人」の如き類にだけ施すようにしたことがありました。ですがこれにも不都合があると云うのは、仮りに「家」と云う字に「イエ」と振ったとしましても、これは作者が、いつでも「家」を「イエ」と読むことを欲しているのではありません。同じ作品の中においても、或る所では「イエ」と読み、或る所では「ウチ」と読んで貰いたいのでありますから、「イエ」と読むべき場合、「ウチ」と読むべき場合を区別するためには、「家」と云う字へ悉くルビを振らなければなりません。しかもそう云う必要のある文字が幾種類も出て来るのでありますから、それらの総べてへルビを振ることになりましたら、これも随分面倒であり、その上不体裁でもあります。

そこで、振り仮名は孰れにしましても好もしいものではありませんから、真に已《や》むを得ざる場合の外は施さないことに致しますと、ここに新たなる難問題が発生するのでありますが、その第一は**送り仮名**であります。

もし、芥川氏の説の如く全部に振り仮名を施しましたら、送り仮名は国文法で定められた仮名使いの規則に従い、動詞形容詞副詞等には語尾の変化する部分だけに附け加え、語尾の変化しない名詞等には全然附け加えずともよいわけであります。が、振り仮名を廃した場合には、文法にのみ頼るわけにも行かない事情が起って参ります。たとえば「コマカイ」と云う字は、

細い

と書くのが正しいのでありましょう。しかしそう書けば「ホソイ」と読まれる恐れがありますから、それを防ぐためには、

細かい

と書かなければなりません。しかしそうすると、それと統一を保つために「短い」「柔い」の如き場合にも「短かい」「柔かい」と書くべきである、と、そう考えるのが

自然であります。また「クルシイ」と云う文字は、

苦い

と書くべきでありましょうが、「ニガイ」と読まれるのを防ぐためには、

苦しい

と書かなければならぬ。「酷《むご》い」も「ヒドイ」と読まれるのを防ぐためには、

酷ごい

と書く。「賢《かしこ》い」も「サカシイ」と読まれまいためには、

賢こい

と書く。するとまた、これらの形容詞と類似の語根を持つ形容詞には、同じように送り仮名をしなければ不揃《ふぞろ》いになる。ですが、それなら総べての形容詞をそう云う風に、「長がい」「清よい」「明るい」と書いても差支えないことになり、結局書く人の気分本位になるのであります。

動詞とても同様でありまして、「アラワス」と云う字は「現す」が正しいのかも知れませんが、仮りに、

観音様がお姿を現して

と云う句があったとして、この「現して」を「アラワシテ」と読む人と、「ゲンジテ」

と読む人とがありましょう。さればそれを防ぐためには「現わして」と書く。また、「アワヲクラッテ」と云う文句を、

泡を食って

と書きましたならば、「アワヲクッテ」と読む人が多いでありましょう。ですからこれも

泡を食らって

と書く。そうすれば、「働らいて」「眠むって」「勤とめて」と云う風な送り仮名も成り立つことになり、これも銘々勝手次第になってしまいます。

かくの如く語根の音を送り仮名として附け加える必要のある場合は、動詞形容詞に限ったことではありません。名詞においてもしばしば起り得るのであります。私は「誤」と云う字を「アヤマチ」と読む人があるのを恐れて「誤り」と書くようにしておりましたが、やがて多くの動詞形の名詞にも送り仮名をする癖がついてしまいました。また、「後」と云う字は、「ノチ」とも「アト」とも「ウシロ」とも読まれますので、「ウシロ」と読んで貰いたい時には、今でも「後ろ」と書くのが常であります。また「先」と云う字を「セン」と読まないで「サキ」と読んで貰いたいために「先き」と書き、「サッキ」と読んで貰いたいために「先ッき」もしくは「先っき」と書

いたりいたしましたが、これはあまりに滑稽《こっけい》なので、近頃は仮名で書くことに改めております。しかしながら、これに似たような滑稽事は日常の雑誌新聞紙上に頻々と見受けられるのでありまして、その最も極端な例は、

少くない

と書いて、これに、

少《すくな》くない

とルビを振らずに

少《す》くない

と振る人がある。御丁寧に仮名を振ってまでかような誤りを犯すに至っては、物笑いの種でありますけれども、上述の事情を思い合わせますと、一概に笑うわけにも行かないのであります。

私は今、さしあたり心づいたほんの二三の不都合な点を数えただけでありますが、もし現代の口語文における送り仮名の乱脈と不統一とを調べ出しましたら、際限もないことでありましょう。さればさすがに芥川氏の総ルビ説の卓見であったことを感じるのでありますが、なおこの問題に、**漢字の宛て方**の問題が絡《から》んで参りますと、一層煩《わずら》わしくなるのであります。

ロ　漢字及び仮名の宛て方

まず皆さんは、次のような字面《じづら》に二た通りの読み方があることを注意して御覧なさい。

生物　イキモノ　セイブツ
食物　クイモノ　ショクモツ
帰路　カエリミチ　キロ
振子　フリコ　シンシ
生花　イケバナ　セイカ
捕縄　トリナワ　ホジヨウ
往来　ユキキ　オウライ
出入　デイリ　シユツニユウ
生死　イキシニ　セイシ（ショウシ）
往復　ユキカエリ　オウフク

これらの字面は、振り仮名が施されていない限り、音で読むか訓で読むかは読者の心任せにするより外はありません。ですから、もし訓で読んで貰いたいと思えば、これらの名詞を構成しているそれぞれの動詞に送り仮名をして、

生き物
食い物
帰り路
振り子
生け花
捕り縄
往き来
出入り
生き死に
往き復り

と、こう書かなければなりません。で、従来私は、これはこう書く方がよい、即《すなわ》ち音で読む時は送り仮名をせず、訓で読む時は送り仮名をすることに極めてしまう、「生花」は必ず「セイカ」であって「イケバナ」と読んだら間違いであり、「出入」は必ず「シュツニュウ」であって「デイリ」と読んだら間違いであるとする、さように一定してしまえばこれらの字面の紛らわしさを避けることが出来る、と、そう考えたのでありましたが、ここにも面倒が生じますと云うのは、それなら

指物
死水
請負
振舞
抽出

等の如《ごと》き組み合わせはどう書いたらよいか。これらも

指し物
死に水
請け負い
振る舞い
抽き出し

と書かなかったら、「シブツ」「シスイ」「セイフ」「シンブ」「チュウシュツ」と読まれても仕方がなくはないか、と云うことになる。そこで徹底的にそう云う書き方を実行しようといたしますと、「股引《ももひ》き」「穿《は》き物」「踊り場」「球撞《たまつ》き」「年寄り」「子守り」「仕合い」などはよいとしまして、「場合い」「工合い」と云うような字面も生じて参り、論理的には筋が通っておりますけれども、これもあまり煩わしい。のみなら

ず、或る種の組み合わせ、「若年寄」「目附」「関守」「賄方《まかないかた》」の如きものは、その字面の中に過去の歴史や習慣や伝統を抱いておりますから、それらをどこまで除外例として扱ったらよいか、これも作者のその時の気持次第で標準がいろいろになり、到底統一させることは出来ないのであります。

なおまた、音にも訓にも関係がなく、ただ言葉の意味を酌《く》んで漢字を宛てたものが沢山ある。たとえば

寝衣（ネマキ）
浴衣（ユカタ）
塵芥（ゴミ）
心算（ツモリ）
姉妹（キョウダイ）
母子（オヤコ）
身長（セイ）
泥濘（ヌカルミ）
粗笨（ゾンザイ）

可笑しい（オカシイ）
怪しい（オカシイ）
五月蠅い（ウルサイ）
酷い（ヒドイ）
急遽に（ヤニワニ）
威嚇す（オドス）
強要る（ユスル）

のような書き方でありますが、これらは漢字の宛て方に一定の方針があるわけではなく、「五月蠅い」のように気紛れな思い付きの文字もあり、判じ物のようなものも少くありません。そうして、「寝衣」「浴衣」の如きものはほぼ一般化しておりますけれども、中には人に依っていろいろな字を宛てるのがある。「ゴミ」は「塵芥」とも書きますが、また「塵埃」とも書く。「ヤカマシイ」は「喧しい」とも、「矢釜しい」とも書く。「オドス」は「威嚇す」或は「嚇す」と書き、「ユスル」は「強要る」「強請る」「脅迫る」などとも書く。ところで、これらの文字のうち、送り仮名のある動詞形容詞は比較的間違いがなく読めますけれども、それでも「酷い」などは「ムゴイ」

と読まれます。また送り仮名のない字面は、「シンイ」「ヨクイ」「ジンカイ」「シンサン」「シマイ」「ボシ」「シンチョウ」「デイネイ」「ソホン」「キュウキョニ」と云う風に読まれましても、仕方がないのであります。

森鷗外は、こう云う問題についてはなかなか行き届いておりまして、彼の小説や戯曲を読みますと、漢字や仮名の用い方にいかに注意を払っているかが分るのでありますが、これはあながち、この作家が博学のせいであるとばかりは申せません。昔の作家はなまじ学問がありますと、独特な宛て字を発明して無理な読ませ方をしたがり、却って不統一な状態を助長したものでありましたが、鷗外はそれと異り、よく我が国語の性質を考え、文字使いの困難な事情に思いを致しまして、一つの確乎《かっこ》たる方針の下にそれらの困難を克服し、整理しようと試みたかのようであります。実は私は、まだ鷗外の文章をそう云う方面から読み直したことはありませんので、はっきりしたことは申せませんけれども、恐らく文法学者に見せましても、あらゆる点で最も瑕瑾《かきん》の少い口語文ではないでありましょうか。そうしてもし、彼の文芸作品を渉猟して、その文章の構成法、用語法等を組織的に調べましたならば、立派な口語文法の書物が出来上るのではありますまいか。彼の仮名使いの正確さについて、私が覚えておりますニ三の例を申しますなら、「感心しない」「記憶しない」のような場合に、必ず鷗外はサ行変格の動詞の規則に従って「感心せない」「記憶せない」と書きました。また、従来は「勉強しやう」「運動しやう」などと書いた場合に、鷗外はこれを「勉強せう」「運動せう」の「せう」が伸びたものと見て、「勉強しよう」「運動しよう」と書きました。また、「向ふの丘」「向ふの川」と書いた場合に、「向ひの丘」「向ひの川」の「ひ」の音便と見て、「向うの丘」「向うの川」と書きました。かくの如き鷗外の仮名使いは、そう云うことに無頓着な近代の若い作家達にも知らず識らず感化を及ぼしまして、その或《あ》るものは今もそのまま踏襲され、幾分か統一が保たれていることを思いますと、われわれはこの方面における彼の功績をも、見逃してはならないのであります。

そこで、唯今《ただいま》申しましたような紛らわしい宛て字を、鷗外はいかに処置したかと申しますのに、

浴衣
塵芥
寝衣
酷い

の如きものは、

湯帷子
五味
寝間着
非道い

と書きました。このうち「湯帷子」の文字は「ユカタビラ」と読まれることを防ぐために「ゆかた」と振り仮名がしてあったのを覚えておりますが、大体こう云う風に書けば振り仮名の必要は少くなるのでありまして、よし「湯帷子」を「ユカタビラ」と読まれましても、「浴衣」の二字を宛てますよりは筋が通っておりますから、まだしも我慢が出来るのであります。つまり、鷗外の漢字の宛て方は、意味を酌《く》むよりは、**その言葉の由来に溯《さかのぼ》って語源の上から正しい文字を宛てる**のであります。この方針に従えば、「心算」は「積り」でなければならず、「急遽《やにわ》に」は「矢庭に」でなければならず、「強要《ゆす》る」は「揺する」でなければなりますまい。また、女の兄弟を意味するのであっても、「キョウダイ」と云う言葉には必ず「兄弟」の文字を宛て、母親と子とを意味するのであっても「オヤコ」と云う言葉には必ず「親子」の文字を宛てる。それを、強いてその場の意味に囚《とら》われて、訓に嵌《は》まらぬ漢字を持って来るところから、無理と乱雑とが生じるのである。されば、是非とも女の兄弟であることを示したいなら「女の兄弟」と云うか、「姉妹《しまい》」と云うか、「姉と妹」と云ったらよいし、女親であることを明らかにしたければ、「母子《ぼし》」と云うか「母親と子」と云ったらよい。また「ヌカルミ」「ゾンザイ」「オカシイ」「ウルサイ」の如き適当な宛て字の見出《みい》だせないものは、仮名で書くことに極めてしまう。これは私の大摑《おおづか》みな想像でありますが、鷗外の方針と云うものは、まずこのような建て前ではなかったろうかと思うのであります。

私などは、この鷗外の書き方に多大の暗示を受け、及ばずながら自分もそれを学ぶつもりになりまして、しばらく実行していたことがありました。そうして今でも、まだ大部分その影響を蒙《こうむ》っていることは確かでありますが、いろいろな場合に判断に迷うことが多く、追い追い気紛れな状態に逆戻りしつつあるのであります。が、これは必ずしも自分の無学と横着のせいであるとも、申せないようであります。実例を挙げて一々理由を述べますのもあまりくだくだしくなりますから、簡単に申してしまいますが、要するに、宛て字や仮名使いの難関は、どう云う方法によりましても、問題として残るのでありまして、鷗外流の書き方を徹底させれば、「単衣《ひとえ》」は「一と重」、「袷《あわせ》」は「合わせ」、「家《うち》」は「内」になってしまい、どうもそこまでは実行しかねる。大体訓と云うものが、初めを考えればやはり漢字の意味を取って、その意味に当て嵌まる日本の言葉を持って来たのでありますから、今日「卓子」を「テーブル」と読ませ、「乗合自動車」を「バス」と読ませるのと、事情に大した変りはない。そうだとすれば、「家」と云う字を「イエ」とより外読んではならないと云う理窟《りくつ》はなく、新しい訓も訓でないとは云えない。「単衣《ひとえ》」「浴衣《ゆかた》」等も、それぞれそう云う二字の漢字に与えられた訓であると認められる。この考えを押し詰めて行きますと、何も極《き》まった訓などと云うものはありはしない、間違ってさえいなければどんな読み方をしてもよい、と、最後にはそうなる。また、「食い物」「出入り」「請け負い」の類の送り仮名の可否、程度、紛らわしさ、煩わしさ等の問題は、鷗外に依っても解決されておりませんし、それを解決しましたところで、たとえば「寝台」などと云う字面は、「シンダイ」と「ネダイ」と二た通りに読まれることは已むを得ない。で、結局**日本の文章は、読み方がまちまちになることをいかにしても防ぎ切れない**、のであります。

ですから私は、読み方のために文字を合理的に使おうとする企図をあきらめてしまい、近頃は全然別な方面から一つの主義を仮設しております。と云うのは、それらを**文章の視覚的並びに音楽的効果としてのみ取り扱う**。云い換えれば、**宛て字や仮名使いを偏えに語調の方から見**、また、**字形の美感の方から見て、それらを内容の持つ感情と調和させるようにのみ使う**、のであります。

まず視覚的効果の方から申しますならば、「アサガオ」の宛て字は「朝顔」と「牽牛花」と二た通りありますが、日本風の柔かい感じを現わしたい時は「朝顔」と書き、支那風の固い感じを現わしたい時は「牽牛花」と書く。「タナバタ」の宛て字は普通「七夕」か「棚機」でありますが、内容が支那の物語であったら、「乞巧奠」の文字を宛てても差支えない。「ランボウ」「ジョサイナイ」の宛て字は、今では「乱暴」「如才ない」と書きますけれども、戦国時代には「濫妨」「如在ない」と書きましたから、歴史小説の時には後者に従う。仮名使いも同様の方針に基づいて、分り易《やす》いことを主眼にしたものは送り仮名を丁寧にし、特殊の情調を重んずるものは、それと背馳《はいち》しないように適当に取捨する。故《ゆえ》に或る時は「振舞」になり、或る時は「振る舞い」になる。たとえば志賀氏の「城の崎にて」の文章では「其処《そこ》で」「丁度」「或朝の事」「仕舞つた」等の宛て字を用いてありますが、字面をなだらかに、仮名書きのような感じを出したい時は、「そこで」「ちょうど」「或る朝のこと」「しまった」と書くことを妨げません。

かつて私は「盲目物語」と云う小説を書きました時、なるべく漢字を使わないようにしまして、大部分を平仮名で綴《つづ》ったのでありますが、これは戦国時代の盲目の按摩《あんま》が年老いてから自分の過去を物語る体裁になっておりますので、上に述べましたような視覚的効果を狙《ねら》いましたのと、なおもう一つは、全体の文章のテンポを緩くする目的、即ち音楽的効果をも考えたのでありました。つまり、老人がおぼろげな記憶を辿《たど》りながら、皺嗄《しわが》れた、聞き取りにくい声で、ぽつりぽつり語るのでありますから、そのたどたどしい語調を読者に伝えますために、仮名を多くして、いくらか読みづらいようにしたのでありました。また私は、「感ずる」「感じる」「感じない」「感ぜない」等の区別も、その時々の語呂《ごろ》のよい方に従っております。ですから、一つの文章の中でも、必ずしも統一されていないのであります。

以上の方針に従いますと、振り仮名の問題も自然に解決されるのでありまして、時には総ルビもパラルビも差支えない。けれども、それはその文章の内容と調和するか否《いな》かに依って定めますので、読者に対する親切は、勘定に入れないのであります。読者が正しく読んでくれるかどうかは、気にし出したら際限がないのでありますから、これは読者の文学的常識と感覚とに一任する。それだけの常識と感覚のない読者は、どちらにしても内容を理解する力がないものであると、そう見なすのであります。

　このやり方は、方針と云えば云うものの、実際にはその場その場の気紛れになってしまいますから、畢竟《ひつきよう》無方針に等しい。しかし、翻《ひるがえ》って考えますのに、**鷗外の文字使いの正確さも、あの森厳で端正な学者肌の文章の視覚的効果なのであって、**もし内容が熱情的なものであったら、ああ云う透徹した使い方は或は妨《さまた》げをしたかも知れない。そう云えば、**漱石**の「我輩は猫である」の文字使いは一種独特でありまして、「ゾンザイ」を「存在」、「ヤカマシイ」を「矢釜しい」などと書き、中にはちょっと判読に苦しむ奇妙な宛て字もありますが、それらにもルビが施してない。その無頓着で出《で》鱈《たら》目《め》なことは鷗外と好《よ》き対照をなすのでありますが、それがあの飄逸《ひょういつ》な内容にしっくり当て篏まって、俳味と禅味とを補っていたことを、今に覚えているのであります。詮《せん》ずるところ、文字使いの問題につきましては、私は全然懐疑的でありまして、皆さんにどうせよこうせよと申し上げる資格はない。鷗外流、漱石流、無方針の方針流、その孰れを取られましても皆さんの御自由でありますが、ただ、いかに面倒なものであるかと云う事情を述べて、御注意を促すのであります。

　なおまた、大阪毎日新聞社では、自分の社の新聞に用いる宛て字や仮名使いの法則を定め、**スタイル・ブック**と題する小冊子を編んで、社員や関係者に配ったことがありましたが、あれはなかなか実際的で、穏当な意見であったと思いますから、あれを入手される御便宜がありましたら、御参考までに御覧になることをおすすめいたします。

ハ　活字の形態の問題

我が国で一般に用いられている**活字の大きさ**が小型に過ぎることは、前に申し上げた通りであります。私などは老眼のせいでもありましょうが、五号活字や九ポイントでありますと、老眼鏡を使いましても濁音符と半濁音符との見分けがつきません。片仮名で刷った西洋の地名や人名など、音符の部分が真黒に潰《つぶ》れておりますから、「ナポリ」であるか「ナボリ」であるか、「プルーデル」であるか「ブルーデル」であるか、虫眼鏡で見ても分りはしません。ですから、せめて単行本には今少し四号活字を流行させたらば如何であろうか。欧米の文字は小型でも差支えないに拘《かかわ》らず、四号に該当する大きな活字で刷った書籍が相当に沢山出ておりますのに、却《かえ》って日本に少いのはどう云うわけか。四号にすれば振り仮名の活字も従って大きくなりますから、総ルビにしてもそんなに読みづらくはないのであります。

それから、**活字の形態**も、現在では明朝とゴシックとの二種類でありますが、西洋にはゴシックの外にイタリックがあり、独逸《ドイツ》文字などを入れますと、四種類になります。これも分らない話でありまして、我が国の如く美術的な文字を有し、楷《かい》、行《ぎょう》、草、隷《れい》、篆《てん》、変態仮名、片仮名等、各種の字体を有する国が、それらの変化を視覚的要素に利用しないのは、間違っております。私の知っている限り、片仮名は佐藤春夫氏の「陳述」と申す小説に用いられたことがありましたが、それ以後はあまり見受けません。また、変態仮名の活字は或る時代には用いられていたこともあり、隷書行書等は、今も名刺の印刷などに使われているのでありますから、もっと応用の範囲を拡《ひろ》めるのがよいと思います。

二　句読点

　われわれの口語文に使われております句読点は、センテンスの終止を示す。と、句切りを示す、と、単語を区分けする・と、引用符の「」或は『』と、西洋から輸入された疑問符？　と、感嘆符！　と、ダッシュ、即ち――と、点線、即ち……と、まず八種類でありまして、引用符は「の代りに西洋の”などをそのまま用いる人もありますが、それらはまだそう普及されておりません。

　けれども、私は日本の文章には西洋流のセンテンスの構成を必要としない建て前でありますから、そう云う方面から句読点を使い分けようとは致しません。。が終止の印、、が区切りの印だと云いますけれども、たとえば第二百三十三、二百三十四頁の源氏物語の訳文を御覧なさい。ああ云う場合に、あれを三つのセンテンスと認めれば、「面白くない」で。、「お迷いになる」で。、「ことばかりである」で。でありますが、あれを一つのセンテンスと認めれば、最後の「ことばかりである」の所へだけ。を打ってもよいし、まだ彼処《あそこ》でも完成していないと認めれば、全部を区切りの印、にしてしまうのもよい。却ってその方が余情があると云う見方もあります。現に、今私は「、にしてしまうのもよい。却ってその方が」と書きましたけれども、「あれを一つのセンテンスと認めれば」の句が「余情がある」にまで懸っていると解釈しましたら、この「しまうのもよい」の下の。を、にしても差支えない。また、「見方もあります」がその五行前の「印だと云いますけれども」を受けているものと解釈しましたら、「御覧なさい」の下の。までも、にすることが出来ましょう。ですから、**句読点と云うものも宛《あ》て字や仮名使いと同じく、到底合理的には扱い切れない**のであります。

そこで私は、これらを感覚的効果として取り扱い、読者が読み下す時に、調子の上から、そこで一と息入れて貰《もら》いたい場所に打つことにしておりますが、その息の入れ方の短かい時に、、やや長い時に。を使います。この使い方は、実際にはセンテンスの構成と一致することが多いようでありますが、必ずしもそうとは限りません。私の「春琴抄」と云う小説の文章は、徹底的にこの方針を押し進めた一つの試みでありまして、たとえばこんな風であります。

女で盲目で独身であれば贅沢《ぜいたく》と云っても限度があり美衣美食を恣《ほしいまま》にしてもたかが知れているしかし春琴の家には主《あるじ》一人に奉公人が五六人も使われている月々の生活費も生やさしい額ではなかった何故そんなに金や人手がかかったと云うとその第一の原因は小鳥道楽にあった就中《なかんずく》彼女は鶯《うぐいす》を愛した。今日啼《な》きごえの優れた鶯は一羽一万円もするのがある往時といえども事情は同じだったであろう。もっとも今日と昔とでは啼きごえの聴き分け方や翫賞法《がんしょう》が幾分異なるらしいけれどもまず今日の例を以て話せばケッキョ、ケッキョ、ケッキョケッキョと啼くいわゆる谷渡りの声ホーキーベカコンと啼くいわゆる高音《こうね》、ホーホケキョウの地声の外にこの二種類の啼き方をするのが値打ちなのであるこれは藪鶯《やぶうぐいす》では啼かないたまたま啼いてもホーキーベカコンと啼かずにホーキーベチャと啼くから汚い、ベカコンと、コンと云う金属性の美しい余韻を曳《ひ》くようにするには或る人為的な手段を以《もっ》て養成するそれは藪鶯の雛《ひな》を、まだ尾の生えぬ時に生け捕って来て別な師匠の鶯に附けて稽古《けいこ》させるのである尾が生えてからだと親の藪鶯の汚い声を覚えてしまうのでももはや矯正することが出来ない。

ところで、この打ち方をセンテンスの構成と一致するように打ち変えますと、次のようになります。

女で盲目で独身であれば、贅沢と云っても限度があり、美衣美食を恣にしてもたかが知れている。しかし春琴の家には主一人に奉公人が五六人も使われている。月々の生活費も生やさしい額ではなかった。何故そんなに金や人手がかかったと云うと、その第一の原因は小鳥道楽にあった。就中彼女は鶯を愛した。今日啼きごえの優れた鶯は一羽一万円もするのがある。往時といえども事情は同じだったであろう。もっとも今日と昔とでは、啼きごえの聴き分け方や、翫賞法が幾分異なるらしいけれども、まず今日の例を以て話せば、ケッキョ、ケッキョ、ケッキョケッキョと啼くいわゆる谷渡りの声、ホーキーベカコンと啼くいわゆる高音《こうね》、ホーホケキョウの地声の外に、この二種類の啼き方をするのが値打ちなのである。これは藪鶯では啼かない。たまたま啼いてもホーキーベカコンと啼かずに、ホーキーベチャと啼くから汚い。ベカコンと、コンと云う金属性の美しい余韻を曳くようにするには、或る人為的な手段を以て養成する。それは藪鶯の雛を、まだ尾の生えぬ時に生け捕って来て、別な師匠の鶯に附けて稽古させるのである。尾が生えてからだと、親の藪鶯の汚い声を覚えてしまうので、もはや矯正することが出来ない。

この二つを読み比べて御覧になればお分りになるでありましょうが、私の点の打ち方は、一、センテンスの切れ目をぼかす目的、二、文章の息を長くする目的、三、薄墨ですらすらと書き流したような、淡い、弱々しい心持を出す目的等を、主眼にしたのでありました。

疑問符や**感嘆符**なども、西洋では疑問や感嘆のセンテンスには必ず打つことになっておりますが、日本では気分本位で、決して規則的には行われておりません。さればこれらの符号や点線やダッシュ等を、時に応じて抑揚或は間《ま》の印に用いることは差支えありませんけれども、日本文の字面にはダッシュが一番映りがよく、感嘆符や疑問符は、ややともすると映りの悪いことがあります。近頃支那でもこれを使うことが流行《はや》りまして、古典の詩文にまで、

白髪三千丈　縁レ愁似レ箇《ウレヒニヨツテカクノゴトク》長《シ》！

不レ知明鏡《ノ》裏《ウチ》　何《レノ》処《ニカ》得《タル》二秋霜《ヲ》一？

と云った風に施してあるのを見かけますが、漢文の字面でありますと、その不調和なことが一層よく分ります。全体われわれは声を挙げて叫んだり、押し附けがましい調子で物を尋ねたりするのを、品のよいことと思わない国民でありますから、こう云う符号はなるべく控え目にすべきでありましょう。

ただし疑問符につきまして例外がありますのは、会話体における「君は知らない?」とか「知っている?」とか云う如き、否定形乃至《ないし》肯定形と同一の形を取った質問のセンテンスであります。また肯定の「え」もしくは「ええ」と、物を聞き返す時の「え?」もしくは「ええ?」もあります。これらは孰れも、実際の会話ではアクセントを以て区別しますから差支えありませんが、文字に書きますと、そのアクセントが分らなくなる。依ってこう云う場合には、唯今《ただいま》書き分けましたように「?」を加えて質問の意を明らかにする方がよいかも知れない。少くともその方が読者に対して親切であります。

それから**引用符**でありますが、近時用いられる西洋流のクォーテーション・マーク、即ち〃は、横書きにする欧文には適しますけれども、縦書きにする日本文の字面に調和しないことは申すまでもありませんから、用いるとすればやはり在来の二重カギ、即ち『　』か、一重カギ「　」で囲うのがよいでありましょう。ところで『　』と

「」とは全く同一の用途に使われ、ただ各人の使い癖に任してありますが、折角二た通りあるのですから、その使い分けについて一定の規則を設け、たとえば「」を英語の第一クォーテーション・マーク、『』を第二クォーテーション・マークに宛てる、と云うようにしたらばどうであろうか。私自身は夙《つと》にさようにしてありますので、御参考までに申しておきます。

しかしながら、返す返すも日本語の文章は不規則なところに味わいが存するのでありまして、句切りやその他の符号などもあまりはっきりしない方が面白いのでありますから、唯今述べました疑問符や引用符の規則なども、是非その通りになさいと申すのではありません。早い話が「知らない？」と云う場合に？を附けないからと云って、それが否定を意味するか質問を意味するかは、前後の事情で分るのでありますから、そこは読者の判断に任せて、そう親切にし過ぎない方がよいとも云える。引用符にしましても同様でありまして、今日われわれが小説の会話に使っている「」や『』などは、実を云うとさほど必要がないのであります。なぜかと申しますと、あれは元来地の文と会話とを、また一人の会話と他の一人の会話とを、区別するためのものでありますが、大概現代の作品では、会話の部分を話し手が変るごとに一つ一つ行《ぎょう》を改めて書いております。その上多くの場合地の文体は講義体であって、会話とは自ら違っております。また、一つの会話から他の会話へ移る時でも、話し手に依って少しずつ言葉使いが違う。男と女とで違うことは第二百六十頁に述べた通りでありますが、その外にも礼儀を尊ぶ日本語においては、話し手の年齢、身分、職業に応じ、話す相手の人柄に応じて、たとえば甲は乙を呼ぶのに「お前」と云い、乙は甲を呼ぶのに「あなた」と云うとか、一人が「ございます」を使えば一人は「です」もしくは「だ」を使うとか云う風に、代名詞や動詞助動詞の用い方に差別がある。なおこのことは次の「品格について」の項を読んで下されば分りますが、要するに、そう云う次第でありますから、カギを使わないでも、地の文と会話とを混同したり、一人の言葉と他の一人の言葉との見分けが付かないようなことは、まずありません。さればこれらの符号の付け方も、規則で縛ってしまわずに、その文章の性質に依り、字面の調和不調和をも考え合わせて、適当に塩梅《あんばい》した方がよいかと思います。

○　品格について

品格と申しますのは、云い換えれば**礼儀作法**のことでありまして、仮りに皆さんが大勢の人々の前に出て挨拶《あいさつ》をされ、または演説をされる時には、それ相当の身だしなみを整え、言語動作を慎しまれるでありましょう。それと同様に、文章は公衆に向って話しかけるものでありますから、一定の品位を保ち、礼儀を守るべきであることは、申すまでもありません。

然《しか》らば、文章の上で礼儀を保つにはいかにしたらよいかと云《い》いますと、

一　饒舌《じょうぜつ》を慎しむこと

二　言葉使いを粗略にせぬこと

三　敬語や尊称を疎《おろそ》かにせぬこと

等であります。

もっとも、品位や礼儀と申すものは、もともと精神の発露でありまして、いかに外形を整えましたところが、精神が欠けておりましたなら何にもならないのみならず、却って偽善的な、いやらしい感じを与えるに過ぎません。たとえば人格の卑《いや》しい人間が口先だけで高尚がったことを申したり、お辞儀や立居振舞だけをしとやかにしたり致しましても、決して上品に見えないばかりか、そのためになお卑しさが眼立つようになる。ですから右に述べましたような条件は枝葉末節でありまして、**品格ある文章を作りますにはまず何よりもそれにふさわしい精神を涵養《かんよう》することが第一**でありますが、その精神とは何かと申しますと、**優雅の心を体得すること**に帰着するのでありま

す。

前に私は、第百六十一頁より百六十四頁にわたって国語と国民性との関係を述べました時に、われわれの国民性はおしゃべりでないこと、われわれは物事を内輪《うちわ》に見積り、十のものなら七か八しかないように自分も思い、人にも見せかける癖があること、そうしてそれは東洋人特有の内気な性質に由来するものであり、それをわれわれは謙譲の美徳に数えていると云うことを申しました。つきましては、ここで皆さんがもう一度あの言葉を思い出して頂きたいのでありますが、私の云う**優雅の精神とは、このわれわれの内気な性質、東洋人の謙譲の徳と云うものと、何かしら深い繋《つな》がりがあるところのもの**を指すのであります。と云う意味は、西洋にも謙譲と云う道徳がないことはありますまいが、彼等は自己の尊厳を主張し、他を押し除《の》けても己れの存在や特色を明らかにしようとする気風がある、従って運命に対し、自然や歴史の法則に対し、また、帝王とか、偉人とか、年長者とか、尊属とか云うものに対しても、われわれのようには謙譲でなく、度を超えることを卑屈と考える、そこで、自己の思想や感情や観察等を述べるにあたっても、内にあるものを悉《ことごと》く外へさらけ出して己れの優越を示そうとし、そのために千言万語を費してなお足らないのを憂《うれ》えるが如《ごと》くでありますが、東洋人、日本人や支那人は昔からその反対でありました。われわれは運命に反抗しようとせず、それに順応するところに楽しみを求めた。自然に対しても柔順であるのみならず、それを友として愛着した。従って物質に対しても彼等のようには執着しなかった。またわれわれは己れの分に安んじ、年齢の点で、智能の点で、社会的地位や閲歴の点で、少しでも自分に優っている人を敬慕した。そう云う風であるからして、なるべく古い習慣や伝統に則《のっと》り、古《いにしえ》の聖賢や哲人の意見を規範とした。そうしてたまたま独得の考えを吐露する必要のある時でも、それを自分の考えとして発表せずに、古人の言に仮託するとか、先例や典拠を引用するとかして、出来るだけ「己れ」を出し過ぎないように、「自分」と云うものを昔の偉い人たちの蔭《かげ》に隠すようにした。ですからわれわれは口で話す時も文章に綴る時も、自分の思うことや見たことを洗い浚《ざら》い云ってしまおうとせず、そこを幾分か曖昧《あいまい》に、わざと云い残すようにしましたので、われわれの言語や文章も、その習性に適するように発達した。で、優雅と申しますのは、このわれわれの、己れを空《むな》しゅうして天を敬い、自然を敬い、人を敬う謙遜《けんそん》な態度、それから発して己れの意志を述べることを控え目にする心持の現われでありまして、品格と云い、礼儀と云いますのも、結局はこの優雅の徳の一面に外ならないのであります。

然るに現代のわれわれは、祖先以来伝わって来たそう云う謙譲の精神や礼儀深い心構えを、次第に失いつつあります。それは西洋流の思想や物の考え方が輸入され、われわれの道徳観が一大変化を来たしたためでありまして、勿論《もちろん》それも、一概に悪いことだとは申せません。もしわれわれがいつまでも昔のような引っ込み思案でいましたならば、今日の時勢に取り残され、科学文明の世界において敗者となってしまうことは明らかでありますから、それを思えば、大いに進取活潑《かっぱつ》な西洋人の気象を学ぶべきであります。が、前にも申しましたように、われわれの国民性とか言語の性質とか云うものは、長い歴史を有するものでありますから、なかなか一朝一夕を以て改良することはむずかしい、況《いわ》んやそれを根こそぎ変えてしまうことなどは、到底不可能事でありまして、さような無理な企ては悪い結果を招くのみであります。それにまた、われわれの流儀にも自《おのずか》ら長所があり美点があることを忘れてはなりません。内輪とか控え目とか、謙遜とか云いますと、何か卑屈な、退嬰《たいえい》的な、弱々しい態度のように取られますけれども、西洋人は知らず、われわれの場合は、内輪な性格に真の勇気や、才能や、智慧《ちえ》や、胆力が宿るのである。つまりわれわれは、内に溢《あふ》れるものがあればあるほど、却ってそれを引き締めるようにする。控え目と云うのは、内部が充実し、緊張しきった美しさなので、強い人ほどそう云う外貌《がいぼう》を持つのである。さればわれわれの間では、弁舌や討論の技に長じた者に偉い人間は少いのでありまして、政治家でも、学者でも、軍人でも、芸術家でも、ほんとうの実力を備えた人は大概寡言《かげん》沈黙で、己れの材幹を常に奥深く隠しており、いよいよと云う時が来なければ妄《みだ》りに外に現わさない。もし不幸にして時に会わず、人に知られず、世に埋れて一生を終るようなことがあっても、別段不平を云うのでもなく、或はその方が気楽でよいと思ったりする。このわれわれの国民性は、昔も今も変りはないのでありまして、現代でも、平素は西洋流の思想や文化が支配しているように見えますが、危急存亡の際にあたって、国家の運命を双肩《そうけん》に荷《にな》って立つ人々は、やはり古い東洋型の偉人に多いのであります。で、われわれは西洋人の長所を取って自分たちの短を補うことは結構でありますけれども、同時に父祖伝来の美徳、「良賈《りようこ》は深く蔵する」と云う奥床しい心根を捨ててはならないのであります。

話が大変横道へ外れたようでありますが、文章の品格につきましてその精神的要素を説きますのには、ここまで溯《さかのぼ》って論じなければならないのであります。ところで、ここで皆さんの御注意を喚起したいのは、**われわれの国語には一つの見逃すことの出来ない特色があります**。それは何かと申しますと、日本語は言葉の数が少く、語彙《ごい》が貧弱であると云う欠点を有するにも拘らず、**己れを卑下し、人を敬う云い方だけは、実に驚くほど種類が豊富でありまして、どこの国の国語に比べましても、遥《はる》かに複雑**

な発達を遂げております。たとえば一人称代名詞に、「わたし」「わたくし」「私儀」「私共」「手前共」「僕」「小生」「迂生《うせい》」「本官」「本職」「不肖」などと云う云い方があり、二人称に「あなた」「あなた様」「あなた様方」「あなた方」「君」「おぬし」「御身」「貴下」「貴殿」「貴兄」「大兄」「足下」「尊台」などと云う云い方がありますのは、総《す》べて自分と相手方との身分の相違、釣合を考え、その時々の場所柄に応ずる区別でありまして、名詞動詞助動詞等にも、かくの如きものが沢山ある。前に挙げました講義体、兵語体、口上体、会話体等の文体の相違も、やはりそう云う心づかいから起ったことでありまして、「である」と云うことを云いますのに、時に依《よ》り相手に依って「です」と云ったり、「であります」と云ったり、「でございます」、「でござります」と云ったりする。「する」と云うのにも「なさる」「される」「せられる」「遊ばす」等の云い方がある。「はい」と云う簡単な返辞一つですら、目上の人に対しては「へい」と云う。またわれわれは、「行幸」「行啓」「天覧」「台覧」などと云う風に、上御《かみご》一人《いちにん》を始め奉《たてまつ》り高貴の御方々の御身分に応じて使うところの、特別な名詞動詞等を持っている。こう云うことは、外国語にも全然例がないのではありませんけれども、われわれの国語の如く、いろいろの品詞にわたった幾通りもの差別を設け、多種多様な云い方を工夫してあるものは、どこにもないでありましょう。今日でさえそうでありますから、昔は一層それらの差別がやかましかった。南北朝や、足利時代や、戦国時代などの如く、国中の綱紀が乱れ秩序が失われて、強い者勝ちの天下であった時節においても、百姓は武士に対し、武士は大名に対し、大名は公卿や将軍に対し、それぞれ適宜な敬語を用うることを怠らず、仮りにも粗暴な言葉使いをしていなかったことは、あの時代の軍記物語や文書等を見ましても明らかでありまして、いかに猛々《たけだけ》しい武士といえども、そう云う作法を知らぬことを恥辱と心得ていたのであります。これらの事情を考えますと、**われわれ日本人ほど礼節を重んずる国民はなく、**従ってまた、**国語もその国民性を反映し、それにしっかり結び着いて来ている**ことが、分るのであります。

さて、これから少しく項目について説明を加えますが、その第一は

一　饒舌を慎しむこと

であります。

これは、前に申しました「物事を控え目にする」「内輪にする」と云うのと同じでありますが、もっと詳しく申しますと、

イ　あまりはっきりさせようとせぬこと

及び

ロ　意味のつながりに間隙《かんげき》を置くこと

であります。

イ　あまりはっきりさせようとせぬこと

と申しますのは、今日は何事も科学的に、正確に述べることが流行る、文学においても写実主義だの心理描写だのと申しまして、見たことや思ったことを、根掘り葉掘り、精細に、刻明に、事実の通りに写すことが喜ばれる、けれどもこれは、われわれの伝統から云えば上品な趣味ではないのでありまして、多くの場合、描写は或る程度を越えぬ方が、礼節に合するのであります。もっとも、果たして事実の通りを写し出すことが出来るものならば、それも結構でありますけれども、言語や文章はただ物事を暗示するだけの働きしかないのでありますから、効果の点から見ましても言葉を節約する方が賢明であることは、既に数回申し上げた通りであります。

一体、**われわれは、生《なま》な現実をそのまま語ることを卑しむ風があり、言語とそれが表現する事柄との間に薄紙一と重の隔たりがあるのを、品がよいと感ずる国民**なのであります。ですから昔の人たちは、明白に云えば云えることでも、わざと遠廻しに匂《にお》わせるような云い方をしました。そう云う例は古典を読むと幾らでも見出《みい》だせるのでありますが、王朝時代の物語などには、時や、所や、主要人物の名前などを、はっきり明示していない場合が珍しくありません。たとえば伊勢物語でありますが、あの中にある挿話は、孰れも「昔男ありけり」と云う文句を以て始まっていて、それらの男の姓名も、身分も、住所も、年齢も記してない。それから、伊勢物語に限らず、婦人の名前などは、ただ「女」としか書いてないのが多い。源氏物語に出てくる「桐壺《きりつぼ》」とか「夕顔」とか云うような類《たぐい》も、それらの婦人たちのほんとうの名前ではなく、由緒《ゆかり》のある部屋の名や花の名を以て呼んでいるのでありまして、これは小説でありますからもし実名を附けようと思えば何とでも附けられますけれども、それでは文品が卑しくなり、かつ、たとい物語の上とは云え、その婦人たちの人柄に対して礼を失するからであります。男子の場合でもそうでありまして、在原業平を「在五中将」と云い、菅原道真を「北野」「天神」「菅相丞《かんしょうじょう》」などと云い、源義経を「御曹司《おんぞうし》」「九郎判官」「源廷尉」などと云い、藤原兼実《かねざね》を「月輪《つきのわ》関白」と云うと云う工合に、実名をそのまま記すことを避けて、その人の官職や、位階や、住んでいた場所や邸宅の名称等を以て間接にほのめかす。そういう風でありますから、感情を述べ、景物を写しますのにも、「薄紙一枚を隔てる」と云う心持が附いて廻っているのでありまして、いかに真実を貴ぶとは云え、あまりあけすけに書くことは、人前で脛《すね》や太腿《ふともも》を出すのと同様に感じたのであります。

思うに、我が国の或る時代において、久しい間「口で話される言葉」と「文章に書かれる言葉」とが截然《せつぜん》と分れておりましたのは、唯今申す「薄紙一と重を隔てる」心持が働いていたのでありましょう。即《すなわ》ち口語は現実の一種であり、しかもとかく饒舌に陥り易《やす》いのでありますから、文章語の品位を保つために、その間に相当の距離を設けたのでありましょう。然るに今日では、この距離が非常に縮められて、両者の間が近くなったのみならず、特に文章語には、西洋流の文法や表現法が応用されつつありますので、口語以上に細かいことが云えるようになっております。たとえばわれわれは、テンスや格の規則などを、口語では守っておりませんけれども、文章語では守るようにしている。ですから、今日のいわゆる口語文も実際の口語の通りには書かれていない、そうしてその違いはどこにあるかと云えば、**文章語の方は西洋語の翻訳文に似たもの、日本語と西洋語の混血児《あいのこ》のようなものになっており、実際の口語の方は、これも段々西洋臭くなりつつありますが、まだ本来の日本語の特色を多分に帯びている**、と云う点にあると思います。前に私が文法に囚《とら》われることを戒め、また口でしゃべる通りに書く会話体の試みを奨《すす》めておりますのは、これらの事情を考えるからであります して、もはや今日では昔の和文や和漢混交文は用を為《な》しませんけれども、しかしそれらの古典文が持っている優雅の精神、おおまかな味わい、床しみのある云い方を、今少し口語文の中へ取り入れるようにして、文章の品位を高めることは、その心がけさえありましたら、決して実行出来ないことではないのであります。

最後に、現実をぼかして書くことと、描写に虚飾を施すこととは、混同され易いと思いますから、これは大いに注意しなければなりません。申すまでもなく、正直と云うこと、素朴と云うことは、文章道においても貴ばれるのでありまして、実際に遠い綺麗《きれい》な言葉や美しい文字を連ねさえしたら上品であると考えるのは、間違いでありま す。博学を衒《てら》ってむずかしい漢語を使うよりは、飾り気のない俗語を以て現わした方が、品のよい場合がある。それに今日は簡便を主とする時勢でありますから、昔の通りの作法や礼儀を守ったのでは滑稽になります。品と云うものは、匠《たく》まずして自然に現われるべきもので、変に上品振った様子が眼につくようでは、本当でありません。ですから、控え目にすると申しましてもその程あいを知ることが大切なのでありますが、これは到底説明出来ないのでありまして、やはり皆さんが、前に申しました優雅の精神を体得なさるより外に方法はないのであります。

ロ　意味のつながりに間隙を置くこと

これも結局は、表現を内輪にし、物事の輪廓をぼやけさせる一つの手段でありますが、この**間隙と云うことを理解して頂くのには**、既に第百五十七頁に申し上げた通り、

昔の書簡文、即ち候文の書き方を見て頂くのがよいと思いますので、左に一例を掲げることに致します。

其の後は打絶御尋も不レ申、平生平塚の二字横二胸間一居候《さうら》へども打過申候、其《その》由は御聞《おんきき》も可レ被レ下《くださるべし》、又々国元へ老母迎に参り花にエイヤツト馳着《はせつけ》、淀より直に嵐山へ参未レ見二妻子面一内《いまださいしのめんをみざるうち》に花のかほを見候、それより御室《おむろ》、平野、知恩院を見了候と直に勢州へ連参り候

把二酒旗亭一別送レ人。禽声《きんせい》春色太平春。携レ妻携レ子同従レ母。非二是流民一是逸民。

などと申為体《まうすていたらく》にて此《こ》の節帰京、まだ雲霧中に居申候心地にて何方へも御無音仕《つかまつり》候、今日は得二来翰《らいかん》併《あはせて》伏水《ふしみ》御到来之《の》塩鴨一、供二老母一候ものに事欠居候て大いに忝《かたじけな》く候、留守に丹酒（註、伊丹の酒の義）よくぞや被二仰下《おほせくだされ》一候、此の節も沢山に御座候、御使ひにことづて可レ申《まうすべく》存候へども御病気に御忌物《いみもの》かと存候て差控候、何時にても取《とり》に被レ遣候はば御器為レ持《おんうつはもたせ》可レ被レ下、此方器なれば御返しの心配あり、何分御保養、早く拝面と申留候、今日も御影へ供仕り候にて取紛《とりまぎれ》、早々不尽。

この書簡は頼山陽が平塚と云う友人に送ったものでありまして、或る日平塚からの使いが手紙と塩鴨とを届けて来た時に、この返書を認《したた》めて、多分その使いに托《たく》したのであるらしいことが、文面に依って察せられます。山陽は当時の文人中でも書簡文の妙手であると云う評判が高いのでありまして、そのことはこの一文を見ても頷《うなず》かれるのでありますが、こう云う文章の巧味《うまみ》はどこにあるかと申しますと、主として、唯今申し上げた間隙、即ち意味のつながり工合が欠けている部分がある、云い換えれば、行文のところどころにわざと**穴**が開けてある、その穴に存するのであります。ついては、もう一度今の文章を掲げてその穴のある所を説明致しますが、括弧で包んである文句が原文にない部分で、試みに私が補った穴であります。

其の後は打絶御尋も不㆑申、平生平塚の二字横㆓胸間㆒居候へども打過申候、（しかしまあまあ）其由は御聞も可㆑被㆑下、（実はこの間じゅう）又々国元へ老母（を）迎に（行って帰って）参り花に（間に合うように）エイヤツト馳着、淀より直に嵐山へ参未㆑見㆓妻子面㆒内に花のかほを見候（て）それより御室、平野、知恩院を見了候と直に勢州へ連参り候、（それはまことに）

把㆓酒旗亭㆒別送㆑人。禽声春色太平春。携㆑妻携㆑子同従㆑母。非㆓是流民㆒是逸民。

などと申為体にて此の節帰京（致しましたが）まだ雲霧中に居申候心地にて何方へも御無音仕候（と云うような次第なのであります。然るに）今日は得㆓来翰併伏水（より）御到来之塩鴨㆒（ましたが、ちょうど）供㆓老母㆒候ものに事欠居候て大いに忝く候、（なおまた先達ては私の）留守に丹酒（を取りにおよこしなされました由ですが）よくぞや被㆓仰下㆒候、（その丹酒なら）此の節も沢山に御座候（については）御使ひにことづて（お届け）可㆑申存候へども御病気に御忌物かと存候て差控候、（しかし）何時にても取に被㆑遣候はば（差上げますが、その節はお使いに）御器為㆑持可㆑被㆑下、此方器なれば御返しの心配あり（お手数と存じます）何分御保養（遊ばされ）、早く拝面（致度）と（存じますが、これにて）申留候、今日も御影へ供仕り候にて取紛（れておりますので、失礼いたします）早々不尽

なおもう一つ山陽の短かい書簡を挙げてみます。

御遠々《おんとほどほ》しく御座候、春寒頗《すこぶる》退《しりぞき》候、如何《いかが》御暮し被レ成《なされ》候や
六書通（註、篆刻家《てんこくか》の用うる辞書）又々少し拝借仕度、印の興（註、篆刻の興味）動き中候
いつぞやの研《すずり》、愛玩《あいぐわん》仕候、又あれほどのものならずとも、至つて小く、かさはあの位の物ほしく候、御存《ごぞんじ》か、小き革箱有レ之《これあり》、其中に入れ組み研箱に仕度候、法帖硯は入り不レ申候、御心懸置き可レ被レ下《くださるべく》候
水精《すゐしやう》も、日々瓶梅下に置き相楽み候

これは前のものよりも一層大胆に穴が開けてありますが、それらを補うと左の通りになります。

（この程は）御遠々しく御座候、春寒頗退候（ところ、足下には）如何御暮し被レ成候や
六書通又々少し拝借仕度、（と申すのは）印の興動き申（候ために御座）候
いつぞやの研、愛玩仕候、又あれほど（立派）のものならずとも、至つて小く、かさはあの位の物ほしく候、（足下は）御存か（と思いますが、小生の手許《てもと》に）

小き革箱有レ之（候間）其中に入れ組み研箱に仕度（故《ゆゑ》に）候、法帖硯は入り不レ申候（えども、小さい研がありましたら）御心懸置き可レ被レ下候

水精も、日々瓶梅下に置き相楽み候

以上二つの引例をよくよく玩味されましたならば、私の云う間隙の意味、またそれがいかに文章の品位や余情を助けているかと云うことが、お分りになるはずであります。

書簡文は、個人と個人との間に取り交《かわ》されるものでありますから、お互いに分りきっていることは一々断るまでもなく、従って省略の余地が多いわけでありますが、大勢の読者を相手にする文章におきましても、古典文には一般にはこう云う間隙が沢山見出だされているのであります。たとえば前に挙げました秋成や西鶴の文章を調べて御覧なさい、きっと今の山陽の書簡文におけるような穴が、実に無数にあることに心付かれるでありましょう。

現代の口語文が古典文に比べて品位に乏しく、優雅な味わいに欠けている重大な理由の一つは、この「間隙を置く」、「穴を開ける」と云うことを、当世の人たちがあえて為し得ないせいであります。彼等は文法的の構造や論理の整頓と云うことに囚われ、

叙述を理詰めに運ぼうとする結果、句と句との間、センテンスとセンテンスとの間が意味の上で繋がっていないと承知が出来ない。即ち私が今括弧に入れて補ったように、ああ云う穴を全部塡《うず》めてしまわないと不安を覚える。ですから、「しかし」とか、「けれども」とか、「だが」とか、「そうして」とか、「にも拘らず」とか、「そのために」とか、「そう云うわけで」とか云うような無駄な穴塡めの言葉が多くなり、それだけ重厚味が減殺《げんさい》されるのであります。

一体、**現代の文章の書き方は、あまり読者に親切過ぎるようであります**。実はもう少し不親切に書いて、あとを読者の理解力に一任した方が効果があるのでありますが、言語の節約につきましては後段「含蓄について」の項で再説するつもりでありますから、ここではこの程度に止めておきます。

二　言葉使いを粗略にせぬこと

礼儀を保ちますのには、「饒舌を慎しむこと」が肝腎でありますが、そうかと云って、無闇《むやみ》に言葉を略しさえすればよいと申すのではありません。略した方が礼節にかなうこともあり、略したら却《かえ》って礼節に外れることもありますので、それらの区別を弁《わきま》えなければなりません。要は、略すべき場合は別として、**いやしくも或《あ》る言葉を使う以上は、それを丁寧な、正式な形で使うべきであります**。

前に用語の項において、略語や略字を使うことを慎しむように申しましたのは、この意味においてでありますが、その外にも、近頃の若い人たちは、平素自分たちがしゃべっている**ぞんざいな発音**をそのまま文字に移すことが珍しくありません。今心づいた二三の例を挙げますなら、

してた　（していた）
てなこと　（と云うようなこと）
詰まんない　（詰まらない）
あるもんか　（あるものか）
もんだ　（ものだ）
そいから　（それから）

の類でありまして、これらは孰れも、括弧の中に書いてあるのが正しいのであります。もっとも小説家が会話の実際を写すために、作品中の人物にしゃべらせる場合は別でありますが、そう云うことから始まって、会話でない地の文にもかくの如き訛《なま》りを用いることが流行《はや》り出して来ましたのは、甚だ慨《なげ》かわしい次第であります。

全体、口でしゃべる場合でも、訛りを多く用いることは感心出来ないのであります。今日では東京の言葉が標準語とされておりますが、**真に嗜《たしな》みのある東京人は、日常の**

会話でも、割合正確に、明瞭《めいりょう》に物を云います。たとえば昨今テニヲハを略すことが流行りまして、

僕そんなこと知らない。

とか、

君あの本読んだことある？

とか云う風な云い方をする青年男女を見かけますが、東京人は江戸っ児《こ》の昔から、テニヲハを略すことはあまりしないのでありまして、下町の町人や職人などがぞんざいな物云いをする時でさえ、「おらあ」（己は）とか、「わッしゃあ」（わッしは）とか、「なによー」（何を）とか云う風に、ちゃんと口の内でテニヲハを云っている。今挙げた二つの書生言葉を東京の職人言葉に直しますと、

己あそんなこたあ知らねえ。

お前《めえ》はあの本を読んだことがあるけえ。

となるのでありまして、かくの如く、たとい発音は訛りましても、テニヲハは脱《ぬ》かさないのであります。ただし、「お前《めえ》」の後に来る「は」を略すことはないでもありませんが、「己あ」（己は）及び「こたあ」（ことは）の「は」、「あの本を」の「を」、「読んだことが」の「が」を略すことは絶対にありません。もし略したら子供の片言《かたこと》

だと思われます。私は父祖の代から東京生れでありますから、この事実に間違いのないことを保証致しますが、それにつけても、現代のいわゆるモダーン・ボーイやモダーン・ガールたちの言葉使いは、ぞんざいな点で職人にも劣ると云わなければなりません。しかもそう云う言葉使いをするのは、純粋の東京人よりも、都会人の真似《まね》をしたがる田舎出の青年に多いようでありまして、とにかく私には、あれが気《き》の利いた感じを起させるどころか、むしろ非常に田舎臭く響くのであります。

写実を貴ぶ小説家が青年男女の会話の実際を写す場合には、趣味の高下を論じてはいられませんけれども、しかし往々小説家の方が実際よりも先走りをしますので、小説中の会話が手本となって、その云い方が逆に世間に流行すると云うことも、起るのであります。で、それらの影響を考えますと、**小説家が会話を写す時といえども、それ相当に「薄紙一と重を隔てる」と云う心づかいがあって宜《よろ》しい**と思うのであります。

三　敬語や尊称を疎《おろそ》かにせぬこと

敬語につきましては既にこの項の序論において大体申し上げたつもりでありますが、それがわれわれの国語の働きと切っても切れない関係がある理由を、なお云い洩《も》らしておりますので、ここで、そのことを補足いたします。

まず皆さんは、次に掲げる源氏物語の「空蟬《うつせみ》」の巻の冒頭の文句を読んで御覧なさい。

ねられ給《たま》はぬままに、われはかく人に憎まれてもならはぬを、こよひなんはじめて世を憂《う》しとおもひしりぬれば、はづかしうて、ながらふまじくこそ思ひなりぬれなどのたまへば、涙をさへこぼして伏したり。いとらうたしとおぼす。

源氏の作者は、こう云う風に、一巻の書き出しから主格を略すことが多いのでありますが、ここでは「ねられ給はぬままに、」から「涙をさへこぼして伏したり。」までが一つのセンテンス、「いとらうたしとおぼす。」がまた別のセンテンスでありまして、前のセンテンスには隠されている主格が二つあります。即ち「ねられ給はぬままに、——ながらふまじくこそ思ひなりぬれなどのたま」う者は源氏の君でありまして、「涙をさへこぼして伏した」者は従者の小君《こぎみ》なのであります。それから次の「いとらうたしとおぼす」者は、再び源氏になっております。が、何でそう云う区別がつくか、一つが源氏の動作であり、一つが従者の動作であることが、どこで分るかと申しますと、敬語の動詞もしくは助動詞の使い方で分るのであります。御覧の通り、源氏の方には「ねられ給はぬ」と云い、「のたまふ」と云い、「おぼす」と云う風に敬語が使ってありますが、従者の方はただ「伏す」となっております。

なお、前掲の頼山陽の書簡を見ますと、二通とも、「足下」とか「小生」とか云うような一人称乃至《ないし》二人称代名詞が一つも使ってありません。それでいて自他の区別が明瞭になっておりますのは、先方のことを云う時は「お聞も被レ下」、「御暮し被レ成」、「被二仰下一」、「被レ遣」、「為レ持被レ下」と云うような敬語を使い、自分のことを云う時は簡単に「候」と云うか、或は一層丁寧に、「申候」、「拝借仕度」、「仕候」と云うように云っているからであります。その他、昔の候文では自分のことは「罷在《まかりあり》」と云い、先方のことは「被レ為レ在《あらせられ》」「御入《おんいり》なされ」「御出《おいで》遊ばされ」「御座《ござ》あらせられ」などと云います。かくの如《ごと》く、他人の動作を敬う意味の動詞助動詞の外に、自分の動作を卑下する意味の動詞助動詞までもあると云うことは、一見甚だ煩《わずら》わしい差別のようでありますが、実はいろいろな重要ならざる言葉を省き得る便宜があり、引いては文章の構成の上にも非常に重宝な場合があることを、忘れてはなりません。と申しますのは、敬語の動詞や助動詞がある時は、それらを受ける主格は略した方がよい、否、略すための敬語であると考えるのが至当でありまして、礼儀の上から申しましても、尊敬している人の名前や代名詞などは、軽々しく口にすべきではありません。畏《おそ》れ多いたとえのようでありますが、「行幸」と云い、「行啓」と云うような言葉は、元来主格たるべき御方の御名を口にするのが勿体《もったい》ないところから起ったものだとも、思えます。そこで、**敬語の動詞助動詞を使いますと主格を略し得られますので、従って混雑を起すことなしに、構造の複雑な長いセンテンスを綴《つづ》ることが出来るようになります。**羅典《ラテン》語は主格がなくとも、動詞の変化で分るように出来ている国語だそうでありますが、かく考えて参りますと、**日本語における敬語の動詞助動詞も**幾分かそう云う役を勤めているのでありまして、**単に儀礼を整えるだけの効用をしているのではないのであります。**それにつきましては前段「調子について」の項の「流麗な調子」の中に、源氏物語須磨の巻の一節を二た通りの現代語に訳しておきましたのを、今一度比較対照して下さると一層このことがお分りになるのでありますが、なおまた、唯今《ただいま》の空蟬の巻の一節、山陽の書簡などを見ましても、それらの文章の妙味は敬語の利用と密接に結び着いているのでありまして、敬語を閑却しましては成り立ちません。つまり、**敬語の動詞助動詞は、美しい日本文を組み立てる要素の一つとなっております。**

今日は階級制度が撤廃されつつありますので、煩瑣《はんさ》な敬語は実用になりませんけれども、それにしましても衣冠束帯が素襖《すおう》大紋になり、素襖大紋が裃《かみしも》になり、裃が紋附袴《はかま》やフロックコートになったと云う程度に、儀礼が行われておりますからには、敬語も全然すたれたわけではありません。かつ、それがわれわれの国民性や国語の機能に深い根拠を据えていることを考えますと、将来においてもなかなかすたれそうもないのでありまして、現にわれわれは、昔の候文にあるのと似たような動詞助動詞を、日常の口語に使っております。たとえば「云う」ということを、敬って云う時は「おっしゃる」「おっしゃいます」と云い、卑下して云う時は「申す」「申します」と云う。また「知る」と云うことも、「御存じです」「存じます」と云う風に使い分け、「する」と云うことも、「なさる」「致します」、「与える」と云うことも、「差上げる」「下さる」と使い分ける。その外「せられる」「おられる」「いらっしゃる」「遊ばす」「して頂く」「させて頂く」「して下さる」「させて下さる」等の云い方は普通に使われているのでありますから、それらを文章語にも今少し応用する道はないでありましょうか。実際、**こう云う種類の動詞や助動詞は、われわれの国語が文章の構成上に持っている欠点や短所を、補うところの利器であります**。その利器を捨てて顧みないために、日本語特有の長所や強みを発揮することが出来ないと云うのは、勿体ない話であります。

　私は今、重複を避けますために動詞や助動詞についてのみ申し上げたのでありますが、勿論《もちろん》あらゆる尊称や、あらゆる品詞の中の敬語につきましても、ほぼ同様のことが云えるのでありまして、たとえば「顔」と云う語の上へ「御」の字を加えて「御顔」とするだけで、「あなたは」とか「あなたの」とか云う語を省くことが出来る場合もある。そう云う風に、敬語は甚だ重宝なものであるに拘《かかわ》らず、また現代でも口語には使われているに拘らず、何故われわれはそれをあまり多く文章に用いないのかと云いますと、叙述に個人的の感情の交ることを嫌うからであります。即ち相対《あいたい》ずくで話すのとは違い、公衆に向って語るのであり、かつ後世にまで残るものであるとすると、たとい尊敬している人のことを書くのでも、科学者のような冷静な態度を取るべきである、と、そう云う信念に基づいているのでありましょう。なるほど、その態度も悪くはありませんけれども、しかし書く物の種類に依《よ》っては、もう少し親愛や敬慕の情を交えてもよくはないか、子が親のことや伯父伯母のことや先生のことを記す場合、妻が夫のことを、奉公人が主人のことを記す場合、及びそう云う体裁で書かれる私小説等は申すまでもないとして、この読本の書き方などでも、やはり私は皆さんに対して或る程度の敬語を使っております。ついては、この際特に声を大きくして申し上げたいのは、**せめて女子だけでもそう云う心がけで書いたらどうか**、と云うことであります。男女平等と云うのは、女を男にしてしまう意味でない以上、また日本文には作者の性を区別する方法が備わっている以上、女の書く物には女らしい優しさが欲しいのでありまして、男の子が書くなら「父が云った」「母が云った」でも宜しいが、女の子が書くなら、「お父様がおっしゃいました」「お母様がおっしゃいました」とあった方が、尋常に聞えます。で、そうするのには、女子はなるべく講義体の文体を用いない方がよいのであります。**講義体は、敬語を多く使うのには不適当**でありまして、あれで書くと、どうしても言葉が強くなりますから、他の三つの文体、兵語体か、口上体か、会話体のうちの孰れかを選ぶようにする。私信や日記は素《もと》よりでありますが、その他の実用文や、感想文や、進んでは或る種の論文や創作等にも、女らしい書き方を用いる、と云うようにしたら如何でありましょうか。かの源氏物語は一種の写実小説であるにも拘らず、作者は貴人のことを書く時は地の文においても敬語を使っておりまして、必ずしも科学者的な冷静さを保ってはおりませんが、そのために芸術的価値が減じてもいず、さすがに女性の手に成ったらしい優雅な気分が出ております。そうしてまた、あれが当時の「口でしゃべる通りの文体」で書かれていることも、一考を要する所であります。

○含蓄について

含蓄と云いますのは、前段「品格」の項において説きました「饒舌《じょうぜつ》を慎しむこと」

がそれに当ります。なお云い換えれば、「イ　あまりはっきりさせようとせぬこと」及び「ロ　意味のつながりに間隙《かんげき》を置くこと」が、即ち含蓄になるのであります。ただその同じことを項を改めて再説いたしますのは、前段においてはそれを儀礼の方から見、ここでは専《もっぱ》ら効果の方から論ずるためでありますが、かく繰り返して述べますのも、それが甚だ大切な要素なるが故でありまして、**この読本は始めから終りまで、ほとんど含蓄の一事を説いているのだと申してもよいのであります。**

さて、最初に一つの例を引いて申し上げますが、数年前に、或る時私は、日本文学を研究している二三の露西亜《ロシア》人と会食したことがありました。その時の席上での話に、近頃露西亜で私の「愛すればこそ」と云う戯曲を翻訳している者があるが、第一に標題の訳し方に困っている、と申すのは、「愛すればこそ」は一体誰が愛するのであろうか、「私」が「愛すればこそ」なのか、「彼女」がなのか、或は「世間一般の人」がなのか、要するに、主格を誰にしてよいかが明瞭でないと云うのでありました。そこで私が答えましたのに、「愛すればこそ」の主格は、この戯曲の筋から云えば「私」とするのが正しいかも知れない、だから仏訳の標題には「私」と云う字が入れてある、しかし本当のことを云うと、「私」と限定してしまっては少しく意味が狭められる、「私」ではあるけれども、同時に「彼女」であってもよいし、「世間一般の人」でも、その他の何人《なんぴと》であってもよい、それだけの幅と抽象的な感じとを持たせるために、この句には主格を置かないのである、それが日本文の特長であって、曖昧《あいまい》と云えば曖昧だけれども、具体的である半面に一般性を含み、或る特定な物事に関して云われた言葉がそのまま格言や諺《ことわざ》のような広さと重みと深みとを持つ、それゆえ出来るならば露西亜語に訳すのにも主格を入れない方がよい、と、そう申したのでありました。

　日本文におけるこう云う特長は、漢文にも見られるのでありまして、漢詩を例に引きますと、もっとこのことがはっきりするのであります。

牀 前 看二月 光一。 疑 是 地 上 霜。
挙レ頭 望二山 月一。 低レ頭 思二故 郷一。

　これは李白の「静夜思」と題する五言絶句でありまして、「牀前《しようぜん》月光ヲ看《み》ル、疑フラクハ是《こ》レ地上ノ霜カト、頭《かうべ》ヲ挙ゲテ山月ヲ望ミ、頭ヲ低《た》レテ故郷ヲ思フ」と読むのでありますが、この詩には何か永遠な美しさがあります。御覧の通り、述べてある事柄は至って簡単でありまして、「自分の寝台の前に月が照っている、その光が白く冴《さ》えて霜のように見える、自分は頭《こうべ》を挙げて山上の月影を望み、頭を低れて遠い故郷《ふるさと》のことを思う」と、云うだけのことに過ぎませんけれども、そうしてこれは、今から千年以上も前の「静夜の思い」でありますけれども、今日われわれが読みましても、牀前の月光、霜のような地上の白さ、山の上の高い空に懸った月、その月影の下にうなだれて思いを故郷に馳《は》せている人の有様が、不思議にありありと浮かぶのであります。また、現に自分がその青白い月光を浴びつつ郷愁に耽《ふけ》っているかの如き感慨を催し、李白と同じ境涯に惹《ひ》き入れられます。で、かくの如くこの詩が悠久な生命を持ち、いつの時代にも万人の胸に訴える魅力を持っておりますのは、いろいろの条件に依るのでありますが、一つは主格が入れてないこと、もう一つはテンスが明瞭に示してないこと、この二カ条が大いに関係しているのであります。

これが西洋の詩でありましたならば、「牀前月光ヲ看ル」者は作者自身なのでありますから、当然「私は」と云う代名詞が置かれるでありましょう。また、「牀」や、「頭」や、「故郷」と云う語の上にも、「私の」と云うような断り書きが附くでありましょう。それから、「看ル」、「疑フ」、「望ム」、「思フ」等の動詞は、恐らく過去の形を取るでありましょう。するとこの詩は、或る晩或る一人の人の見たことや感じたことに限られてしまって、到底これだけの魅力を持つことは出来ないのであります。もっともこれは韻文でありますが、散文においても、東洋の古典にはこう云う書き方が多いことは、既に皆さんも数回の引用文に依って御承知でありましょう。あの雨月物語の冒頭を見ましても、「あふ坂の関守にゆるされてより」から「行く行く讃岐の真尾坂の林といふにしばらく笻《つゑ》をとどむ」まで、東は象潟《きさがた》の蜑《あま》が苫屋《とまや》から西は須磨明石を経て四国に至る道中が書いてありますが、この長い旅行をした人間が誰であるかは記してない。また、「仁安三年の秋」とは断ってありますけれども、動詞は現在止め、云わば不定法のようになっていて、過去の形を取っていない。そのためにこれを読む者は、主人公の西行法師と共に名所古蹟《こせき》を経めぐり、国々の歌枕《うたまくら》を訪ね歩いているような感じを与えられるのであります。こう云う手法は、現代の口語文にも応用の余地があるのでありまして、少くとも、主格や所有格や目的格の名詞代名詞を省いた方がよい場合は、非常に多いのであります。殊《こと》に私小説などでは、「私」が主人公であることは読んで行くうちに自然と分るのでありますから、そう「私」と云う言葉を沢山使うには及ばない。その他小説の文章は一般にそう云う手心を加えた方が魅力を生ずるのでありまして、今の作家では**里見弴《とん》氏**がしばしばこの手法を用いておりますから、試みに氏の作品集を調べて御覧なさい。ちょうど雨月や源氏のような書き出しを以《もっ》て始まっている作品が、少からずあることを発見されると思います。

次に、唯今の李白の詩についてもう一つ注意すべきことは、この詩の中には月明に対して遠い故郷を憧《あこが》れる気持、一種の哀愁が籠《こも》っておりますが、作者は「故郷ヲ思フ」と云っているだけで、「淋しい」とも「恋いしい」とも「うら悲しい」とも、そう云う文字を一つも使っておりません。かくの如く、或る感情を直接にそれと云わないで表現することが、昔の詩人や文人の嗜《たしな》みになっていたのでありまして、あえて李白に限ったことではありませんけれども、分けてもこの詩の場合などは、文字の表に何とも云《い》っていないところに沈痛な味わいがあるのでありまして、多少なりとも哀傷的な言葉が使ってありましたら、必ず浅はかなものになります。なおこのことは、俳優の演技を例に引きますとよく分るのでありますが、**ほんとうに芸の上手な俳優は、喜怒哀楽の感情を現わしますのに、あまり大袈裟《おおげさ》な所作や表情をしないものでありま す**。彼等は、大いなる精神的苦痛とか激しい心の動揺とかを示そうとする時は、反対に芸を内輪に引き締め、七八分通りの表現に止める。これはその方が舞台の上の効果が多く、見物の胸に訴える力が強いからでありまして、名優と云われる者は皆そのコツを知っておりますが、下手な俳優になればなるほど、顔を歪《ゆが》めたり、身をもがいたり、大声を立てて喚《わめ》いたりして、騒々しい所作を演ずるのであります。

そこで、こう云う見地から現代の若い人たちの文章を見ますと、あらゆる点で云い過ぎ、書き過ぎ、しゃべり過ぎていることを痛切に感じるのでありますが、取分け眼につくのは**無駄な形容詞や副詞が多いことであります**。今私は、或婦人雑誌を座右に取り寄せ、試みに投書家諸氏の告白録や実話の書き方を調べてみまして、そのあまりにも言葉の濫費《らんぴ》が甚しいのに驚いているのでありますが、左にその中から**悪文の実例**一つを挙げ、無駄を指摘して御覧に入れます。

何事も忍びに忍んで病苦と闘いながらよく耐えて来た母も、遂に実家へ帰らねばならぬ日が来た。学校から帰って、家の中に母のいないことを知ると私は暗い暗い気持に沈んで行った。父は「実家へ行ったが直《す》ぐ帰って来る」と云ったけれど、私には嫌な嫌な予感があった。母のいない、海底のように暗い家の中に、私達兄妹の冷い生活はそれから果しなく続いた。

右の文中、傍線を引いた部分を注意して御覧なさい。まず「忍ぶ」と云う語の上に「何事も」と云う三字が加わって、「何事も忍ぶ」となっています。既に「何事も忍ぶ」と云えば一と通りの忍耐でないことは分っていますのに、「何事も忍びに忍ぶ」と、「忍ぶ」と云う字をまたもう一つ重ねてあります。が、よく考えて御覧なさい、この場合「忍ぶ」の文字を重ねたために果たして効果が強くなっているかどうか。事実は反対でありまして、重ねたことが少しも役立っていないのみか、却《かえ》って文意を弱めております。その上その次に「病苦と闘う」と云う句があって、これも言葉は違うけれども、やはり忍耐の一種、「何事も忍ぶ」の中の一つであります。さればこれだけでも云い過ぎている所へ、「よく耐えて来た」と、更に加えてありますので、ますます効果を弱めることになり、ちょうど下手な俳優が騒々しい所作を演ずるのと同じ結果に陥っております。従って、「暗い暗い気持」、「嫌な嫌な予感」なども、「暗い気持」、「嫌な予感」で沢山であります。こう云う風に同じ形容詞を二つ重ねることは、口でしゃべる場合にはアクセントの働きに依って効果を挙げることが出来ますけれども、文字で書いては、大概の場合、重ねたことが感銘を薄くさせるのみであります。それから、「暗い気持に沈んで行った」の「沈んで行った」も、云い方が素直でありません。「暗い気持がした」と、真っ直ぐに云うべき所であります。次には「暗い」の形容詞の上に「海底のように」と云う副詞句、「続く」の動詞の上に「それから果しなく」と云う副詞が附いておりますが、私の云う「無駄な形容詞や副詞」とはかくの如きものを指すのでありまして、「海底のように」と加えたところで、母が実家へ立ち去った後の家の中の暗い感じが、真に迫って表現されるわけではない。全体比喩《ひゆ》と云うものは、本当によく当て篏《は》まって、それを喩《たと》えに引き出したために一層情景がはっきりする、と云うようなものを思いついた時にのみ使うべきでありまして、適当な比喩を思いつかない場合、また思いついても、わざわざそれを引いてまで説明する必要のない場合は、引かない方がよいのであります。然《しか》るにこの場合の暗さなどは、大よそ読者に想像の出来ることでありまして、物に喩えて云わなければ分らないような暗さではありません。また喩えるにしましても、「海底のように」と云う句は少しも当て篏まっていないのでありまして、こう云う仰山な比喩を使うと、本当のことまでが譃《うそ》に聞えます。次に「続く」と云う語があれば、「それから」はなくても済むこと、まして「果しなく」と云う語は、これも誇張に過ぎております。で、この文章からさような無駄を削り取ってしまうと、下のようになります。

病苦と闘いながら何事もよく忍んで来た母も、遂に実家へ帰らねばならぬ日が来た。学校から帰って、家の中に母のいないことを知ると私は暗い気持がした。父は「実家へ行ったが直ぐ帰って来る」と云ったけれど、私には嫌な予感があった。母のいない、暗い家の中に、私達兄妹の冷い生活が続いた。

これは別段名文と云うのではありません。普通の実用文であります。しかし現代の青年たちは、こう云う普通の実用文を書かないで、前に挙げたような悪文を書きたがるのであります。そうして一層概《なげ》かわしいことには、そう云う風に曲りくねった、素直でない書き方を芸術的だと考えるのでありますが、芸術的とは決してさようなものではなく、実用的なものが即ち芸術的なものであることは、第百二十九頁において申し上げた通りであります。ですから、実用文であるが故《ゆえ》に感銘が薄いと云うはずはなく、仮りに小説の叙述でありましても、前のように長たらしく書くよりは、後のように引き締めて書く方がよいのであります。否、もし私が自分の小説にこの事柄を述べるとしましたら、更に引き締めて下の如くするでありましょう。

病苦と闘い、何事をも忍んで来た母も、とうとう実家へ帰る日が来た。私は或る日学校から帰ると、母がいないことを知って、暗い気持がした。父は、「実家へ行ったのだ、直ぐ帰って来る」と云ったけれども、嫌な予感があった。それからは母のいない家の中に、私達兄妹の冷い生活が続いた。

一番最初の文章が字数百五十三字、第二の文章が百二十六字、第三が百二十字でありまして、最初のものからは三十三字を減じておりますが、孰方《どちら》が強い印象を与えるか、読み比べて御覧なさい。ところで、第二と第三とは僅《わず》かな違いでありまして、全体では短縮されておりますけれども、新たに加えた文字や句点もあり、その他言葉の順序を変え、云い方を改めた部分もある。たとえば「何事をも」の「を」の字、「けれども」の「も」の字を増し、「遂に」を「とうとう」にし、「或る日」の三字を入れ、「母のいない」を「母がいない」にし、「実家へ行ったが直ぐ帰って」を「実家へ行ったのだ、直ぐ帰って」とし、前文において一旦《いったん》削った「それから」を生かして「それからは」とした如き、こう云うほんの些《さ》細《さい》な所に工夫を要するのでありまして、畢竟《ひっきょう》これらがいわゆる**技巧**でありますが、しかし**技巧**を施したために実用に遠ざかるものでないことは、これを見ても明らかであります。

けれども、人に教えるのは易《やす》く、自ら行うのは難いものでありまして、**言葉を惜しんで使う**と云うことも、自分で文章を作ってみますと、なかなか生やさしい業《わざ》でないことに気が付くのであります。されば文筆を専門にしている者でも、ややもすれば書き過ぎる弊に陥るのでありまして、私なども近年は常にその心がけを忘れないつもりでおりますが、書き直すごとに文章が短かくなるとても、長くなることはめったにありません。つまりそれだけ無駄が多いのでありまして、発表の当時は大いに言葉を節約した気でおりましても、一年も経てから読み直してみますと、まだ無駄のあるのが眼につきます。左に掲げるのは今から三年前に作った小説**蘆刈**《あしかり》の一節でありますが、傍線を引いてある部分は、今日から見て「なくもがな」と思われる辞句であります。

わたしはおひおひ夕闇《ゆふやみ》の濃くなりつつある堤のうへにたたずんだままやがて川下の方へ眼を移した。そして院が上達部《かんだちめ》や殿上人と御一緒に水飯を召しあがつたといふ釣殿はどのへんにあつたのだらうと右の方の岸を見わたすとそのあたりはいちめんに鬱蒼《うつさう》とした森が生ひしげりそれがずうつと神社のうしろの方までつづいてゐるのでその森のある広い面積のぜんたいが離宮の遺趾《いし》であることが明かに指摘できるのであつた。（中略）それに又情趣に乏しい隅田川などとはちがつてあしたにゆふべに男山の翠巒《すいらん》が影をひたしそのあひだを上り下りの船がゆきかふ大淀の風物はどんなにか院のみごころをなぐさめ御ざしきの興を添へたであらう。後年幕府追討のはかりごとにやぶれさせ給ひ隠岐《おき》のしまに十九年のうきとしつきをお送りなされて波のおと風のひびきにありし日のえいぐわをしのんでいらしつた時代にももつとももしげく御胸の中を往来したものは此《こ》の附近の山容水色とここの御殿でおすごしになつた花やかな御遊のかずかずではなかつたであらうか。などと追懐にふけつてゐるとわたしの空想はそれからそれへと当時のありさまを幻にゑがいて、管絃《くわんげん》の余韻、泉水のせせらぎ、果ては月卿雲客《げつけいうんかく》のほがらかな歓語のこゑまでが耳の底にきこえてくるのであつた。そしていつのまにかあたりに黄昏《たそがれ》が迫つてゐるのにこころづいて時計を取り出してみたときはもう六時になつてゐた。ひるまのうちは歩くとじつとり汗ばむほどの暖かさであつたが日が落ちるとさすがに秋のゆふぐれらしい肌寒い風が身にしみる。わたしは俄《にはか》に空腹をおぼえ、月の出を待つあひだに何処《どこ》かで夕餉《ゆふげ》をしたためておく必要があることを思つて程なく堤の上を街道の方へ引き返した。

これらの辞句のうちには、専ら言葉のつづき工合をなだらかにする必要から書き添えたものが多いのでありますが、そのために間隙が塞《ふさ》がり過ぎ、文章が稀薄になっているとすれば、これらを除いてなだらかな調子を出すようにするのが当然であります。なお、含蓄のことにつきましてここに書き洩らしてあります点は、この読本のあらゆる項目を熟読玩味《がんみ》して下されば、もはやくだくだしく申し上げずとも、自ら諒解《りょうかい》されるのであります。

以上、私は、文章道の全般にわたり、極めて根本の事項だけを一と通り説明致しましたが、枝葉末節の技巧について殊更《ことさら》申し上げませんのは、申し上げても益がないことを信ずるが故でありまして、**もし皆さんが感覚の錬磨を怠らなければ**、教わらずとも次第に会得《えとく》されるようになる、それを私は望むのであります。

解説

筒井康隆

谷崎潤一郎の二大エッセイである「陰翳礼讃《いんえいらいさん》」と「文章読本」が一冊の文庫本になるのでその解説を書けということだが、昔読んだことがあるだけに、大谷崎の本の解説など、考えてみればこんな恐ろしいことはない。他に頼む人がいないということで、そんなことあるまいとは思ったものの、そこまで言ってくれるのもありがたい話なのでお引き受けいたしました。

まず「陰翳礼讃」だが、のっけからこれが書かれた昭和八年にはなかった筈《はず》の筆ペンを希求しているのにはあらためて驚いた。造りまで正確に予言しているのは、ここにも収録されている「文房具漫談」でもわかるように筆や紙へのこだわりゆえのことであろう。これは「もし東洋に西洋とは全然別箇《べっこ》の、独自の科学文明が発達していたならば、どんなにわれ〳〵の社会の有様が今日とは違ったものになっていた」だろうかというテーマの一端で、礼讃するのは日本文化の中に見られる陰翳なのである。

「日本の建築の中で、一番風流に出来ているのは厠《かわや》であるとも云《い》えなくはない」と書いているのは別のエッセイ「厠のいろいろ」でも書かれているいわば「便所論」である。「厠のいろいろ」は桂《かつら》米朝師匠の落語にも見られるような滑稽《こっけい》談満載であり、谷崎のユーモア感覚をお知りになりたい向きはこれから先に読まれてもよかろう。

日本女性の美については「あの、紙のように薄い乳房の附いた、板のような平べったい胸、その胸よりも一層小さくくびれている腹、何の凹凸もない、真《ま》っ直《す》ぐな背筋と腰と臀《しり》の線、そう云う胴の全体が顔や手足に比べると不釣合に痩《や》せ細っていて、厚みがなく、肉体と云うよりもずんどうの棒のような感じがするが、昔の女の胴体は押しなべてあゝ云う風ではなかったのであろうか」と、ほとんど差別的と思えるような書きかたをした末に「美は物体にあるのではなく、物体と物体との作り出す陰翳のあや、明暗にあると考える」のである。これらが結局は白人女性嫌いに傾き、日本家屋の「眼に見える闇《やみ》」の中にいる女までをも伝奇小説の趣きで希求するのだ。

「文章読本」の中でも自身音読の必要を力説しているように、谷崎の文章は音読すれば味があり、朗読にも適している。この「陰翳礼讃」の、文学論にもつながる最後の一節は、全体の理解を助ける上でもぜひ音読していただきたい。「私は、われ〳〵が既に失いつゝある陰翳の世界を、せめて文学の領域へでも呼び返してみたい。文学という殿堂の檐《のき》を深くし、壁を暗くし、見え過ぎるものを闇に押し込め、無用の室内装飾を剝《は》ぎ取ってみたい。それも軒並みとは云わない、一軒ぐらいそう云う家があってもよかろう。まあどう云う工合になるか、試しに電燈を消してみることだ」

西洋文化に憧《あこが》れを抱き、アメリカ映画が大好きで、西洋文明の恩恵に浴していることを喜んでいた当時の近代人は、これを読んで断罪されているような気になったことだろうが、一方ではたとえ現代人であろうとこれによって意を強くする国粋的な人もいることだろう。不思議にもそんな両者を喜んで読ませる魅力がこのエッセイにはあり、このあたりが大谷崎として誰にも好まれる理由のひとつなのだろう。

谷崎は東京大震災のあと東灘《ひがしなだ》や兵庫など瀬戸内海沿岸に住み、ここに収録された「岡本にて」もその頃、昭和四年に発表されたものだが、それまで東京では転転として住居を変えていたのに、岡本ではすっかりその癖が止《や》んだと書いている。東灘も兵庫も我が家からさほど遠くない場所にあり、一時は御影《みかげ》に仕事場を持ったくらいだが、谷崎もよほど住み心地がよかったのだろう、もう永久に東京へ戻る気はないと書いている。ただし別のエッセイでは瀬戸内海沿岸は湿気がひどくてやりきれないなどと不平を言い、褒めたり貶《けな》したりで笑ってしまうが、要するに震災以後は東京から昔の江戸情緒が失われたことへの不満があきらかに大きかったのである。

「創作の極意と掟《おきて》」を書こうとしている時、谷崎の「文章読本」を読み返すことも考えたが、結局は影響を受けることを怖《おそ》れて断念したのだったが、今これを再読すると、まったく同じことはほとんど書いていないものの共感する部分は多く、谷崎の進取性や、ある種の現代文への嫌悪《けんお》など首肯できるところがあちこちにあり、結果としては「読まなくてもよかった」ではなく「読まなくてよかった」ということになった。文体、表現、言いまわしその他を真似《まね》る場合が少なからずあっただろうと想像できたからだ。たとえば前段でも述べた音読や朗読が可能な文章つまり「文章の音楽的効果と視覚的効果」のくだりだが、これを無視して文を書いてはならぬというのは前掲の拙著「創作の〜」でも力説している通りである。ただ現代では読み方や朗読というものはその関係の専門学校、演劇研究所、カルチャーセンターその他で教えているし、いろんな本も出ているから「然《しか》るに朗読法と云うものが一般に研究されていませんから、その抑揚頓挫《とんざ》やアクセントの附け方は、各人各様、まちまちであります」というのは当らない。この他にも現在では谷崎が問題にしているほどには重視されていないものがたくさんあり、つまりそれらは現代では無視してもよいとされ、解決済みとされているものもある。これが現代文学になってくるともはや規則もへったくれもない無茶苦茶が横行しているが、その一端には小生も加わっているので谷崎と共に糾弾することができないのは残念だ。一般の手紙文や話し言葉になってくると振り仮名、送り仮名、敬語、言葉づかいの規則など、もはやないも同然の状態に近づいている。

今、一般に多用されている外国語だが、これが書かれた昭和九年頃にも「外国文の化け物」「分らなさ加減は外国文以上」「悪文の標本」と谷崎が口を極めて難じたような文章、特に評論の文章が多かったらしい。だが今や評論にとどまらず、外国語の素養のない一般の人が読むような商品の説明文やそれらを評価する文章、はては広告文に至るまでのカタカナの奔流を見れば谷崎はどう言うだろうか。小生の場合これは「創作の〜」に述べた如《ごと》く、タイヤ、ハンカチ、ライター、テーブル、ダイヤモンドのように日常語化したものを除けば、日本語の不備を補うための「メタ言語」としてのみ使用すべきであるとして「解決済み」なのだが、和製英語が半日常化したものや若者ことば、造語、隠語の類《たぐい》などは、さらに考えねばならぬ問題であろう。

「文章読本」で述べられていることの多くが文章を書く人間としては老齢になればなるほど自然と首肯できるものになってくる。歳《とし》をとるといい言葉がなかなか思い浮かばないから書く速度が遅くなる。現在小生ワープロソフトで書いているのだが、かなを漢字に変換しようとした際にずらずらと出てくる同音異義語、例えば「清算」と

「精算」、「追求」と「追究」と「追及」、どれが正しいのかしばらくわからなかったりもする。または、もっとぴったりした言葉がある筈だと語彙《ごい》分類表や類語辞典をひっくり返したりする。こういう時に力づけてくれるのが次の一節なのである。「勿論《もちろん》、『知る』『気が付く』等の言葉は、その儘《まま》『意識する』と云う言葉には当て篏《あは》まらない。また『考え』と云う言葉も、それが直ちに『概念』や『観念』等の同義語にはならない。これらの新語が造られたのは、やはりそれだけの理由があって造られたのでありますから、厳密な意味においてそれらに代る古語のないことは明らかでありますが、たゞ問題は、特に論理や事柄の正確が要求されていない場合に、それほど一語一語の内容を、細かく、狭く、限る必要があるであろうか、と云うことであります。（略）即《すなわ》ち、文章のコツは『言葉や文字で表現出来ることと出来ないこととの限界を知り、その限界内に止《とど》まること』だと申したのを、思い出して頂きたい。もし皆さんが、どこまでも意味の正確を追い、緻密《ちみつ》を求めて已《や》まないのであったら、結局どんな言葉でも満足されないでありましょう。ですから、それよりは、多少意味のぼんやりした言葉を使って、あとを読者の想像や理解に委《ゆだ》ねた方が、賢明だと云うことになります」

　これも「創作の～」で一章をさいて書いたことだが、「文章読本」では語尾の「た」止めが続くと調子が出て簡潔にはなるが、これが出過ぎると「た」は音の響きが強いのでかえって軽薄に聞こえてくる場合があると書かれている。「一体、簡潔な美しさと云うものは、その反面に含蓄がなければなりません」というのはまったくその通り、小生などは一番に学ばねばならない部分だろう。

谷崎はこの「文章読本」をずいぶん細かいところまで親切に論述しているのだが、その谷崎にさえ論じ切れない部分は当然のことながら、ある。たとえば「盲目物語」を書いた時には「戦国時代の盲目の按摩《あんま》が年老いてから自分の過去を物語る体裁になって」いるため、視覚的効果を狙《ねら》って大部分を平仮名で、しかも老人がぽつりぽつりと語るので、そのたどたどしさを伝えるためにいくらか読みづらくし、同じことばであってもその時どきの語呂《ごろ》のよい方に従っている。そしてそれに続いてこう書くのだ。「以上の方針に従いますと、振り仮名の問題も自然に解決されるのでありまして、時には総ルビもパラルビも差支えない。けれども、それはその文章の内容と調和するか否《いな》かに依《よ》って定めますので、読者に対する親切は、勘定に入れないのであります。読者が正しく読んでくれるかどうかは、気にし出したら際限がないのでありますから、これは読者の文学的常識と感覚とに一任する。それだけの常識と感覚のない読者は、どちらにしても内容を理解する力がないものであると、そう見なすのであります」

ここではついに読者を突き放している。通常の作家にはちょっとできないことであり、谷崎だから言えることだ。笑ってしまうのだが、これが谷崎の、そして実は、大多数の作家の本音であろう。

（二〇一六年四月、作家）

年譜

明治十九年（一八八六年）七月二十四日、東京市日本橋区蠣殻《かきがら》町二丁目十四番地に生れる。父倉五郎、母関《せき》の次男だが、長男が夭折《ようせつ》していたため潤一郎と名付けられた。生家は米の相場表の印刷所であった。

明治二十四年（一八九一年）五歳《さい》　父が米穀取引所の仲買人となる。十二月、弟精二生れる。

明治二十五年（一八九二年）六歳　九月、日本橋阪本町の坂本尋常高等小学校に入学。臆病《おくびょう》で通学を嫌《きら》ったため、二年へ進級できなかった。

明治二十六年（一八九三年）七歳　四月からあらためて一年生をやり直すことになり、学校嫌いも収まって、首席で一年を終了。この頃《ころ》から父の経営する仲買店が営業不振《ふしん》となる。

明治三十一年（一八九八年）十二歳　四月、級友たちとの回覧雑誌「学生倶楽部《クラブ》」に雑録『学生の夢《ゆめ》』などを発表。文学趣味《しゅみ》の最初の現われである。

明治三十四年（一九〇一年）十五歳　三月、坂本小学校全科を卒業、家計が苦しく廃学《はいがく》の予定だったが、周囲の援助《えんじょ》で、四月、東京府立第一中学校に進学。

明治三十五年（一九〇二年）十六歳　「学友会雑誌」にエッセイ『厭世《えんせい》主義を評す』を発表、一年生の作品として全校を驚嘆《きょうたん》させた。しかし、父の相場は失敗続きで、六月頃、教師の斡旋《あっせん》で、築地《つきじ》精養軒《せいようけん》の経営者北村家に家庭教師として住み込《こ》む。

明治三十八年（一九〇五年）十九歳　三月、府立第一中学校を卒業。九月、第一高等学校英法科に入学。

明治四十年（一九〇七年）二十一歳　六月、北村家の小間使《こまづかい》福子との恋愛が当主の忌諱《きき》にふれ、同家を出て、九月、一高の朶寮に入寮。これを機として、文学で身を立てる決意を固め、英文科に転じる。

明治四十一年（一九〇八年）二十二歳　七月、第一高等学校英文科を卒業。九月、東京帝国大学文科大学国文科に入学。

明治四十二年（一九〇九年）二十三歳　「帝国文学」「早稲田《わせだ》文学」に投稿《とうこう》した原稿がいずれも没《ぼつ》になり、失意と焦燥《しょうそう》のあまり強度の神経衰弱にかかる。茨城県にあった友人の別荘《べっそう》に転地、そこで永井荷風《かふう》の『あめりか物語』を読み、「自己の芸術上の血族」を発見。

明治四十三年（一九一〇年）二十四歳　九月、小山内《おさない》薫《かおる》を中心に、和辻哲郎《わつじてつろう》、後藤末雄、木村荘太《そうた》、大貫晶川等と同人雑誌「新思潮」（第二次）を創刊。この月、月謝滞納《たいのう》の理由で、大学を諭旨《ゆし》退学になる。十一月「パンの会」に招かれて永井荷風と会う。

九月、戯曲《ぎきょく》『誕生《たんじょう》』エッセイ『「門」を評す』（新思潮）十月、戯曲『象』（同）十一月、『刺青《しせい》』（同）十二月、『麒麟《きりん》』（同）

明治四十四年（一九一一年）二十五歳　三月、「新思潮」が廃刊される。十一月、永井荷風が「三田文学」に『谷崎潤一郎氏の作品』を書いて激賞《げきしょう》。『秘密《ひみつ》』を「中央公論」に発表して、作家的地位が確立した。十二月、最初の作品集『刺青』を籾山《もみやま》書店より刊行。

一月、戯曲『信西《しんぜい》』（スバル）六月、『少年』（同）九月、『幇間《ほうかん》』（同）十一月、『飈風《ひょうふう》』（三田文学、発禁）

明治四十五年・大正元年（一九一二年）二十六歳　四月、京都に遊び、長田幹彦《みきひこ》、上田敏《びん》、岩野泡鳴《ほうめい》等と会う。神経衰弱が再発し、強迫《きょうはく》観念に苦しむ。七月、徴《ちょう》兵《へい》検査を受け、不合格。

二月、『悪魔《あくま》』（中央公論）七月、『羹《あつもの》』（東京日日新聞、十一月で中絶）

大正二年（一九一三年）二十七歳

一月、『続悪魔』（中央公論）五月、戯曲『恋を知る頃《ころ》』（同）

『悪魔』短編集（一月、籾山書店刊）

大正三年（一九一四年）二十八歳

一月、『捨てられる迄《まで》』（中央公論）九月、『饒太《じょうた》郎《ろう》』（同）十二月、『金色の死』（東京朝日新聞）

『麒麟《きりん》』作品集（十二月、三省堂出版部刊）

大正四年（一九一五年）二十九歳　五月、前橋生れの石川千代子と結婚《けっこん》、本所区新小梅町に新居を営む。

一月、『お艶殺《つやごろ》し』（中央公論）六月、戯曲『法成寺物語』（同）九月、『お才と巳之介』（同）

大正五年（一九一六年）三十歳　三月、長女鮎子《あゆこ》が生れる。この年、相次いで発売禁止処分を受けた。

一月、『神童』（中央公論）五月、エッセイ『父となりて』（同）

大正六年（一九一七年）三十一歳　五月、母関が数え五十四歳で没す。七月、エッセイ『活動写真の現在と将来』を「新小説」に発表、後年の芸術映画運動への参加の伏線となった。

一月、『人魚の嘆き』（中央公論）七月、『異端者《いたんしゃ》の悲しみ』（同）

『異端者の悲しみ』短編集（九月、阿蘭陀書房刊）

大正七年（一九一八年）三十二歳　十一月から翌月にかけて単身中国を旅行する。

四月、『二人の稚児《ちご》』（中央公論）五月、『金と銀』（黒潮）八月、『小さな王国』（中外日報）
大正八年（一九一九年）三十三歳　二月、父倉五郎数え六十一歳で没す。佐藤春夫との交遊始まる。
一月、『母を恋うる記』（大阪毎日・東京日日新聞、二月完結）六月、『富美子の足』（雄弁）九月、『或る少年の怯《おそ》れ』（中央公論）
『小さな王国』短編集（六月、天佑社刊）
大正九年（一九二〇年）三十四歳　五月、大正活映株式会社に脚本部顧問として参加、原作シナリオ『アマチュア倶楽部《クラブ》』が映画化される。
一月、『鮫人』（中央公論、十月で中絶）四月、『芸術一家言』（改造、十月まで四回分載）
大正十年（一九二一年）三十五歳
十二月、戯曲『愛すればこそ』第一幕（改造）
『潤一郎傑作全集』全五巻（一月〜十一年五月、春陽堂刊）
大正十一年（一九二二年）三十六歳　六月、戯曲『お国と五平』を「新小説」に発表、翌月、帝国劇場で演出。
一月、戯曲『堕落《だらく》』（中央公論『愛すればこそ』第二・三幕）
大正十二年（一九二三年）三十七歳　九月、箱根で関東大震災に遭《あ》い、下旬、家族と共に関西へ移住。
一月、戯曲『愛なき人々』（改造）『神と人との間』（婦人公論、十三年十二月完結）
大正十三年（一九二四年）三十八歳　三月、『痴人《ちじん》の愛』を「大阪朝日新聞」（六月中絶）に連載、十一月、その続編を「女性」（十四年七月完結）に連載。
一月、『無明《むみょう》と愛染《あいぜん》』第一幕（改造、第二幕、三月）
大正十四年（一九二五年）三十九歳
『痴人の愛』（七月、改造社刊）
大正十五年・昭和元年（一九二六年）四十歳　一月、上海に再遊し、二月に帰国、その間、内山完造、田漢《でんかん》、郭沫若《かくまつじゃく》等を知る。
昭和二年（一九二七年）四十一歳　二月より『饒舌録《じょうぜつろく》』を「改造」（十二月完結）に連載し、芥川龍之介と小説のプロットの価値をめぐって論争。
昭和三年（一九二八年）四十二歳
三月、『卍《まんじ》』（改造、五年四月完結）十二月、『蓼喰《たでく》う虫』（東京日日・大阪毎日新聞、四年六月完結）
昭和四年（一九二九年）四十三歳
『饒舌録』エッセイ集（十月、改造社刊）
『蓼喰う虫』（十一月、改造社刊）

昭和五年（一九三〇年）四十四歳　八月、千代子夫人と離婚。知友に宛《あ》てて、千代子を佐藤春夫と結婚させる旨《むね》の、三人連名の挨拶状《あいさつじょう》を送る。

三月、『乱菊物語』（朝日新聞、九月前編完結）

『谷崎潤一郎全集』全十二巻（四月～六年十月、改造社刊）

昭和六年（一九三一年）四十五歳　四月、鳥取市生れの古川丁未子《とみこ》と結婚。五月より、夫人を伴《ともな》って高野山に三カ月滞在、下山後、大阪の豪商根津清太郎の別荘の離れ座敷に住み、根津夫人松子を知る。

一月、『吉野葛《よしのくず》』（中央公論、二月完結）九月、『盲《もう》目《もく》物語』（同）十月、『武州公秘話』（新青年、七年十一月完結）

『卍』（四月、改造社刊）

昭和七年（一九三二年）四十六歳

九月、回想『青春物語』（中央公論、八年三月完結）

十一月、『蘆刈《あしかり》』（改造、十二月完結）

『盲目物語』短編集（二月、中央公論社刊）

『倚松庵《いしょうあん》随筆』（四月、創元社刊）

昭和八年（一九三三年）四十七歳　五月、丁未子夫人と別居。六月、『春琴抄』を「中央公論」に発表。

十二月、『陰翳礼讃《いんえいらいさん》』（経済往来、九年一月完結）

自筆本『蘆刈』（四月、創元社刊、限定版）

『春琴抄』短編集（十二月、創元社刊）

昭和九年（一九三四年）四十八歳　三月、根津松子と同棲《どうせい》、十月、丁未子と正式に離婚。

一月、随筆『東京をおもう』（中央公論、四月完結）

『文章読本』（十一月、中央公論社刊）

昭和十年（一九三五年）四十九歳　一月、根津松子と結婚。九月、『源氏物語』の口語訳に着手、そのため、この年以後、小説の制作が減った。

一月、『聞書抄《ききがきしょう》（第二盲目物語）』（大阪毎日・東京日日新聞、六月完結）

『武州公秘話』（十月、中央公論社刊）

昭和十一年（一九三六年）五十歳

一月、『猫《ねこ》と庄造《しょうぞう》と二人のおんな』（改造、七月分載）

昭和十二年（一九三七年）五十一歳

『猫と庄造と二人のおんな』（七月、創元社刊）

『吉野葛』（十二月、創元社刊）

昭和十四年（一九三九年）五十三歳　一月、『潤一郎訳源氏物語』全二十六巻を中央公論社（十六年七月完結）から刊行し始める。

昭和十七年（一九四二年）五十六歳　この年、『細雪《ささめゆき》』

の稿を起す。

六月、『きのうきょう』（文藝春秋、十一月完結）

昭和十八年（一九四三年）五十七歳　一月、『細雪』を「中央公論」に連載し始めたが、陸軍省報道部の忌諱に触れ、六月以降は掲載禁止となる。しかし、原稿はひそかに書き継がれた。

『聞書抄（第二盲目物語）』（十二月、創元社刊）

昭和十九年（一九四四年）五十八歳　七月、『細雪』上巻を自費出版して、知友に頒布《はんぷ》。十二月、『細雪』中巻を脱稿したが、軍当局から印刷頒布を禁止される。

昭和二十年（一九四五年）五十九歳　八月十三日、永井荷風の訪問を受け、原稿を託《たく》される。

昭和二十一年（一九四六年）六十歳

『細雪』上巻（六月、中央公論社刊、中巻、二十二年二月、下巻、二十三年十二月刊行）

昭和二十二年（一九四七年）六十一歳

三月、『細雪』下巻（婦人公論、二十三年十月完結）

昭和二十三年（一九四八年）六十二歳

八月、エッセイ『所謂《いわゆる》痴呆《ちほう》の芸術について』（新文学、十月と二回に分載）

昭和二十四年（一九四九年）六十三歳　十一月、第八回文化勲章を授与される。

一月、『月と狂言師《きょうげんし》』（中央公論）十二月、『少将滋《しげ》幹《もと》の母』（毎日新聞、二十五年三月完結）

『乱菊物語』（七月、創芸社刊）

昭和二十五年（一九五〇年）六十四歳　二月、熱海市に別邸《べってい》を求め、雪後庵《せつごあん》と名付けて夏冬の多くをここで過すことになる。

『月と狂言師』作品集（三月、中央公論社刊）

『少将滋幹の母』（八月、毎日新聞社刊）

『谷崎潤一郎作品集』全九巻（十月〜二十六年一月、創元社刊）

昭和二十六年（一九五一年）六十五歳　五月、『潤一郎新訳源氏物語』全十二巻を中央公論社（二十九年十二月完結）より刊行し始める。

『谷崎潤一郎随筆選集』全三巻（六・七月、創芸社刊）

昭和二十八年（一九五三年）六十七歳

『谷崎潤一郎文庫』全十巻（九月〜二十九年二月、中央公論社刊）

昭和三十年（一九五五年）六十九歳

四月、回想『幼年時代』（文藝春秋、三十一年三月完結）

昭和三十一年（一九五六年）七十歳　一月、『鍵《かぎ》』を「中央公論」（十二月完結）に断続連載、文壇に大きな反響を呼ぶ。この年、長い関西生活に終止符《しゅうしふ》を打つ。『過酸化マンガン水の夢』短編集（十一月、中央公論社刊）

『鍵』（十二月、中央公論社刊）

昭和三十二年（一九五七年）七十一歳

『谷崎潤一郎全集』全三十巻（十二月〜三十四年七月、中央公論社刊）

昭和三十四年（一九五九年）七十三歳　この頃《ころ》から書痙《しょけい》を病《や》み、口述筆記による創作活動に入る。

昭和三十五年（一九六〇年）七十四歳

『夢の浮橋《うきはし》』作品集（二月、中央公論社刊）

昭和三十六年（一九六一年）七十五歳　十一月、『瘋《ふう》癲《てん》老人日記』を「中央公論」（三十七年五月完結）に連載、ふたたび文壇の話題をあつめた。

『三つの場合』エッセイ集（四月、中央公論社刊）

『当世鹿もどき《とうせいしか》』作品集（十月、中央公論社刊）

昭和三十七年（一九六二年）七十六歳

『瘋癲老人日記』（五月、中央公論社刊）

昭和三十八年（一九六三年）七十七歳

六月、『雪後庵夜話』（中央公論、九月完結）

『台所太平記』（四月、中央公論社刊）

昭和三十九年（一九六四年）七十八歳　六月、日本人として最初に、全米芸術院名誉会員に推《お》される。

『谷崎潤一郎新々訳源氏物語』全十巻別巻一（十一月〜四十年十月、中央公論社刊）

昭和四十年（一九六五年）七十九歳　七月三十日、腎《じん》不全《ふぜん》から心不全を併発《へいはつ》し、湯河原《ゆがわら》の自宅で死去。

九月、『にくまれ口』（婦人公論、絶筆）、『七十九歳の春』（中央公論、絶筆）

昭和四十一年（一九六六年）

『谷崎潤一郎全集』全二十八巻（十一月〜四十五年七月、中央公論社刊）

昭和四十二年（一九六七年）

『雪後庵夜話』遺稿集（十二月、中央公論社刊）

三好行雄《みよしゆきお》　編

本書は『陰翳礼讃』『文章読本』（中公文庫）と、『谷崎潤一郎全集』（中央公論新社版）を底本とした。

表記について

新潮文庫の文字表記については、原文を尊重するという見地に立ち、次のように方針を定めました。

一、旧仮名づかいで書かれた口語文の作品は、新仮名づかいに改める。
二、文語文の作品は旧仮名づかいのままとする。
三、旧字体で書かれているものは、原則として新字体に改める。
四、難読と思われる語には振仮名をつける。
五、漢字表記の代名詞・副詞・接続詞等のうち、特定の語については仮名に改める。
六、本文の体裁は、読者の読みよさを考慮して、適宜改める。

谷崎潤一郎著

痴人の愛

主人公が見出し育てた美少女ナオミは、成熟するにつれて妖艶さを増し、ついに彼はその愛欲の虜となって、生活も荒廃していく……。

谷崎潤一郎著

刺《し》青《せい》・秘密

肌を刺されてもだえる人の姿に、いいしれぬ愉悦を感じる刺青師清吉が、宿願であった光輝く美女の背に蜘蛛を彫りおえたとき……。

谷崎潤一郎著

春琴抄

盲目の三味線師匠春琴に仕える佐助は、春琴と同じ暗闇の世界に入り同じ芸の道にいそしむことを願って、針で自分の両眼を突く……。

谷崎潤一郎著

猫と庄造と二人のおんな

一匹の猫を溺愛する一人の男と、二人の若い女がくりひろげる痴態を通して、猫のために破滅していく人間の姿を諷刺をこめて描く。

谷崎潤一郎著

吉野《よしの》葛《くず》・盲目物語

大和の吉野を旅する男の言葉に、失われた古きものへの愛惜と、永遠の女性たる母への思慕を謳う「吉野葛」など、中期の代表作2編。

谷崎潤一郎著

蓼《たで》喰《く》う虫

性的不調和が原因で、互いの了解のもとに妻は新しい恋人と交際し、夫は売笑婦のもとに通う一組の夫婦の、奇妙な諦観を描き出す。

谷崎潤一郎著

卍（まんじ）

関西の良家の夫人が告白する、異常な同性愛体験――関西の女性の艶やかな声音に魅かれて、著者が新境地をひらいた記念碑的作品。

谷崎潤一郎著

少将滋幹《しげもと》の母

時の左大臣に奪われた、帥の大納言の北の方は絶世の美女。残された子供滋幹の母に対する追慕に焦点をあててくり広げられる絵巻物。

谷崎潤一郎著

細（ささめゆき）雪

毎日出版文化賞受賞（上・中・下）

大阪・船場の旧家を舞台に、四人姉妹がそれぞれに織りなすドラマと、さまざまな人間模様を関西独特の風俗の中に香り高く描く名作。

谷崎潤一郎著

鍵・瘋癲《ふうてん》老人日記

毎日芸術賞受賞

老夫婦の閨房日記を交互に示す手法で性の深奥を描く「鍵」。老残の身でなおも息子の妻の媚態に惑う「瘋癲老人日記」。晩年の二傑作。

新潮文庫編

文豪ナビ 谷崎潤一郎

妖しい心を呼びさます、アブナい愛の魔術師――現代の感性で文豪作品に新たな光を当てた、驚きと発見がいっぱいの読書ガイド。

上田敏訳詩集

海潮音

ヴェルレーヌ、ボードレール、マラルメ……ヨーロッパ近代詩の翻訳紹介に力を尽し、日本詩壇に革命をもたらした上田敏の名訳詩集。

泉鏡花著　歌行燈・高野聖

淫心を抱いて近づく男を畜生に変えてしまう美女に出会った、高野の旅僧の幻想的な物語「高野聖」等、独特な旋律が奏でる鏡花の世界。

泉鏡花著　婦系図

『湯島の白梅』で有名なお蔦と早瀬主税の悲恋物語と、それに端を発する主税の復讐譚を軸に、細やかに描かれる女性たちの深き情け。

佐藤春夫著　田園の憂鬱

都会の喧噪から逃れ、草深い武蔵野に移り住んだ青年を絶間なく襲う幻覚、予感、焦躁、模索……青春と芸術の危機を語った不朽の名作。

筒井康隆著　夢の木坂分岐点　谷崎潤一郎賞受賞

サラリーマンか作家か？　夢と虚構と現実を自在に流転し、一人の人間に与えられた、ありうべき幾つもの生を重層的に描いた話題作。

筒井康隆著　虚航船団

鼬族と文房具の戦闘による世界の終わり——。宇宙と歴史のすべてを呑み込んだ驚異の文学、鬼才が放つ、世紀末への戦慄のメッセージ。

筒井康隆著　旅のラゴス

集団転移、壁抜けなど不思議な体験を繰り返し、二度も奴隷の身に落とされながら、生涯をかけて旅を続ける男・ラゴスの目的は何か？

陰翳礼讃《いんえいらいさん》・文章読本《ぶんしようどくほん》

新潮文庫　た－1－13

平成二十八年八月一日発行
令和六年二月二十五日九刷

著者　谷《たに》崎《ざき》潤《じゅん》一《いち》郎《ろう》

発行者　佐藤隆信

発行所　株式会社新潮社
郵便番号　一六二—八七一一
東京都新宿区矢来町七一
電話　編集部(〇三)三二六六—五四四〇
読者係(〇三)三二六六—五一一一
https://www.shinchosha.co.jp

価格はカバーに表示してあります。

乱丁・落丁本は、ご面倒ですが小社読者係宛ご送付ください。送料小社負担にてお取替えいたします。

印刷・株式会社三秀舎　製本・株式会社植木製本所
Printed in Japan

ISBN978-4-10-100516-4 C0195